AF536799
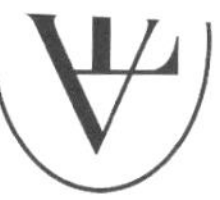

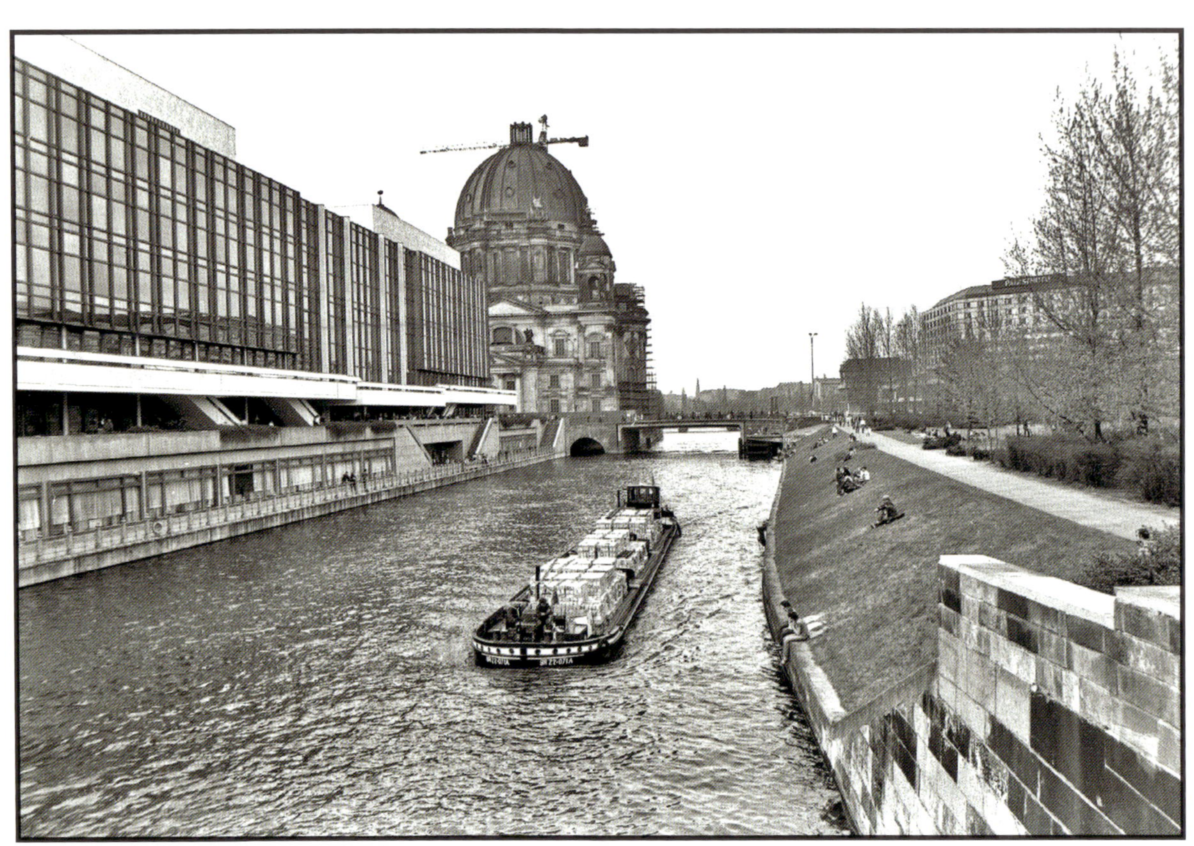

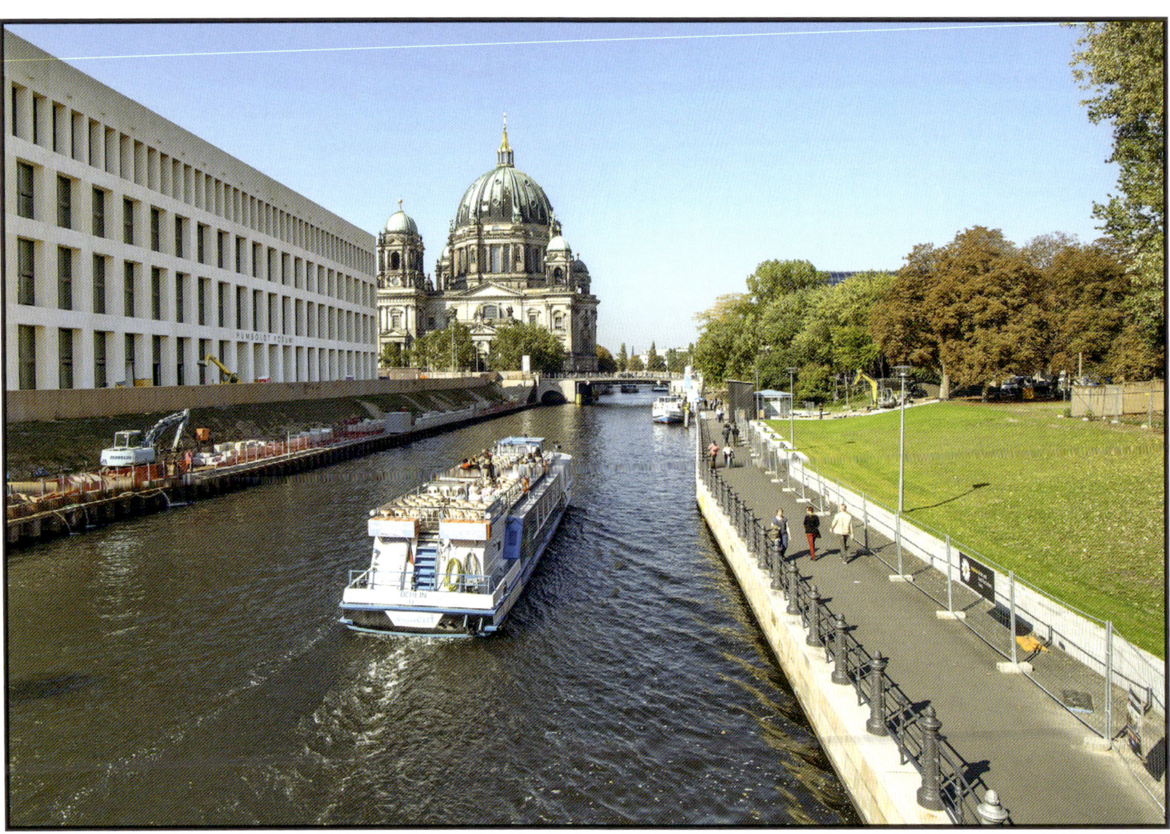

Gerd Danigel

BERLIN – DAMALS UND HEUTE

Fotografien 1988–2018

Lehmstedt

Buchgestaltung: Mathias Bertram
Satz: Mareike Bardenhagen
Herstellung: Westermann Druck Zwickau GmbH

Printed in Germany.
ISBN 978-3-95797-077-0

Verlagsinformationen: www.lehmstedt.de

Berlin im Wandel

Manchmal erkennt man die Unterschiede erst beim zweiten, genaueren Hinsehen, so sehr ähneln sich die Bilder: Wo eben noch der Lastenkahn am Palast der Republik die Spree entlangschipperte, amüsieren sich jetzt Touristen aus aller Welt auf einem Ausflugsschiff, das am Neubau des Berliner Schlosses vorbeizieht – und der Berliner Dom im Hintergrund trägt wieder seine im Krieg zerstörten kleinen Kuppeln und die Ampel auf der Hauptkuppel. Aber ein Bildpaar wie das auf der zweiten Seite dieses Buches ist eine seltene Ausnahme. Denn keine Stadt Europas hat sich in den letzten dreißig Jahren so dramatisch verändert wie Berlin – jene Stadt, die noch sechs Jahrzehnte nach dem Ende des Zweiten Weltkriegs von riesigen Brachen beherrscht wurde, die der Krieg hinterlassen hatte und die durch die vierzig Jahre währende Teilung, davon 28 mit der Großen Deutschen Mauer, wie festgefroren waren. Wer Berlin 1990 verlassen hat und heute erstmals zurückkehrt, erkennt die Stadt an vielen Stellen kaum wieder. Und wer stets in Berlin gewohnt hat, kann sich fast nicht mehr vorstellen, wie es damals, also vor gerade einmal dreißig Jahren, gewesen ist.

Die Fotografien von Gerd Danigel, aufgenommen am Ende der 1980er Jahre und in den Jahren 2017/18, machen die großen wie die kleinen Veränderungen sichtbar – und bewahren dabei zugleich die manchmal unterschwelligen Kontinuitäten. Indem der Fotograf exakt denselben Standpunkt einnimmt und exakt in dieselbe Richtung blickt wie vor dreißig Jahren, gelingen ihm Zeitdokumente von außergewöhnlicher Aussagekraft, und manchmal kann er sogar die Zeit selbst sichtbar machen: Das winzige Bäumchen vor der Schultheiß-Brauerei hat beinahe die Höhe des Schornsteins erreicht, von dem nur noch die Krone sichtbar ist. Dagegen ist die prächtige Kastanie an der Dänenstraße alt und müde geworden und ahnt, dass sie wohl bald der Säge zum Opfer fallen wird.

Besonders eindrucksvoll sind natürlich die Bilder vom Wandel des einstigen Mauerstreifens. Das Brandenburger Tor ist wieder ein Tor, durch das man hindurchgehen, -fahren und -sehen kann. Vom Abgeordnetenhaus zum Gropiusbau gelangt man nach wenigen Metern über die Straße hinweg. Die U-Bahn, die immer geheimnisvoll donnernd unter der Friedrichstraße entlangfuhr, ist wieder benutzbar. Die Bornholmer Brücke trägt ihren Namen wieder zu Recht, und wo einst die Gleisanlagen säuberlich nach Ost und West getrennt waren, erlauben Weichen heute den Spurwechsel. Marx und Engels haben die Blickrichtung gewechselt – sie schauen jetzt gen Westen. Aus der Konsum-Filiale für Wohnkultur ist Hoolywood geworden, ein Klamottenladen »für erlebnisorientierte Jugendliche«, sprich Hooligans. Das legendäre Tanzcafé Nord beherbergt unpassenderweise eine Filiale der Berliner Sparkasse, während aus dem Immobilien- und Anzeigen-Aushang Hellmann ein Salon für traditionelle chinesische Massage hervorgegangen ist. Der Fernsehsalon – der wirklich so hieß – an der Breiten Straße in Pankow lockt noch immer in die Ferne, nunmehr als knallbuntes TUI ReiseCenter.

Das Heute verdrängt die Vergangenheit – dieser banale Satz trifft besonders dann zu, wenn das Vergangene eine Lücke, eine Brache, ein Nichts gewesen ist. Danigels Bilder zeigen sie noch einmal, die verschwundenen Häuser, Ecken, Plätze und Straßenzeilen, die nun, siebzig Jahre nach ihrer Zerstörung, in neuer Gestalt wieder auferstanden sind – der Pariser Platz ist nicht mehr nur ein Name, im Niemandsland des Spreebogens sitzt heute das Zentrum der Demokratie, die Friedrichstraße hat wieder mehr Häuser als Lücken, und das berühmte Cantian-Eck mit der Leuchtreklame für Berlin Kosmetik, das vermutlich jeder DDR-Fotograf einmal aufgenommen hat, ist einem eindrucksvollen Neubau gewichen. Aus dem Eingang zum S-Bahnhof Schönhauser Allee sind die riesigen Schönhauser Allee Arkaden geworden, die wohl niemand als Meisterwerk moderner Architektur bezeichnen würde. Das Kino Toni lebt, steht aber nicht mehr verlassen auf weiter Flur, und das öde Areal des Mauerstreifens – ob an der Bernauer Straße, im heutigen Mauerpark oder entlang der Spree an der Mühlenstraße – haben sich die Stadt und ihre Bewohner Haus für Haus und Baum für Baum zurückgeholt.

Aber: Konnopke ist immer noch Konnopke, Fahrrad-Linke blüht und gedeiht wie eh und je, die HO Kaufhalle dient auch als REWE Supermarkt der Versorgung der Bewohner der Pappelallee, das Kino Blauer Stern hat alle Krisen der Filmindustrie überlebt (im Gegensatz zum Rio), und das Milchhäuschen am Weißen See zieht bis heute Eisesser und Kaffeetrinker an. Nur der S-Bahnhof Schöneweide sieht noch trister aus als zu DDR-Zeiten …

Gerd Danigels Bildpaare haben eine Voraussetzung, die der Betrachter dieses Buches im Hinterkopf behalten sollte. Aktuelle Vergleichsbilder konnte er nur zu solchen Aufnahmen machen, die er bereits vor 1990 fotografiert hatte. Das erklärt, warum sich die hier präsentierten Fotografien auf den Ostteil der Stadt und die Umgebung der Berliner Mauer beschränken – als Ostberliner durfte Danigel nicht in Westberlin fotografieren. Hinzu kommt, dass Danigels Interesse als Fotograf in erster Linie auf Menschen ausgerichtet war und ist. Wer etwa seinen wunderbaren Fotoband »Schöner unsere Paläste! Berlin-Fotografien 1978 bis 1998« durchblättert, erkennt, dass die allermeisten seiner Aufnahmen gar nicht »neu gemacht« werden könnten, jedenfalls nicht mit der Maxime, exakt denselben Standort wie einst einzunehmen.

Aus der unbehausten Stadt Berlin ist eine europäische Metropole geworden. Gerd Danigels Bilder halten die Erinnerung daran wach, dass dies keineswegs selbstverständlich, sondern buchstäblich undenkbar gewesen ist.

Mark Lehmstedt

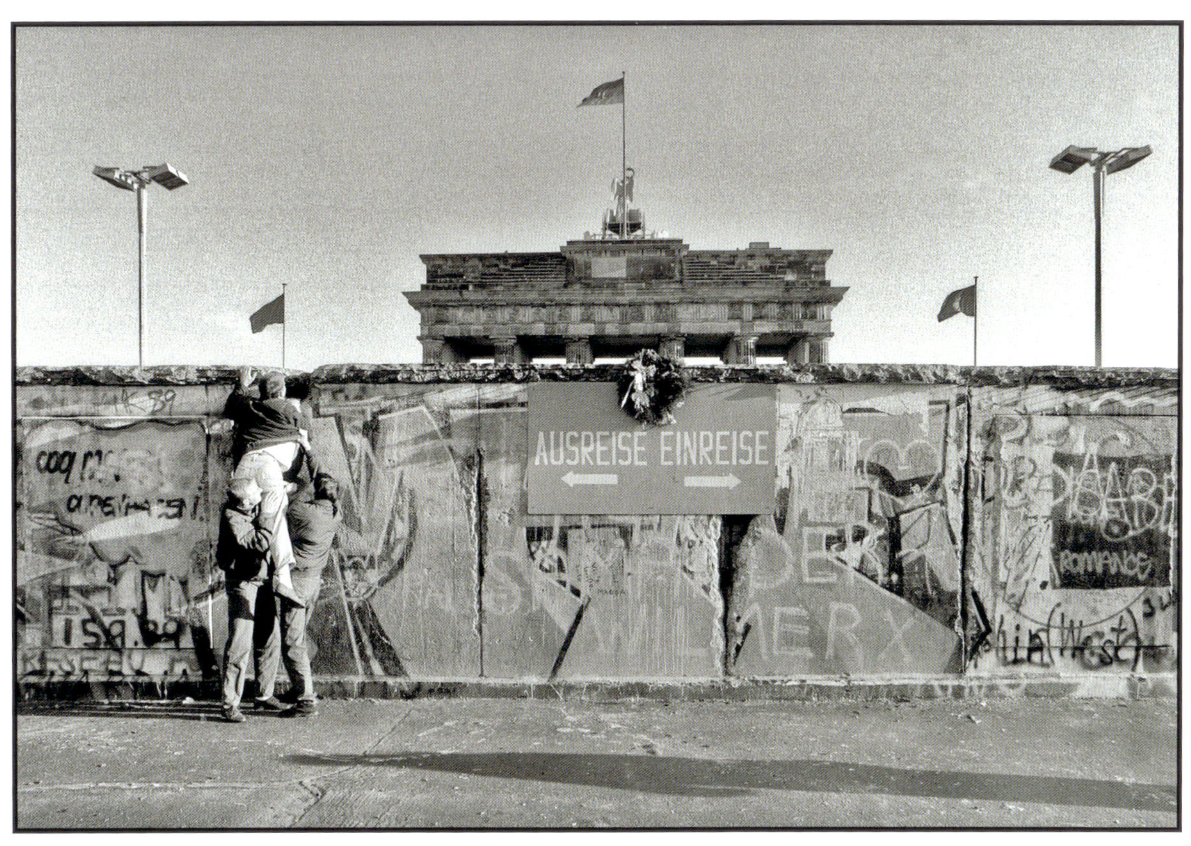

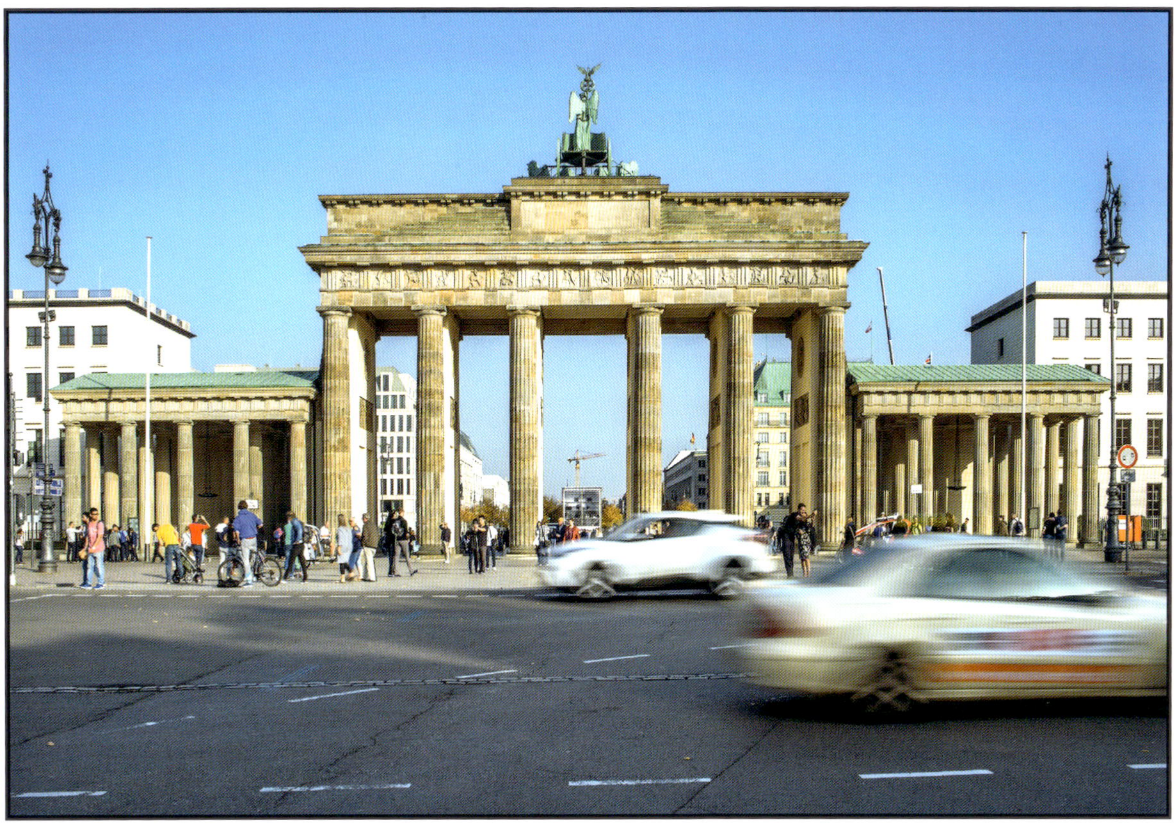

Brandenburger Tor, Blick nach Osten

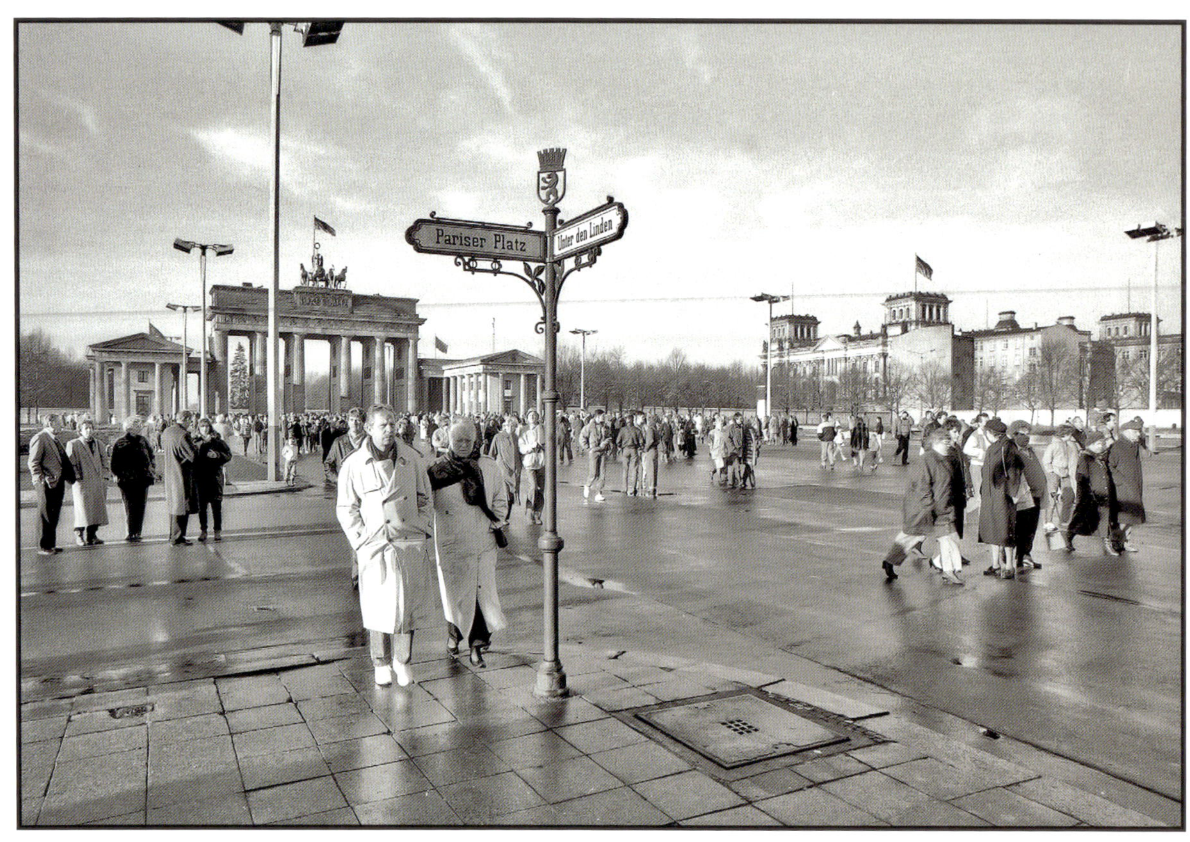

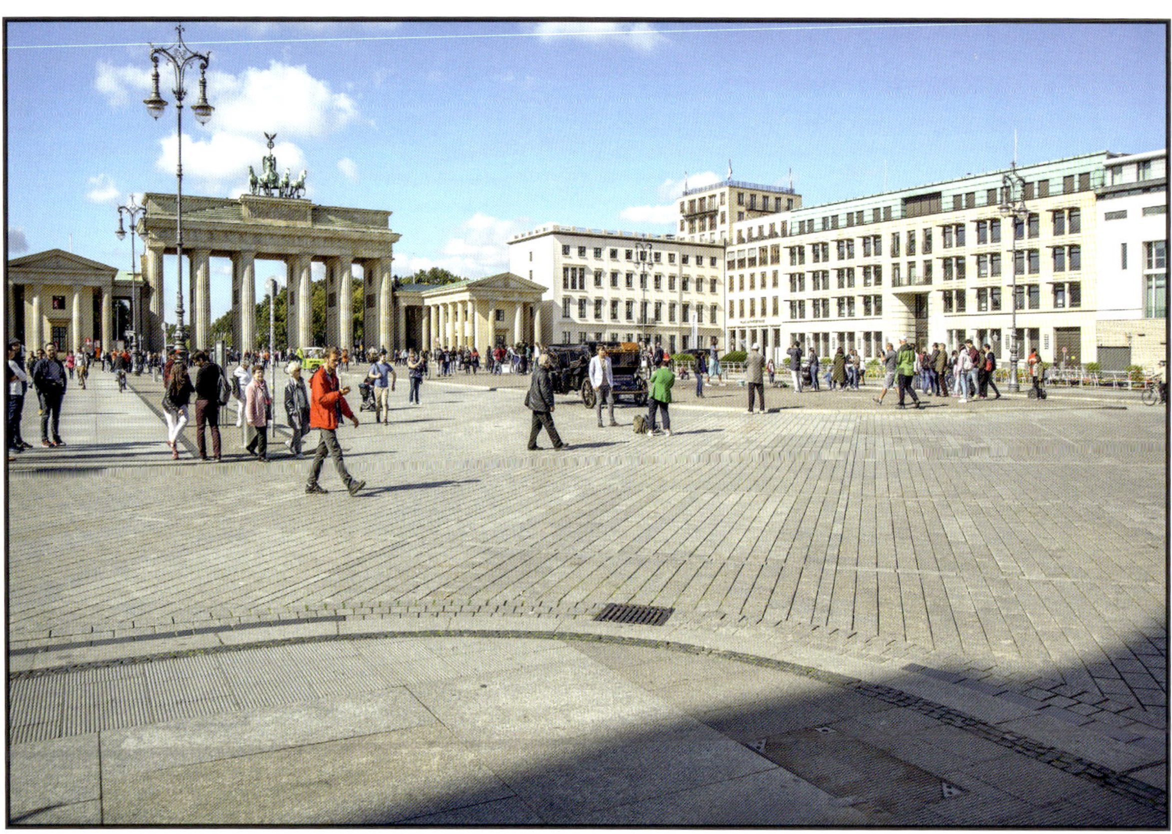

Pariser Platz

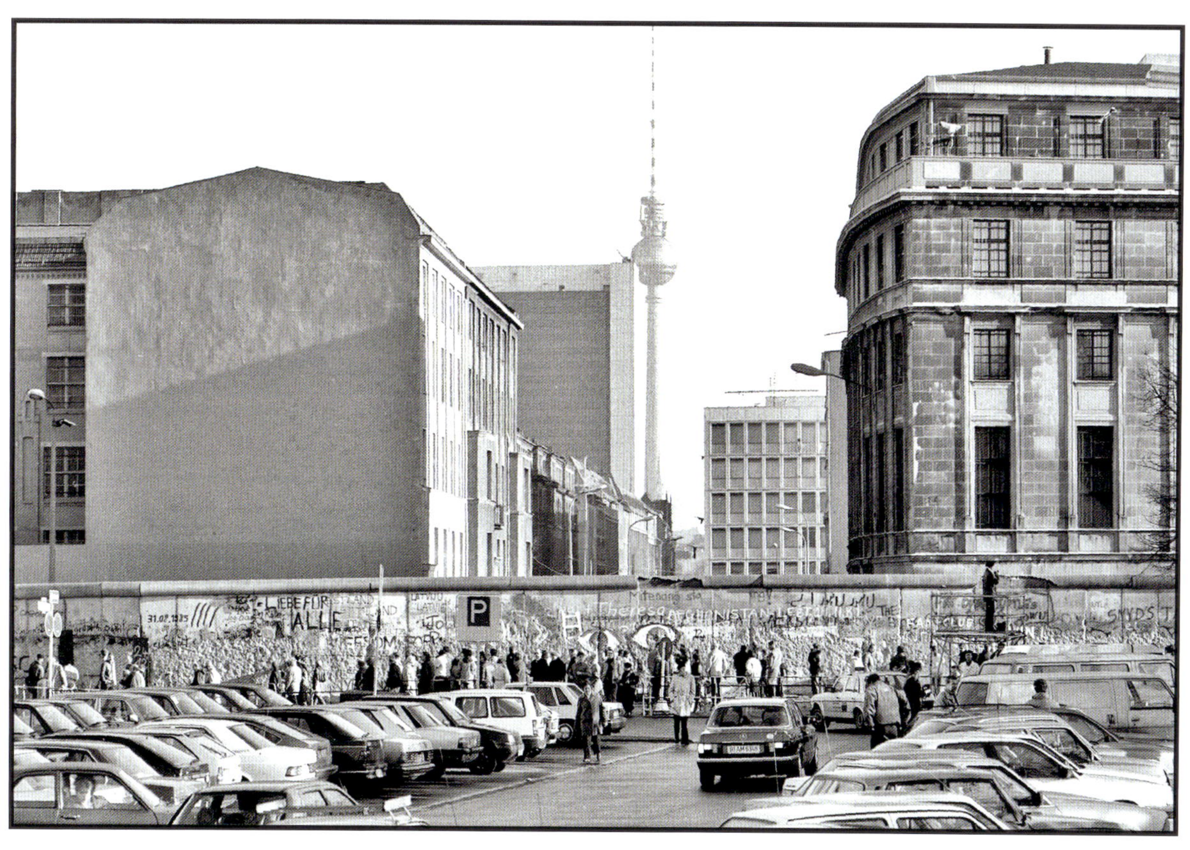

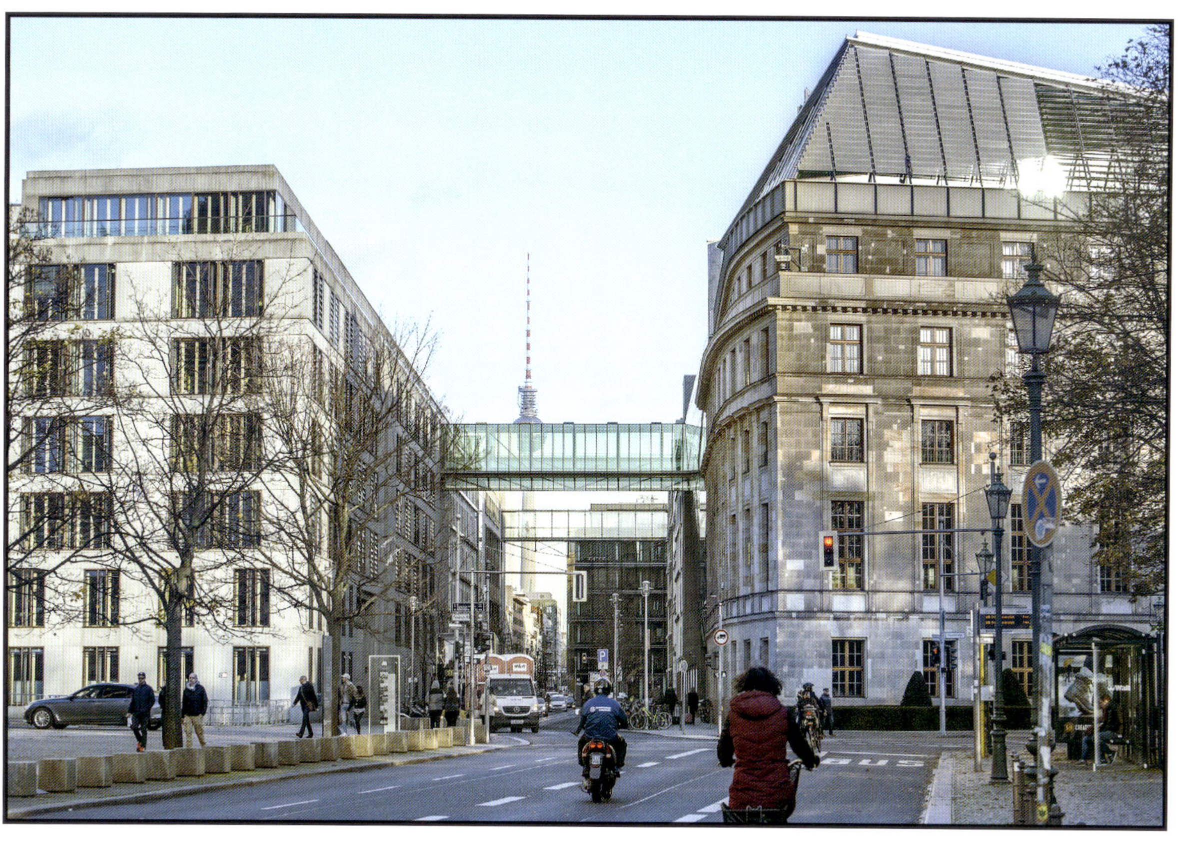

Ebertstraße, Blick in die Clara-Zetkin-Straße / Dorotheenstraße

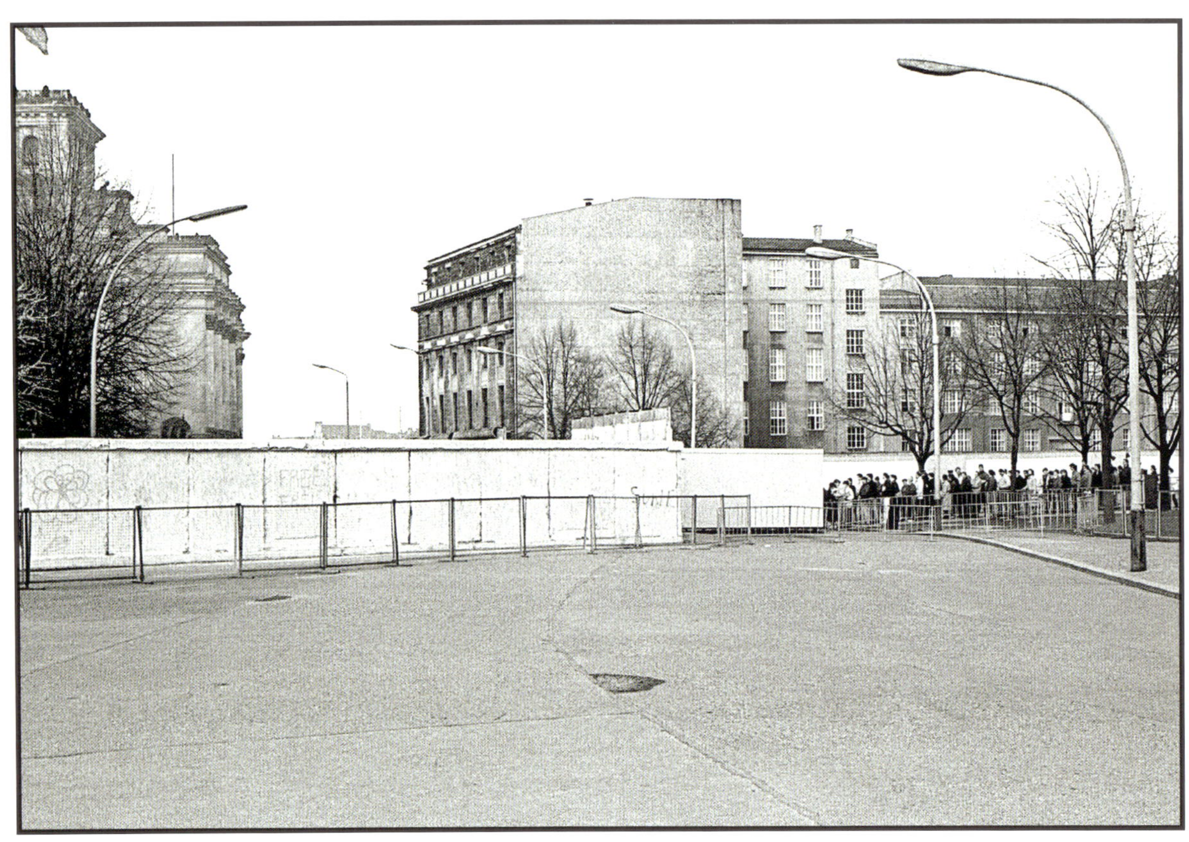

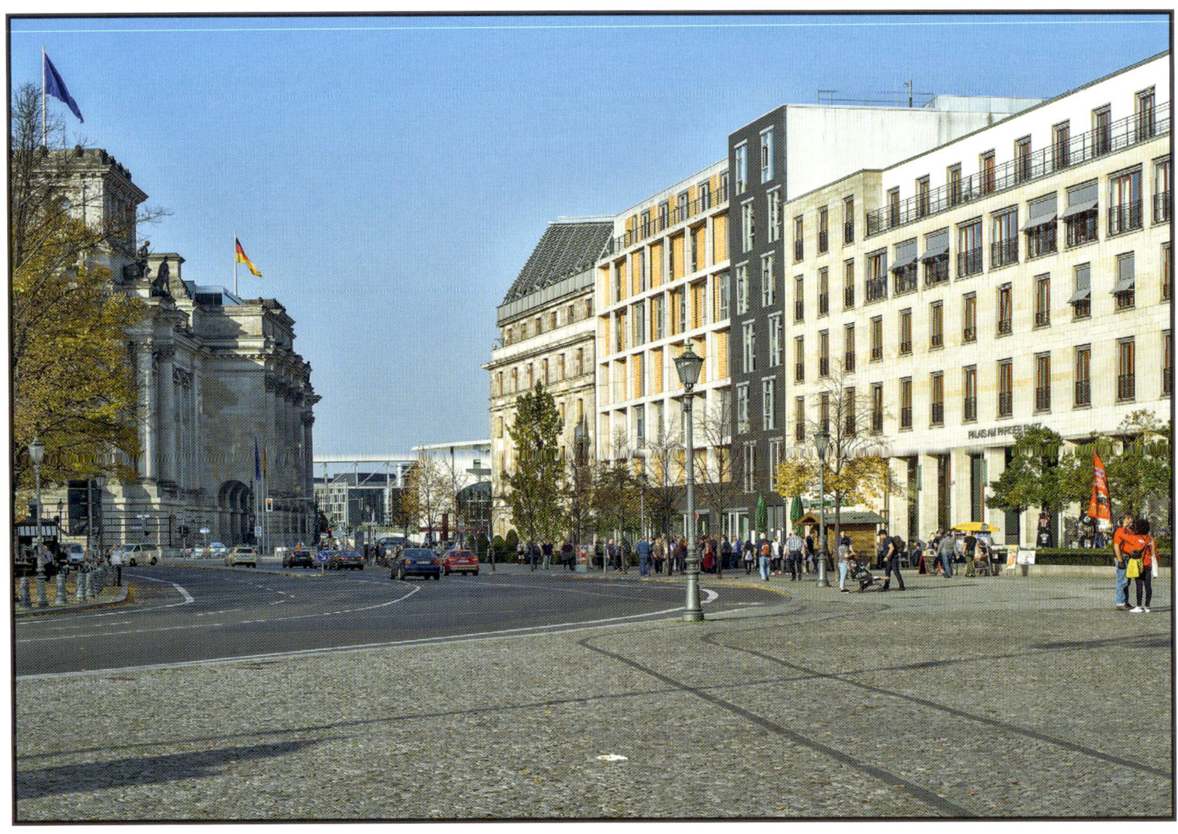

Ebertstraße, Blick zum Reichstagsgebäude

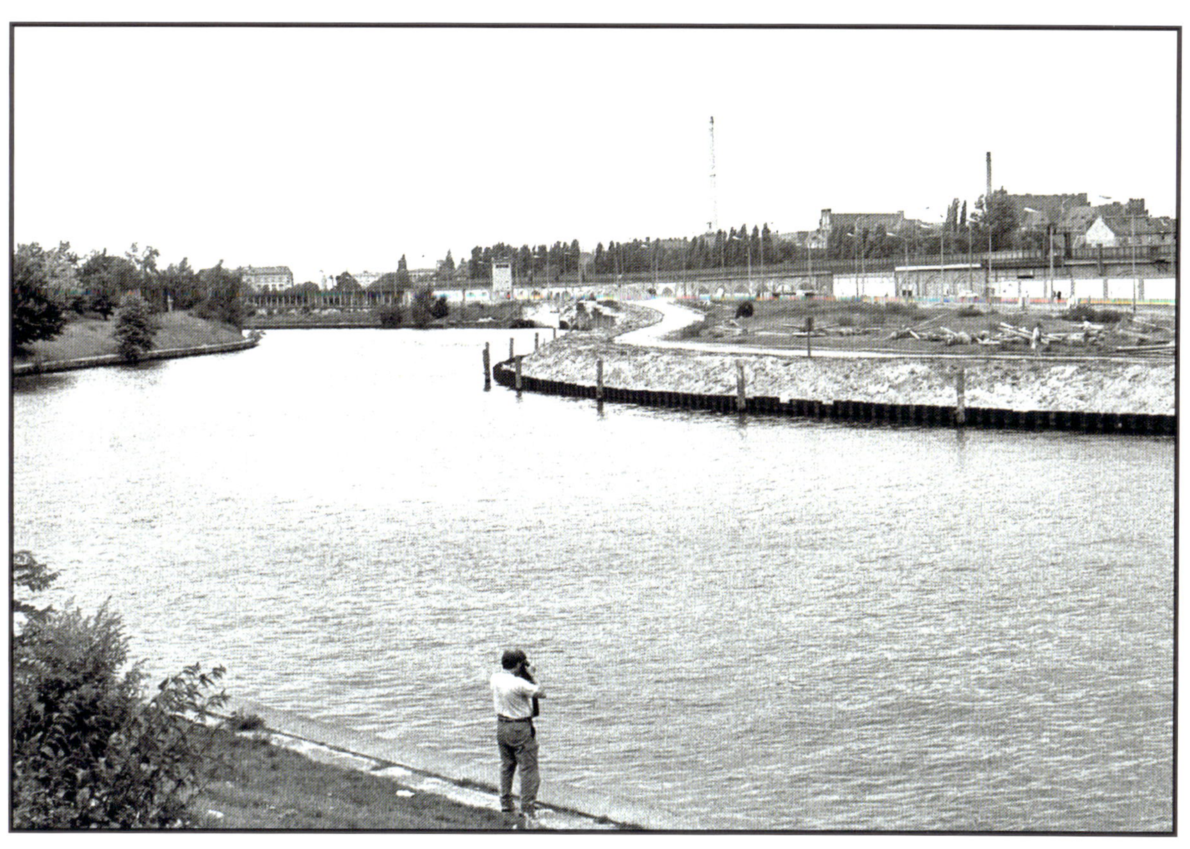

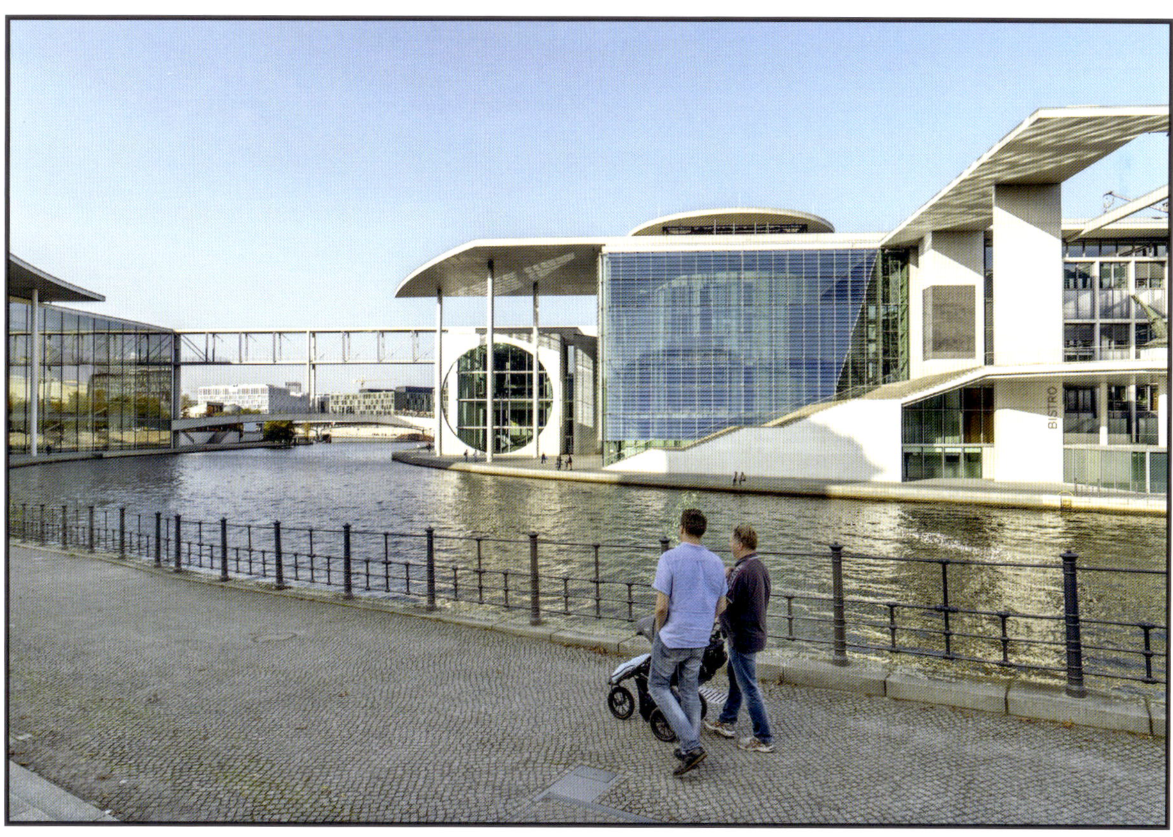

Reichstagufer, Blick auf die Parlamentsgebäude am Schiffbauerdamm

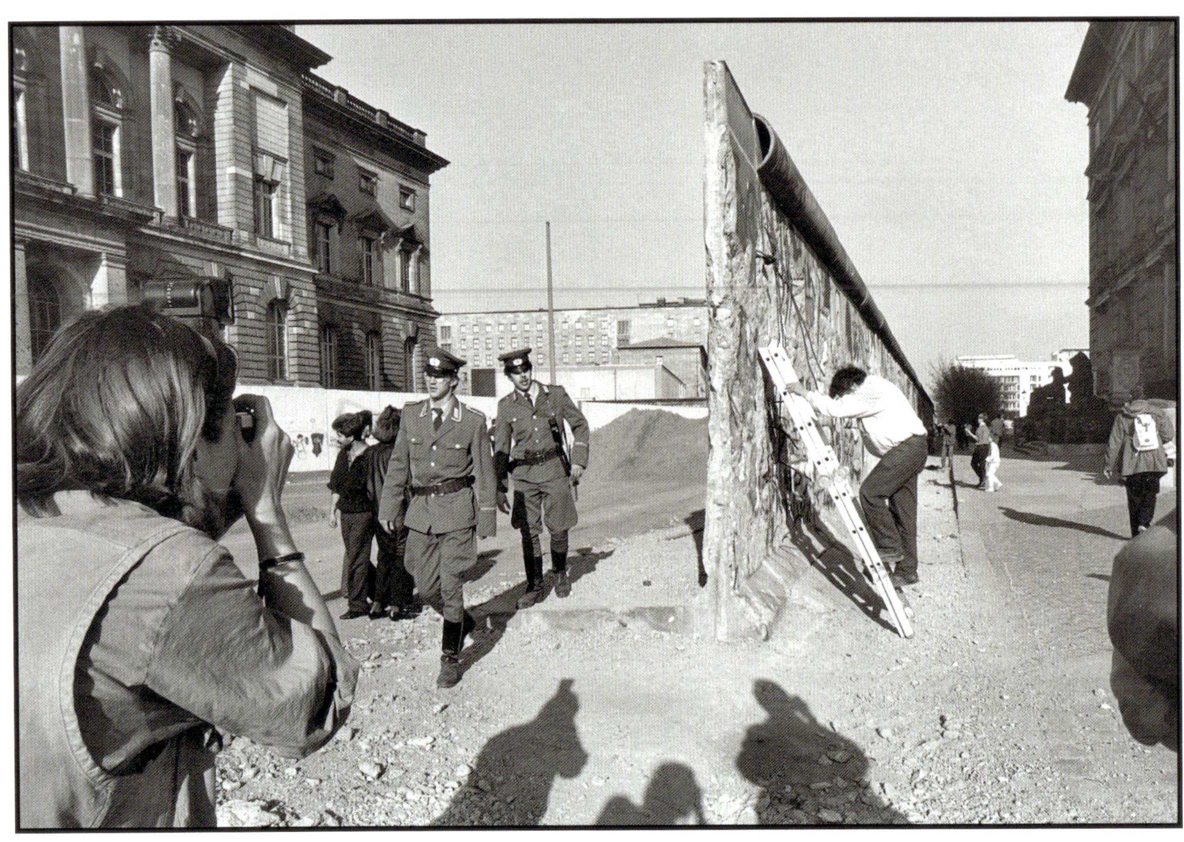

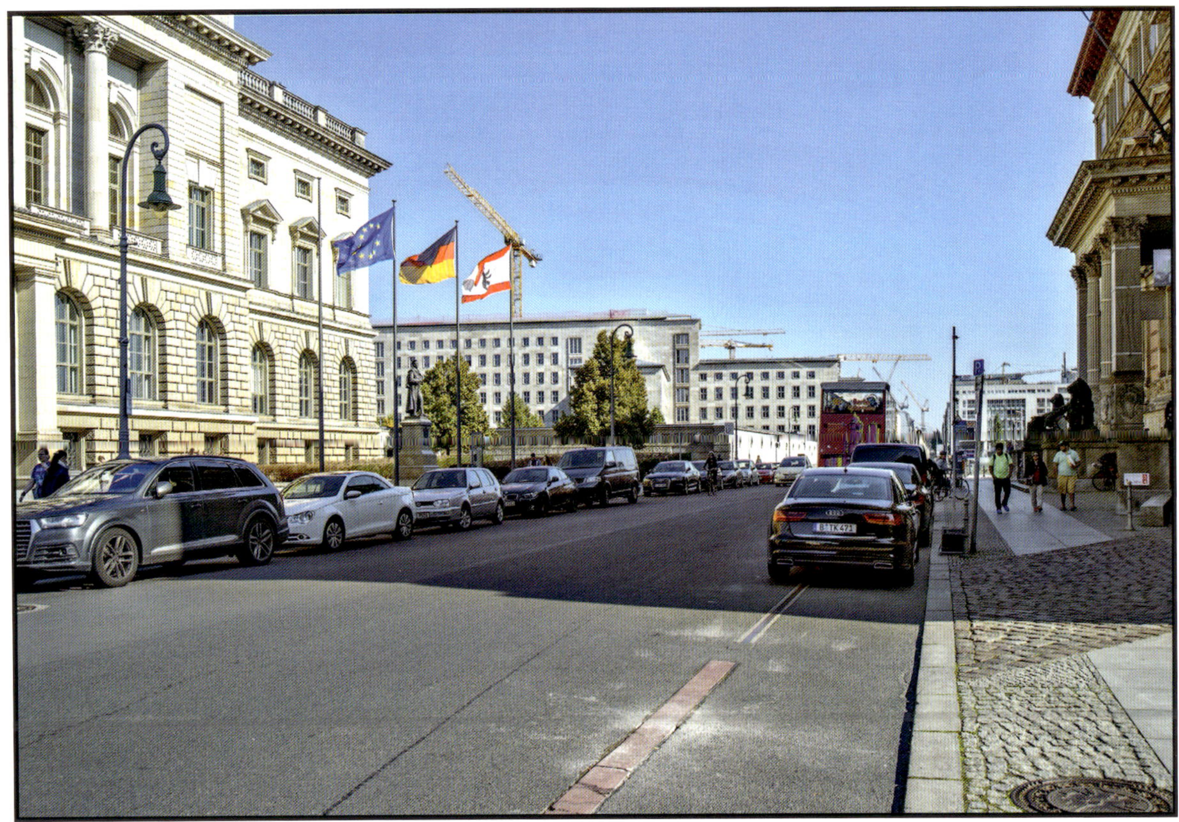

Niederkirchnerstraße zwischen Abgeordnetenhaus und Martin-Gropius-Bau

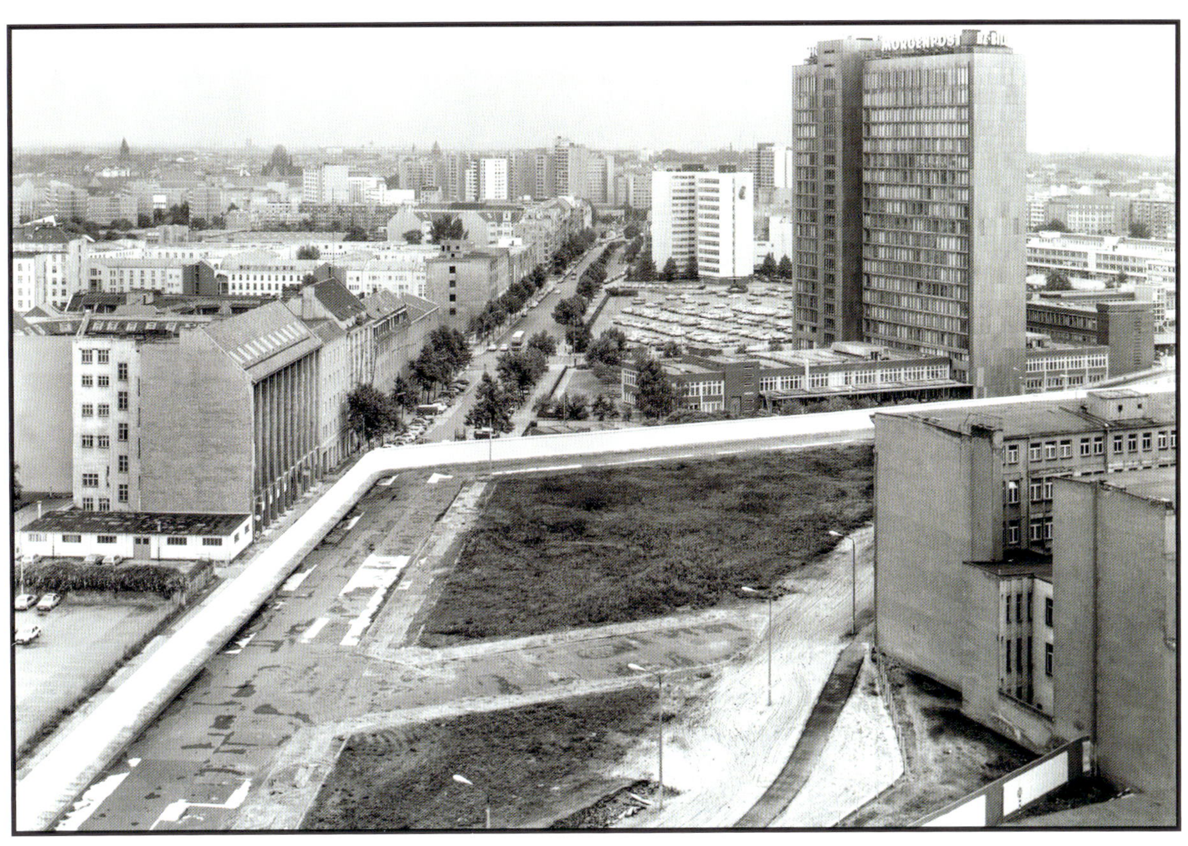

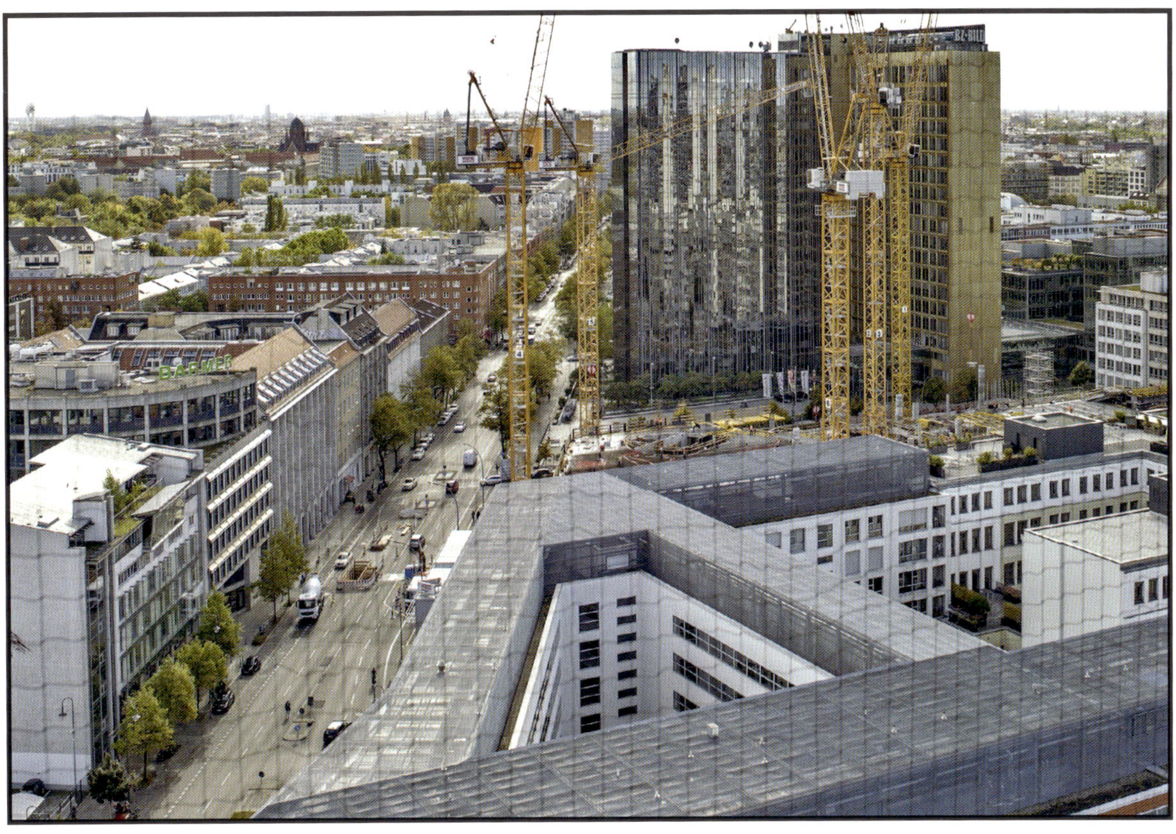

Lindenstraße / Axel-Springer-Straße, Ecke Zimmerstraße

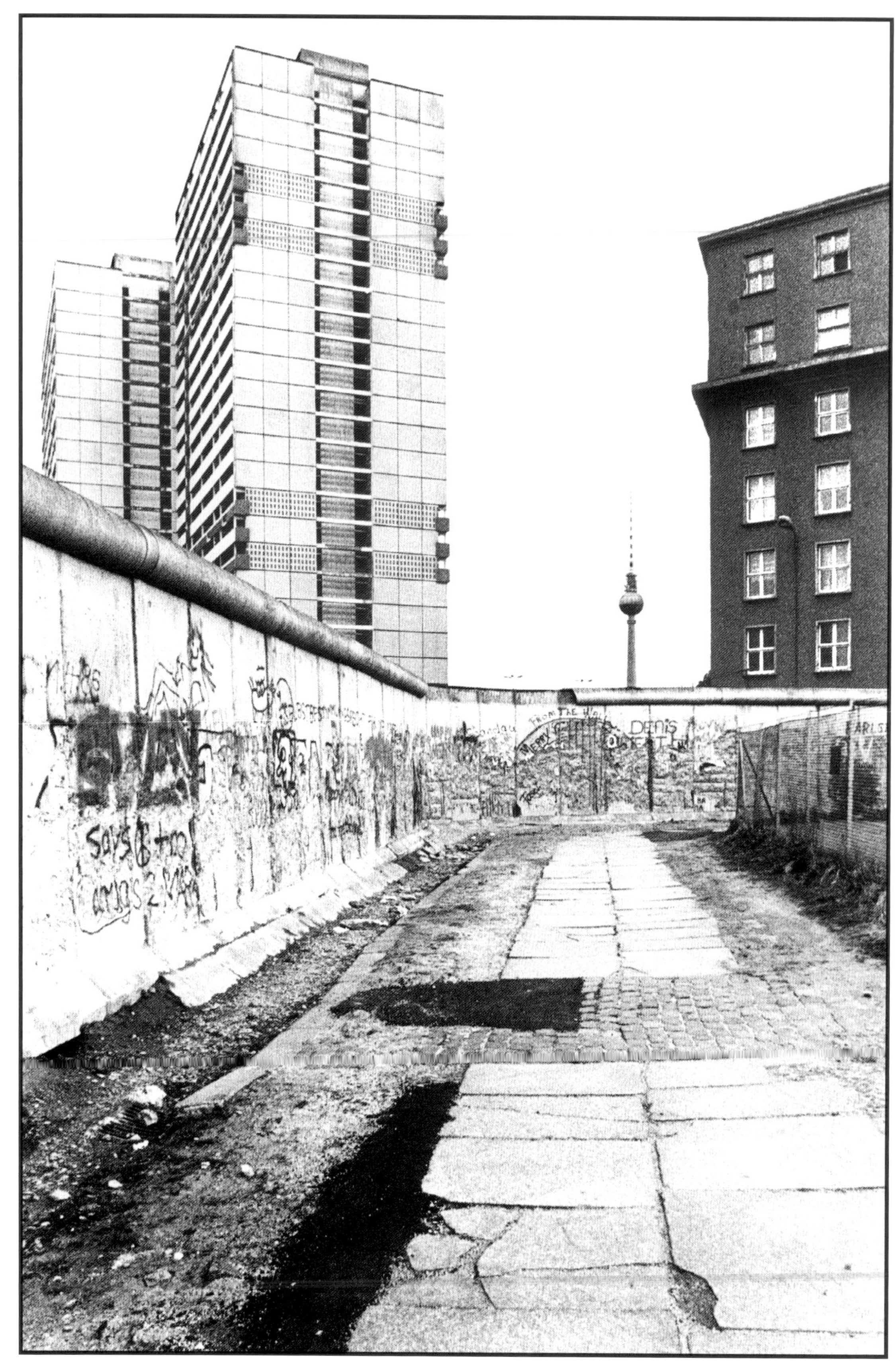

Lindenstraße, Ecke Zimmerstraße

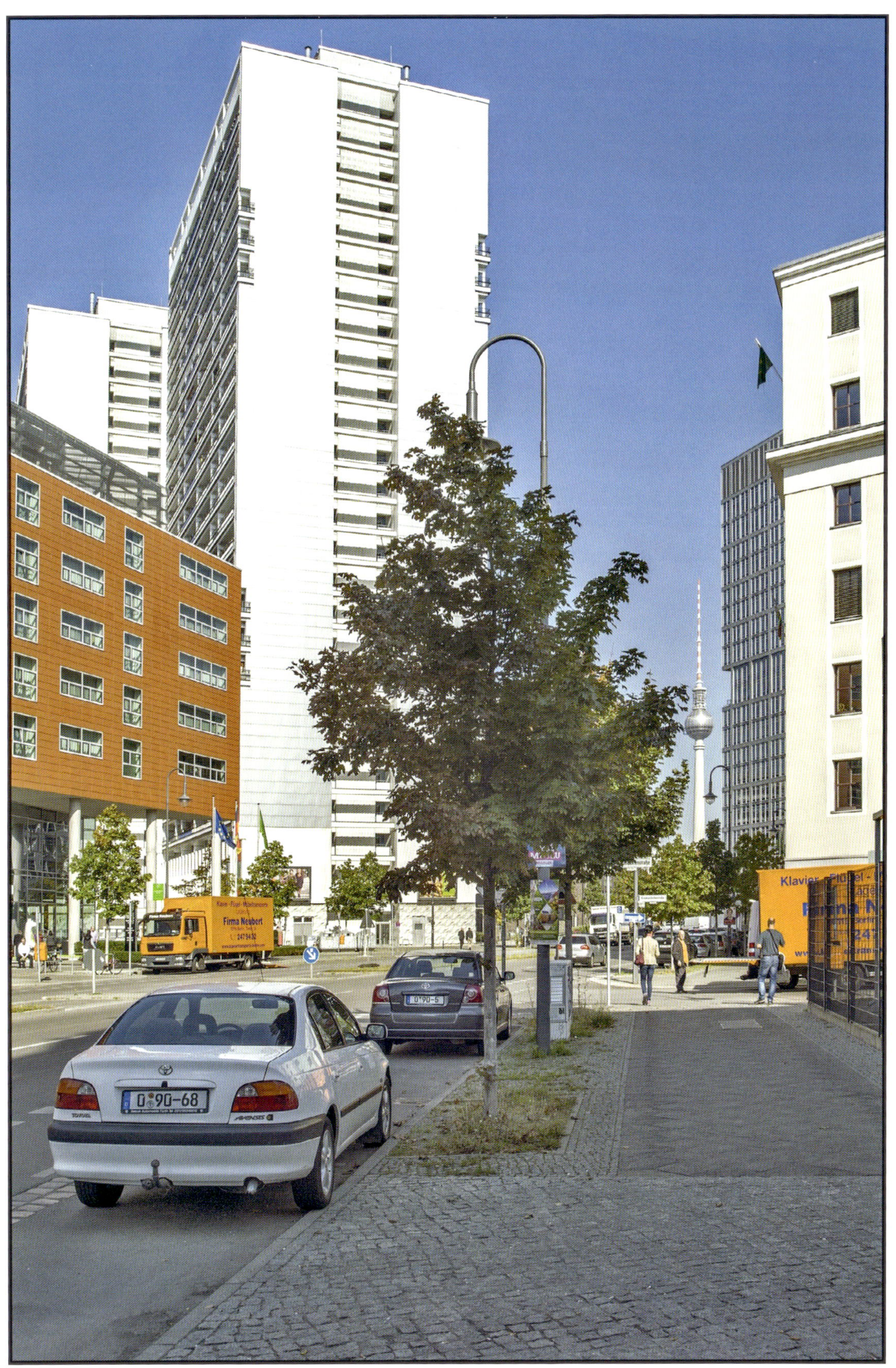

Axel-Springer-Straße, Ecke Zimmerstraße

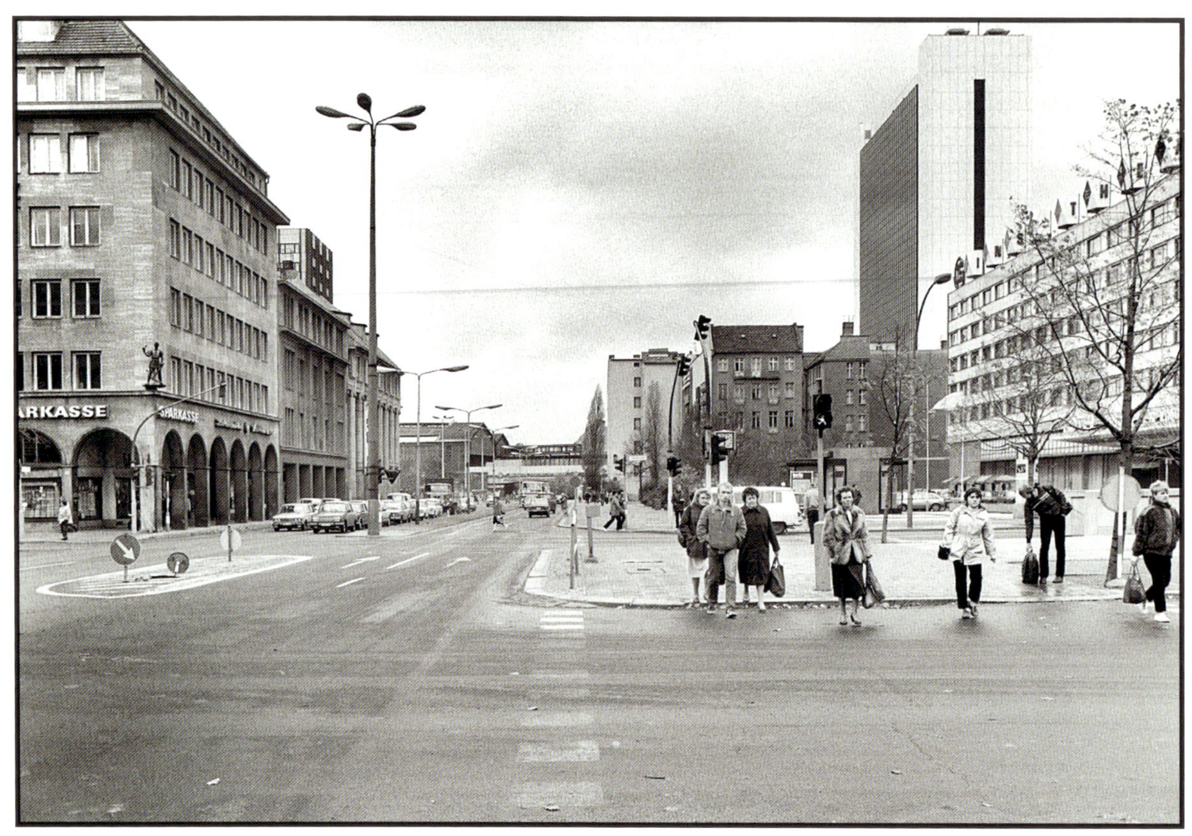

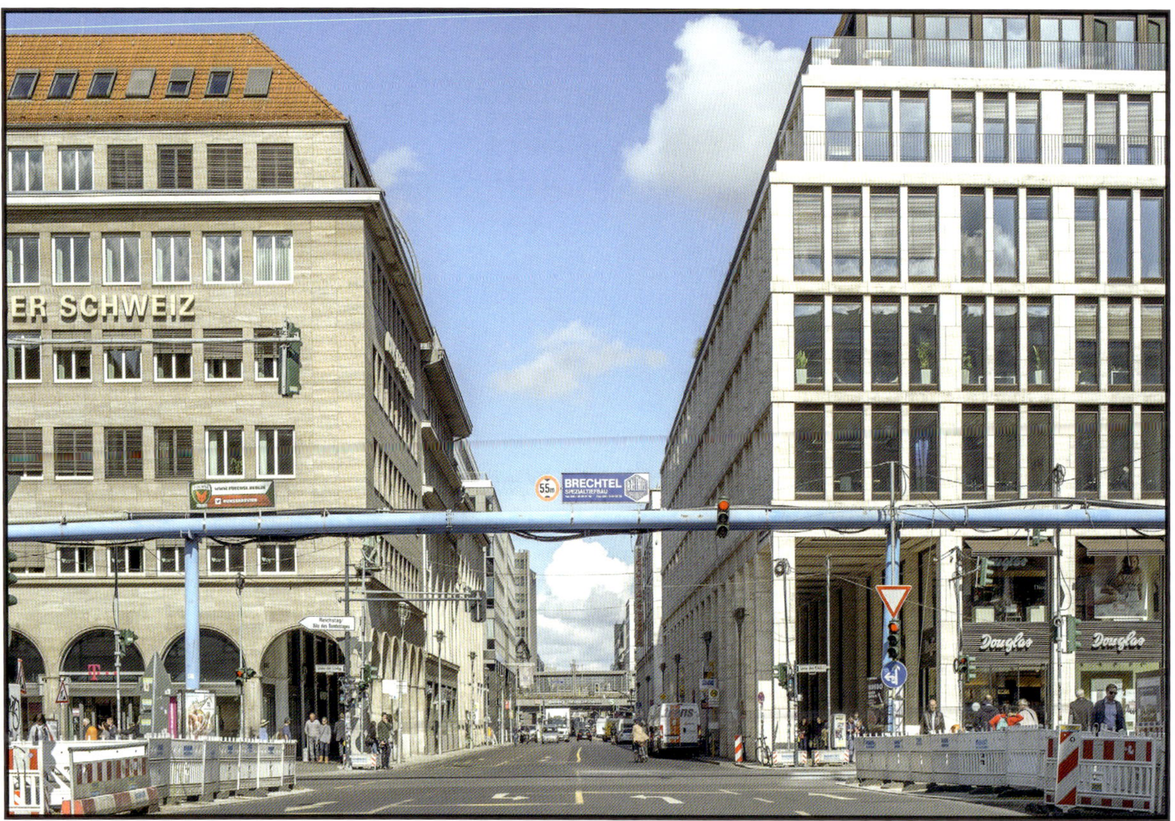

Unter den Linden, Blick zum Bahnhof Friedrichstraße

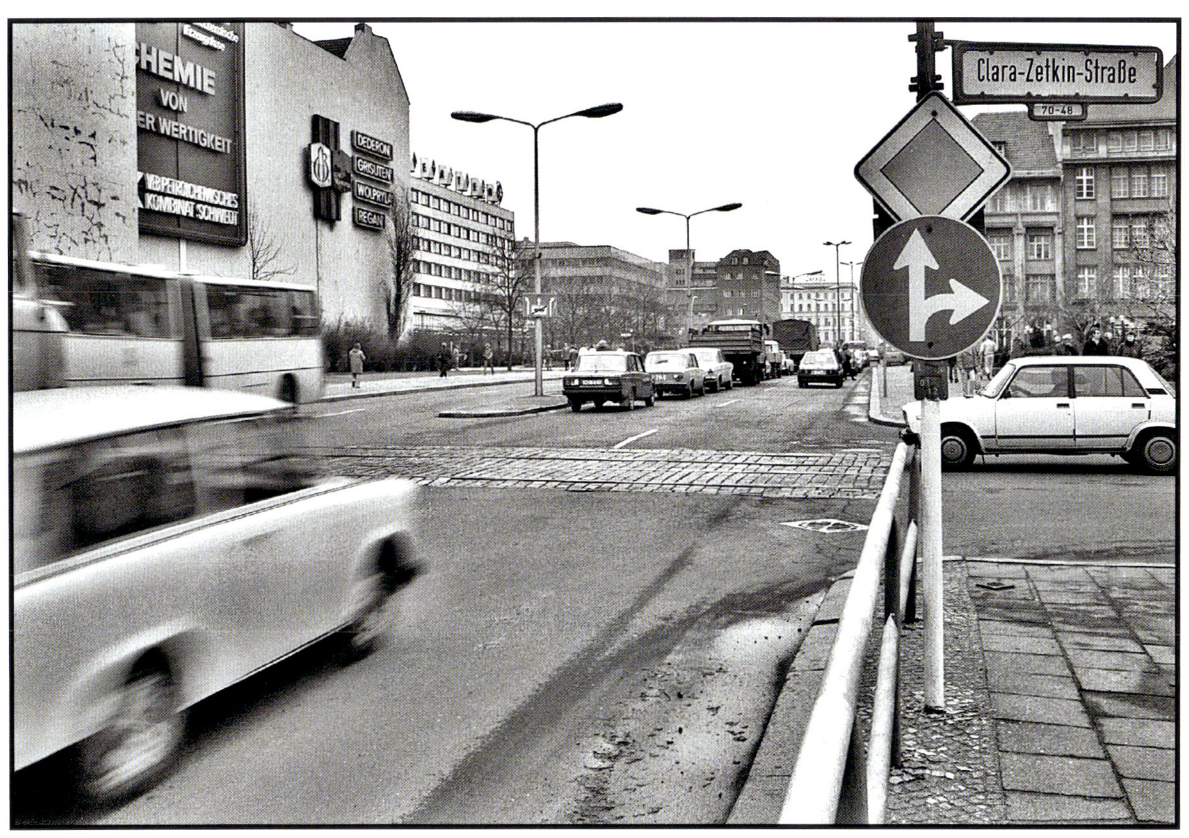

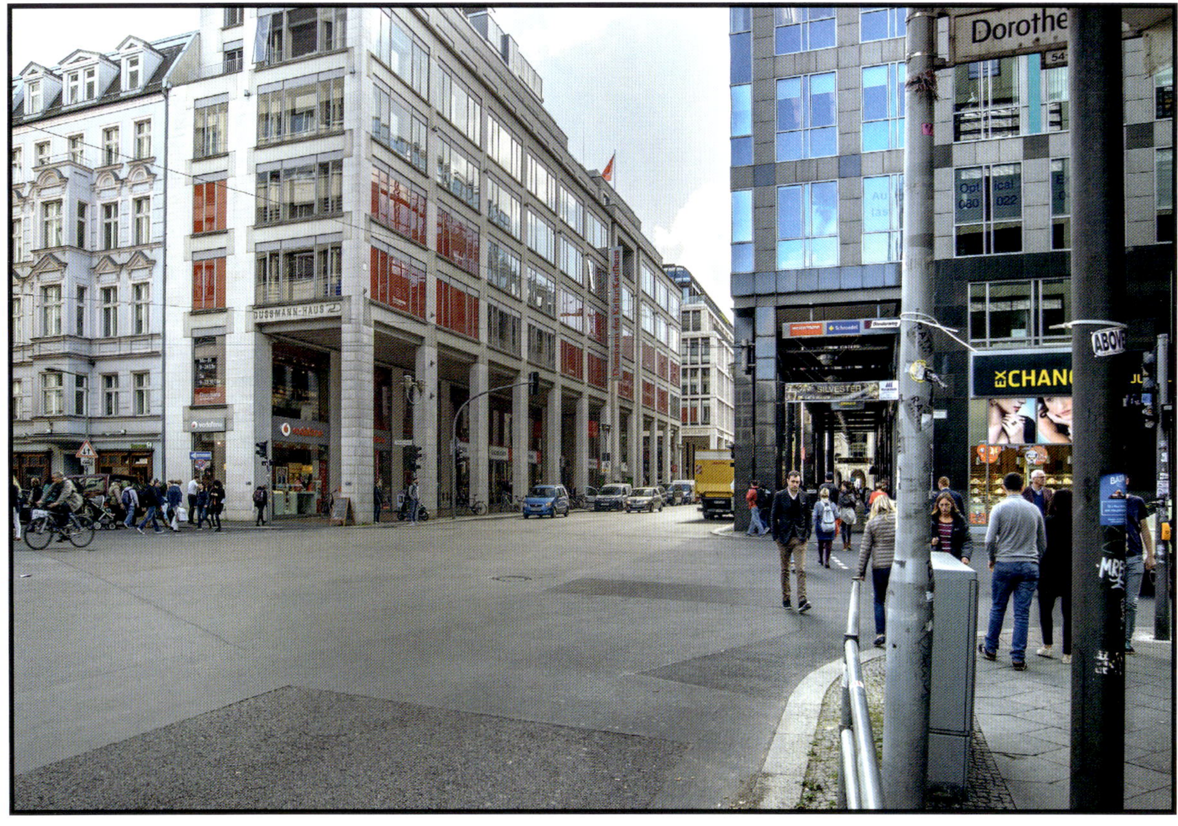

Friedrichstraße, Ecke Clara-Zetkin-Straße / Dorotheenstraße

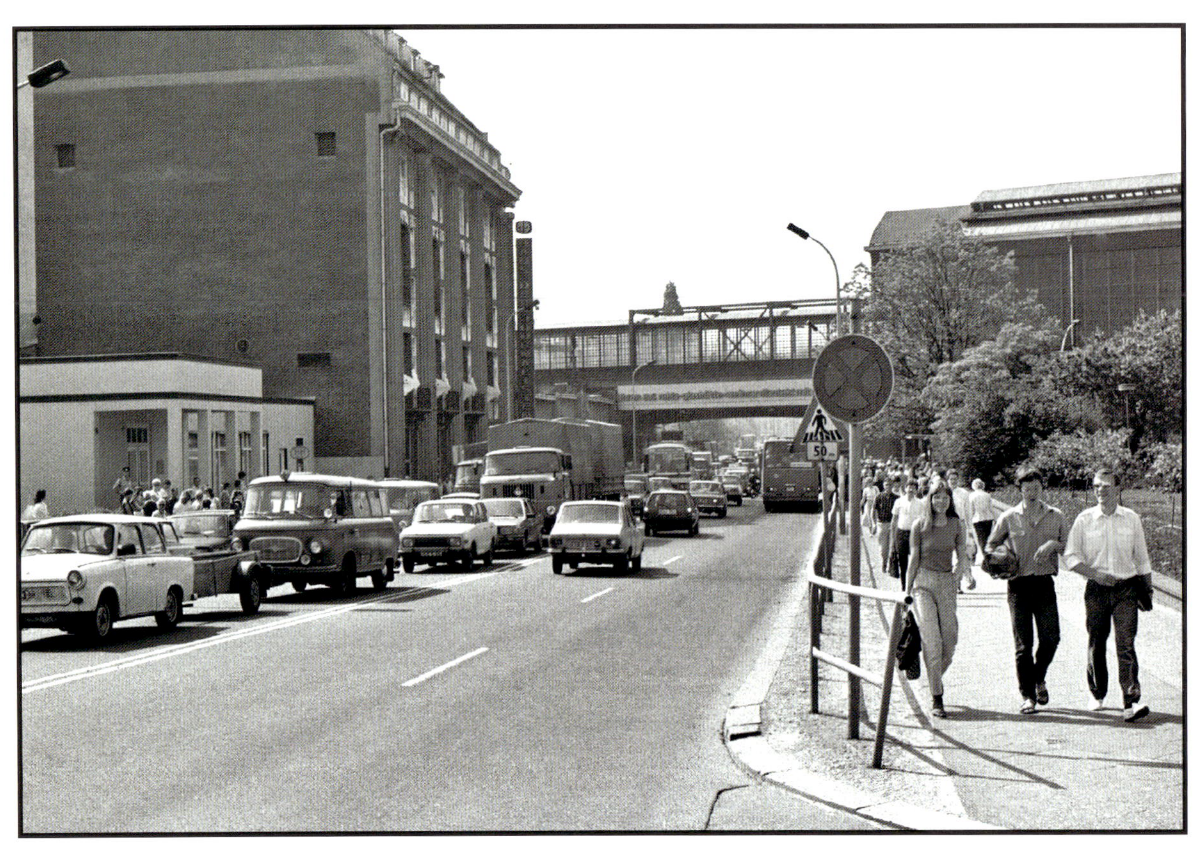

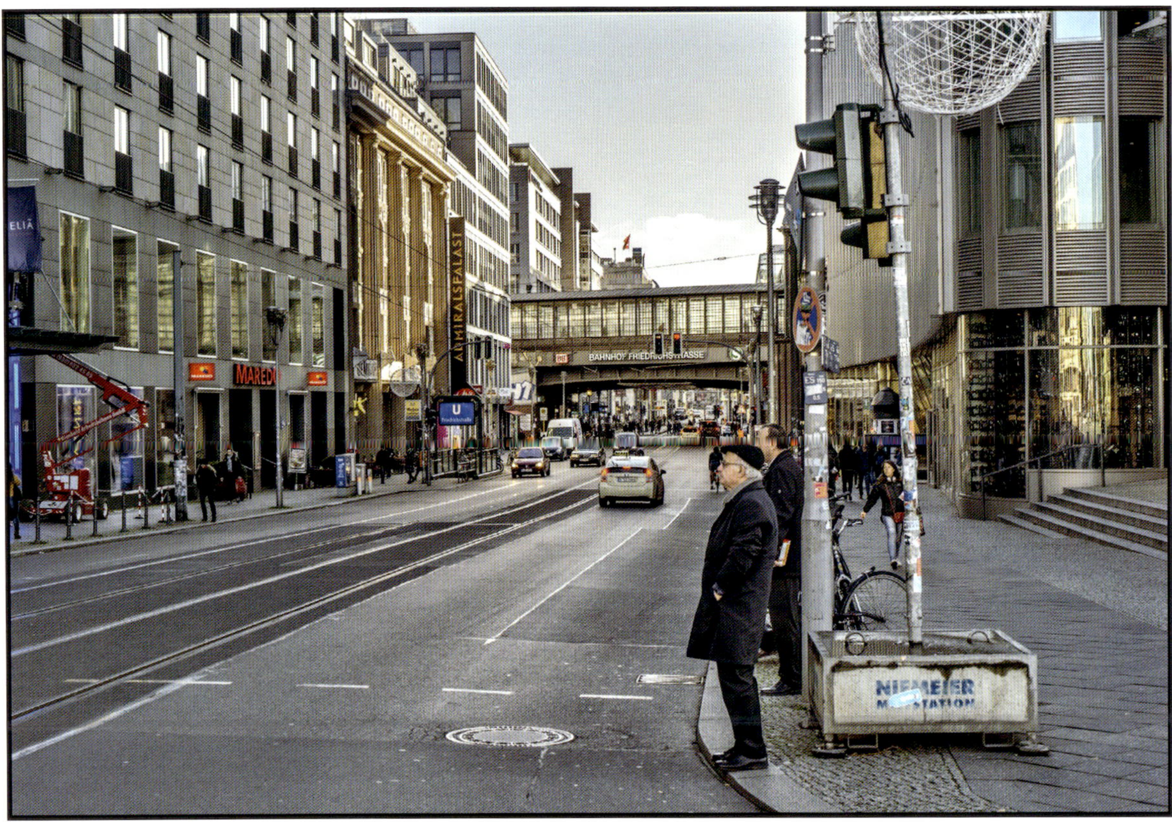

Friedrichstraße, Ecke Reichstagufer

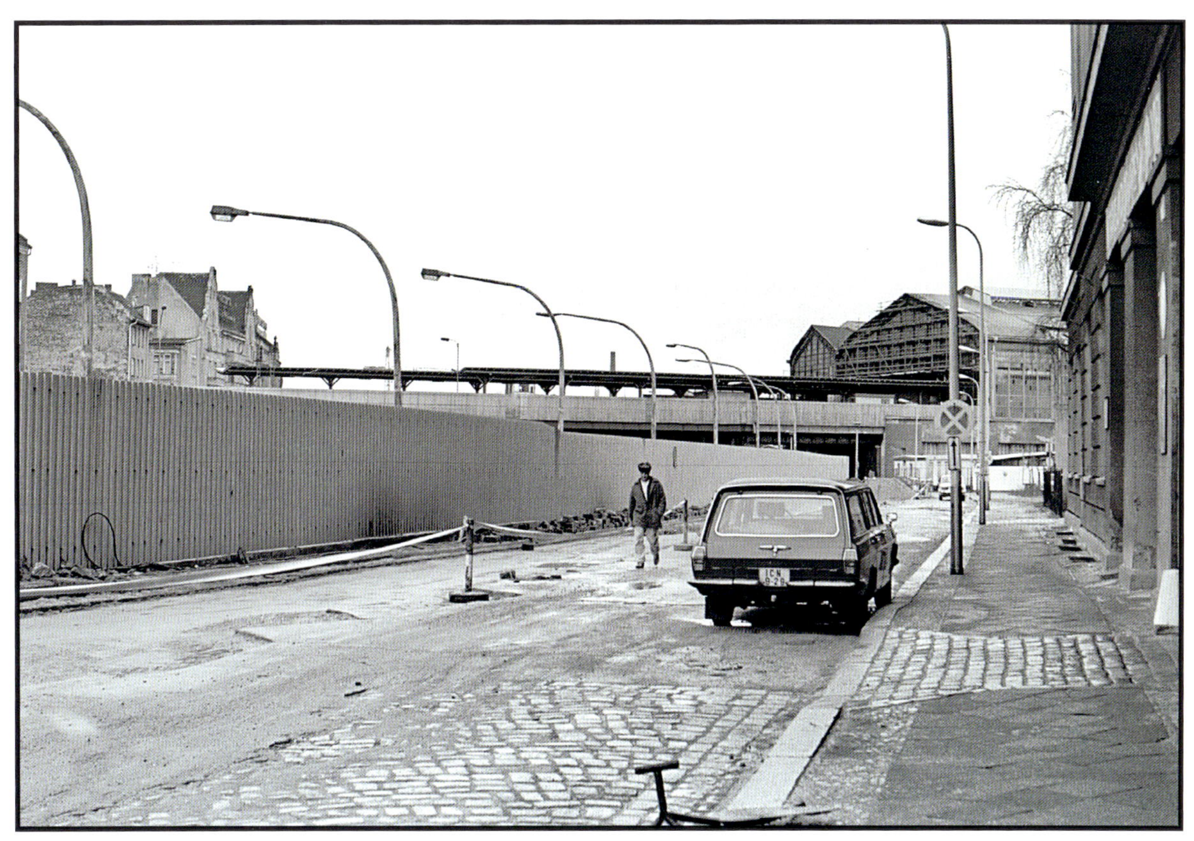

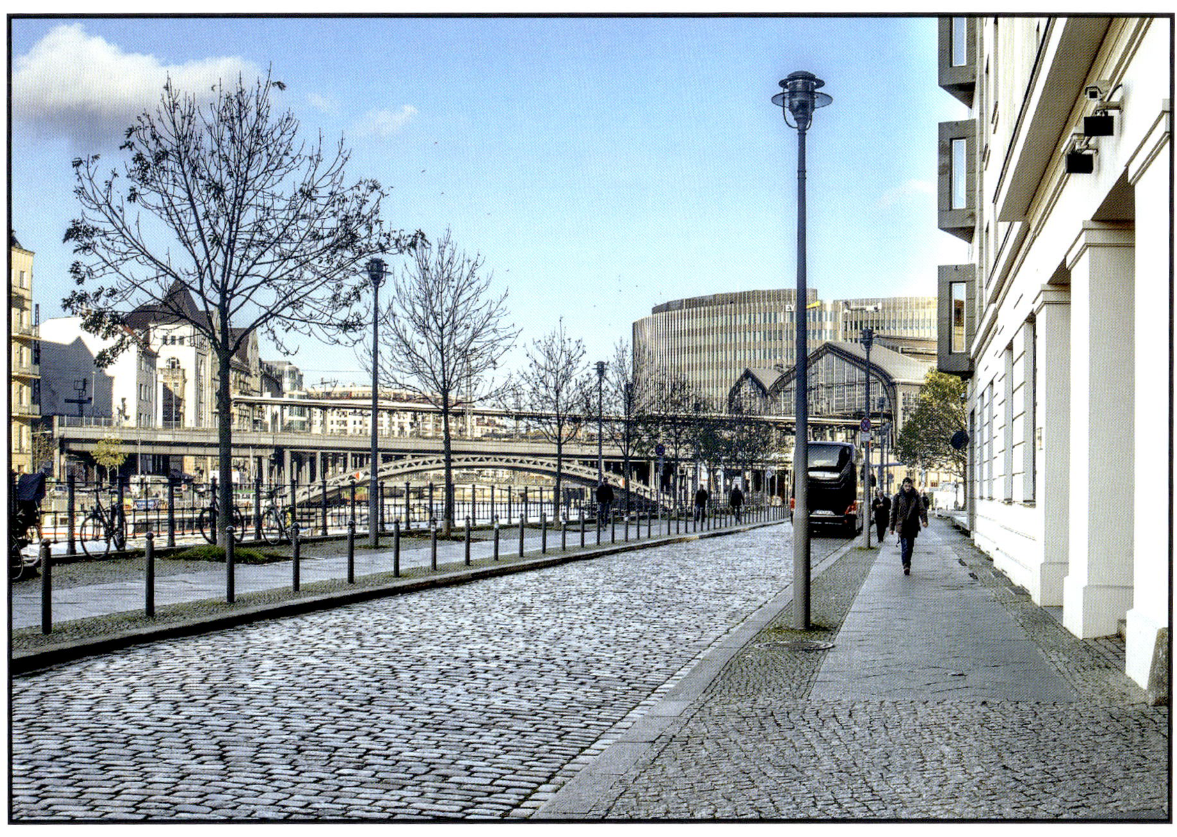

Reichstagufer, Blick zum Bahnhof Friedrichstraße

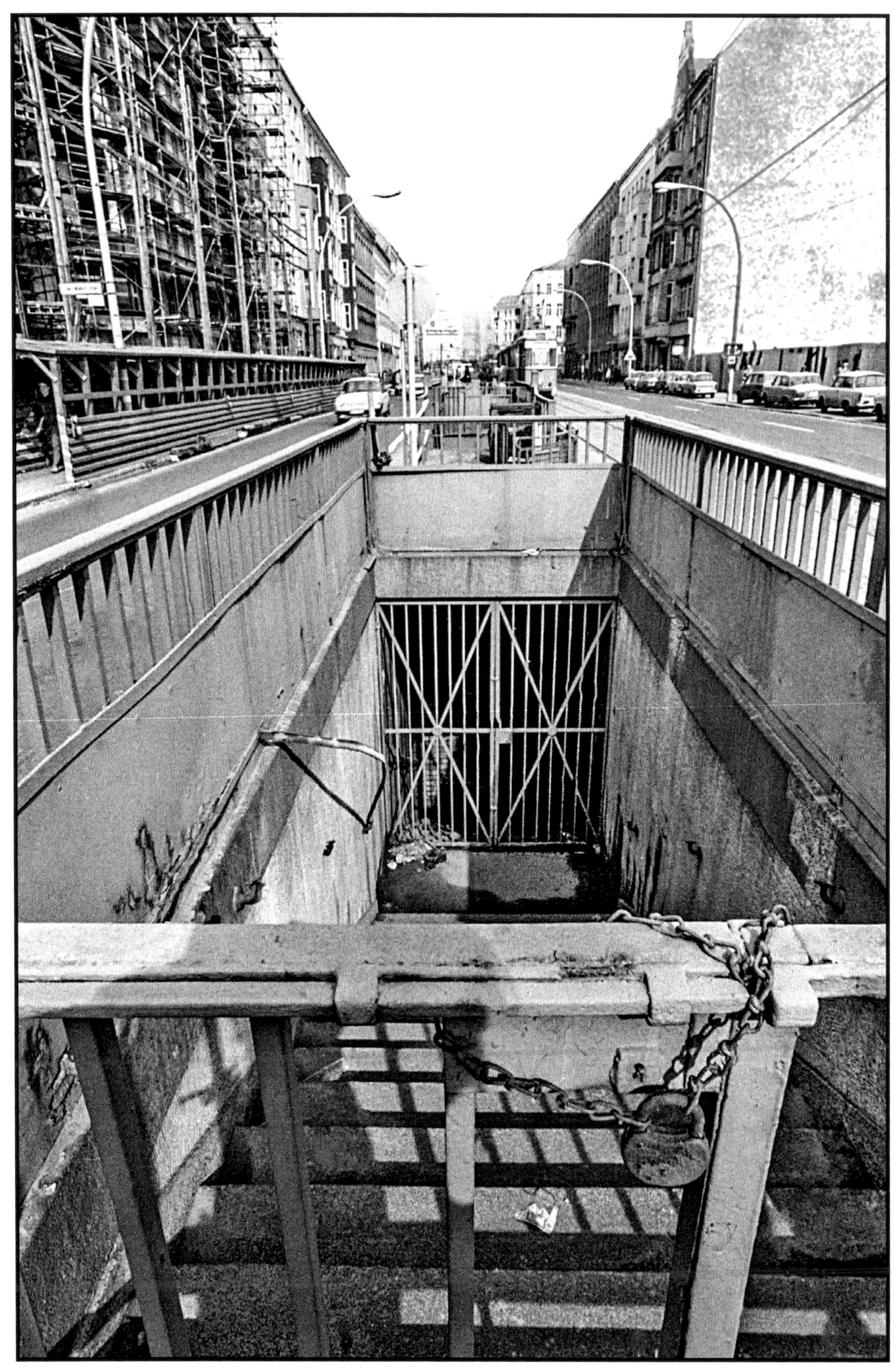

Friedrichstraße, U-Bahnhof Oranienburger Tor

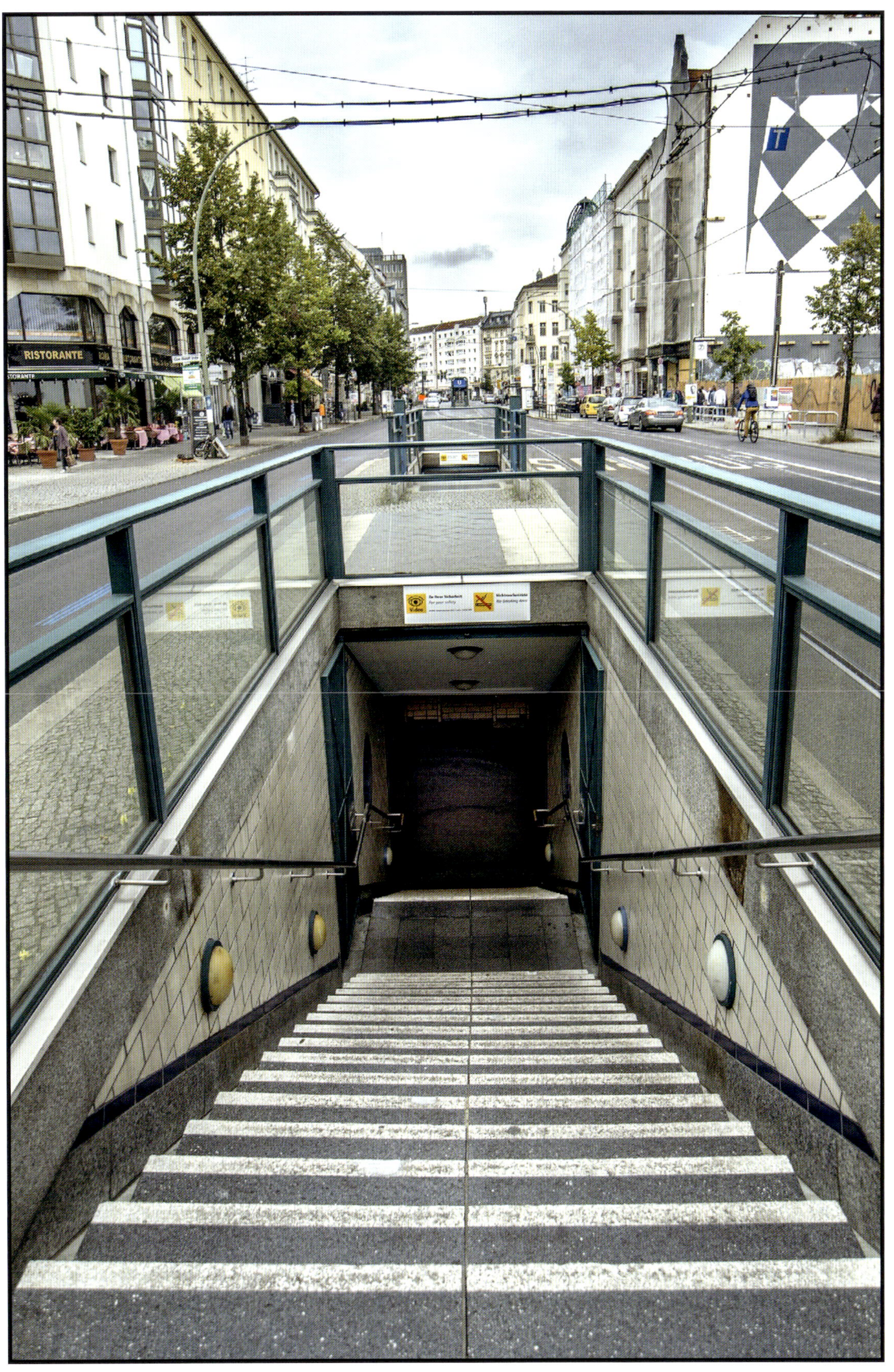

Friedrichstraße, U-Bahnhof Oranienburger Tor

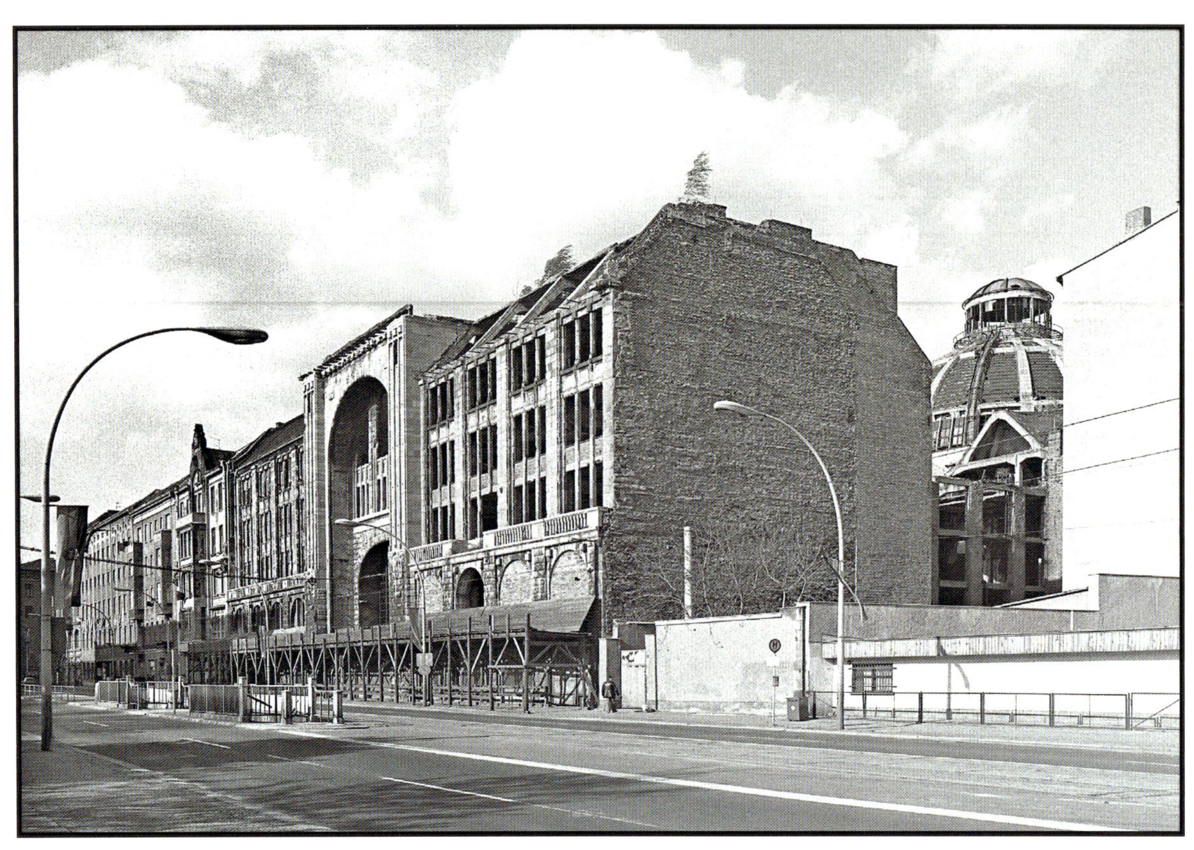

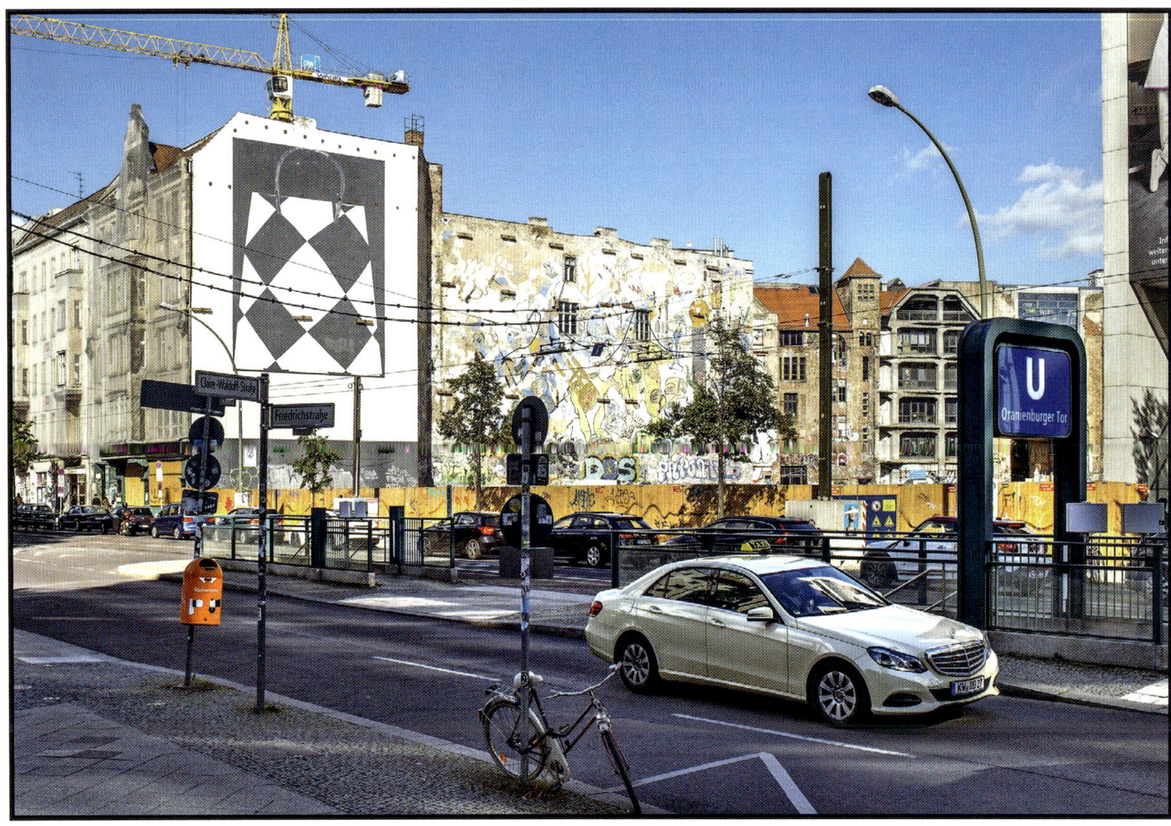

Friedrichstraße, Ecke Claire-Waldoff-Straße

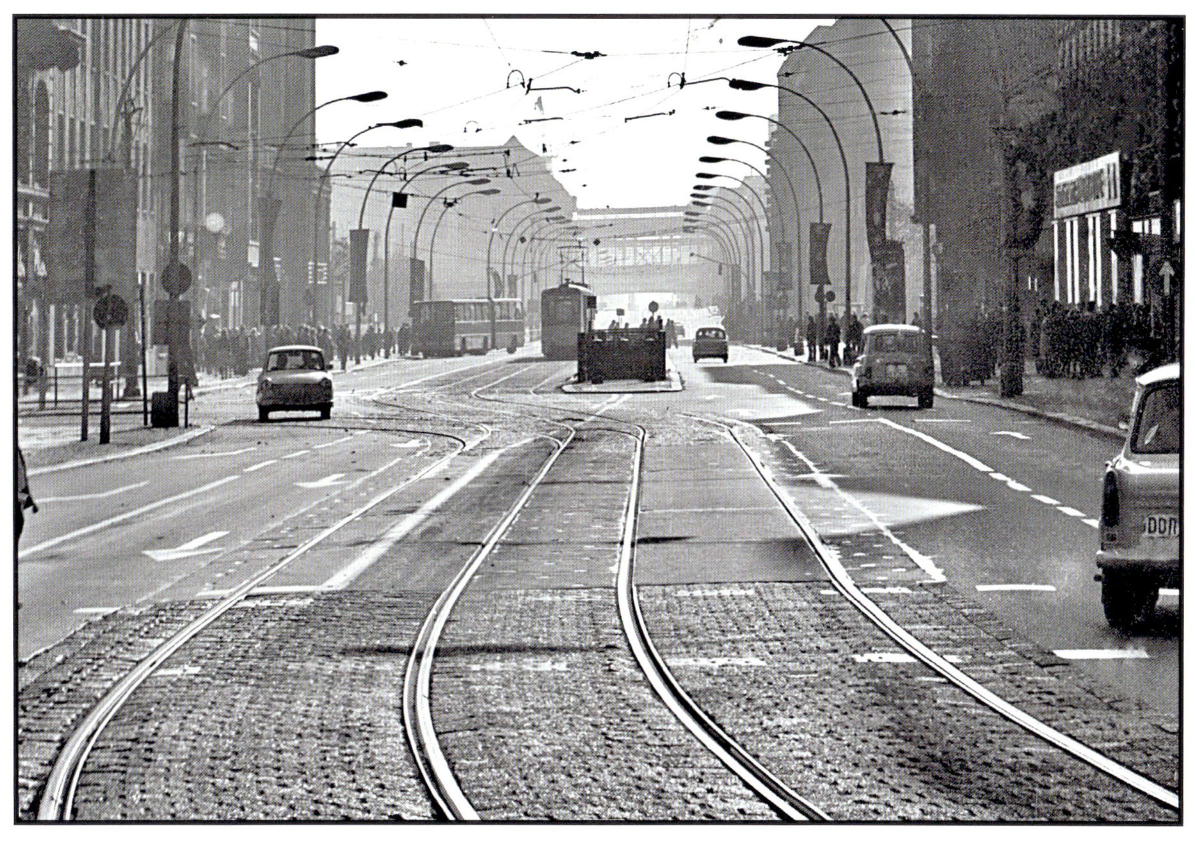

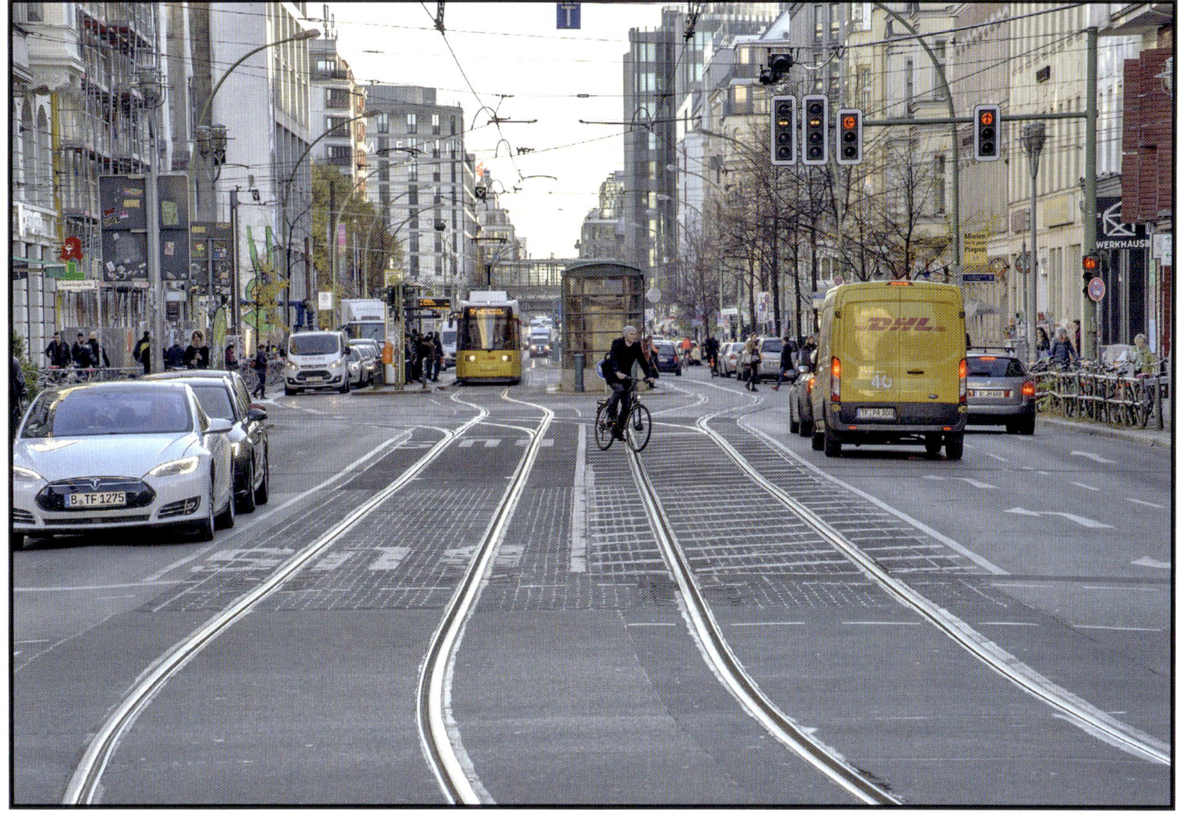

Friedrichstraße, Ecke Oranienburger Straße

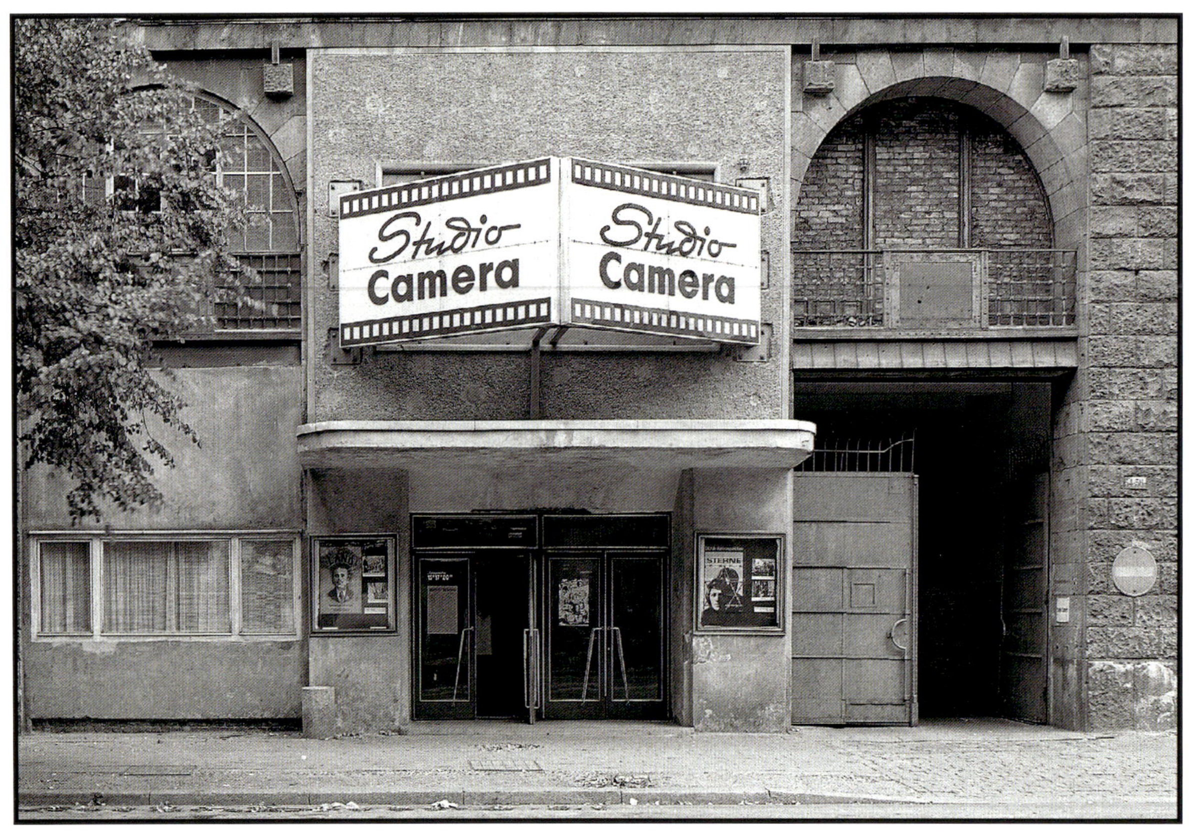

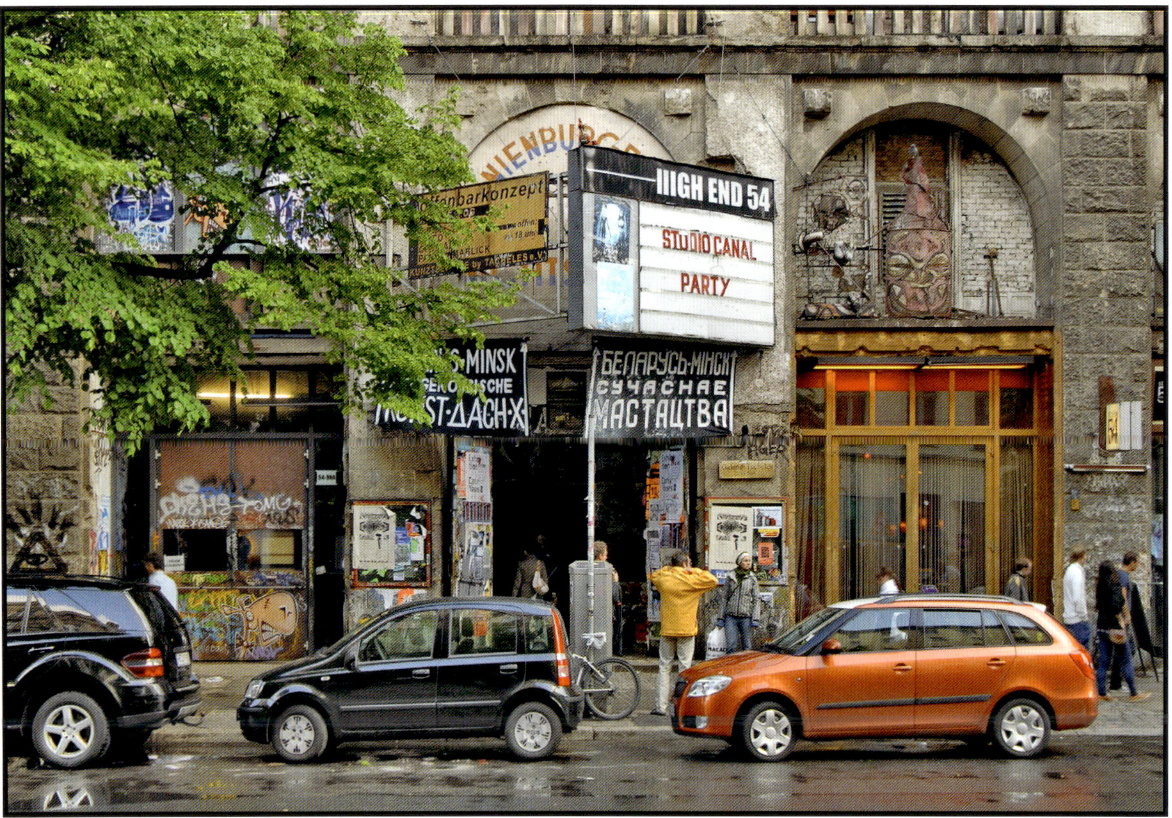

Oranienburger Straße, Kino »Studio Camera«/Kunsthaus Tacheles

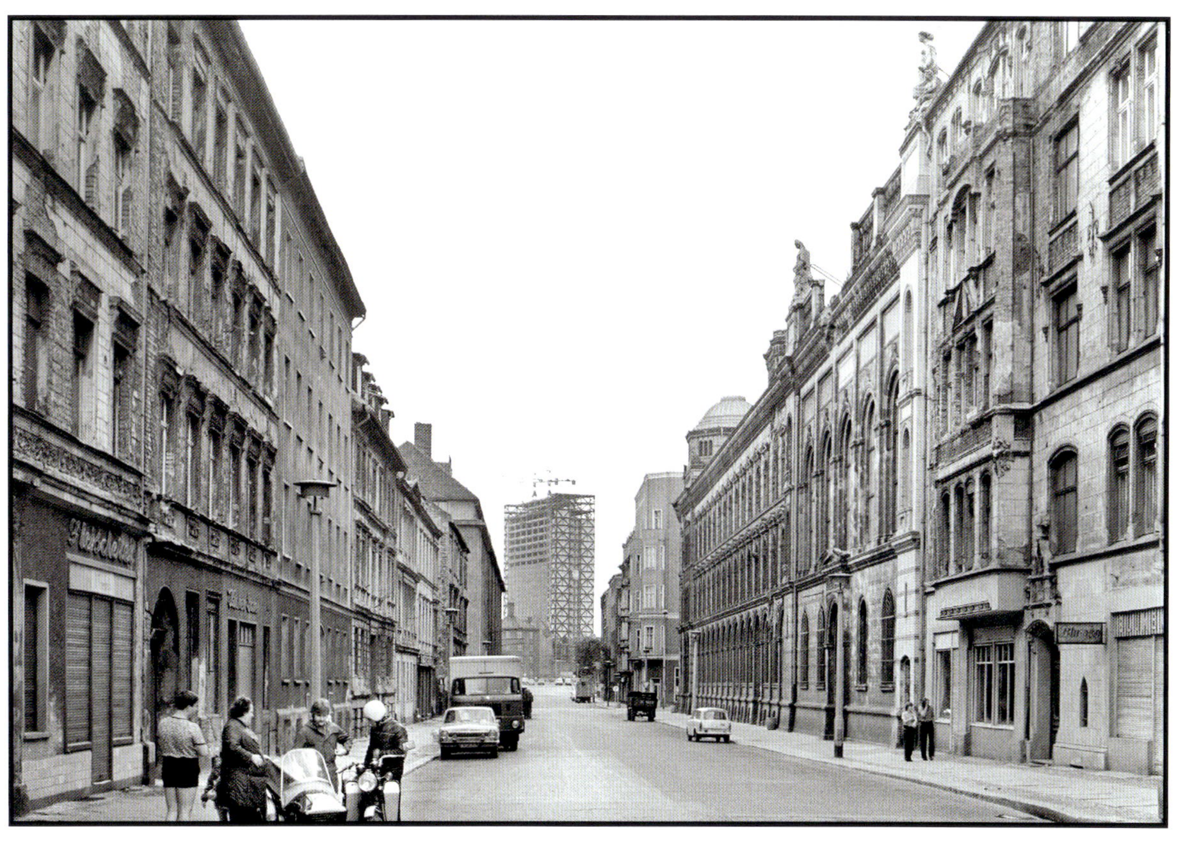

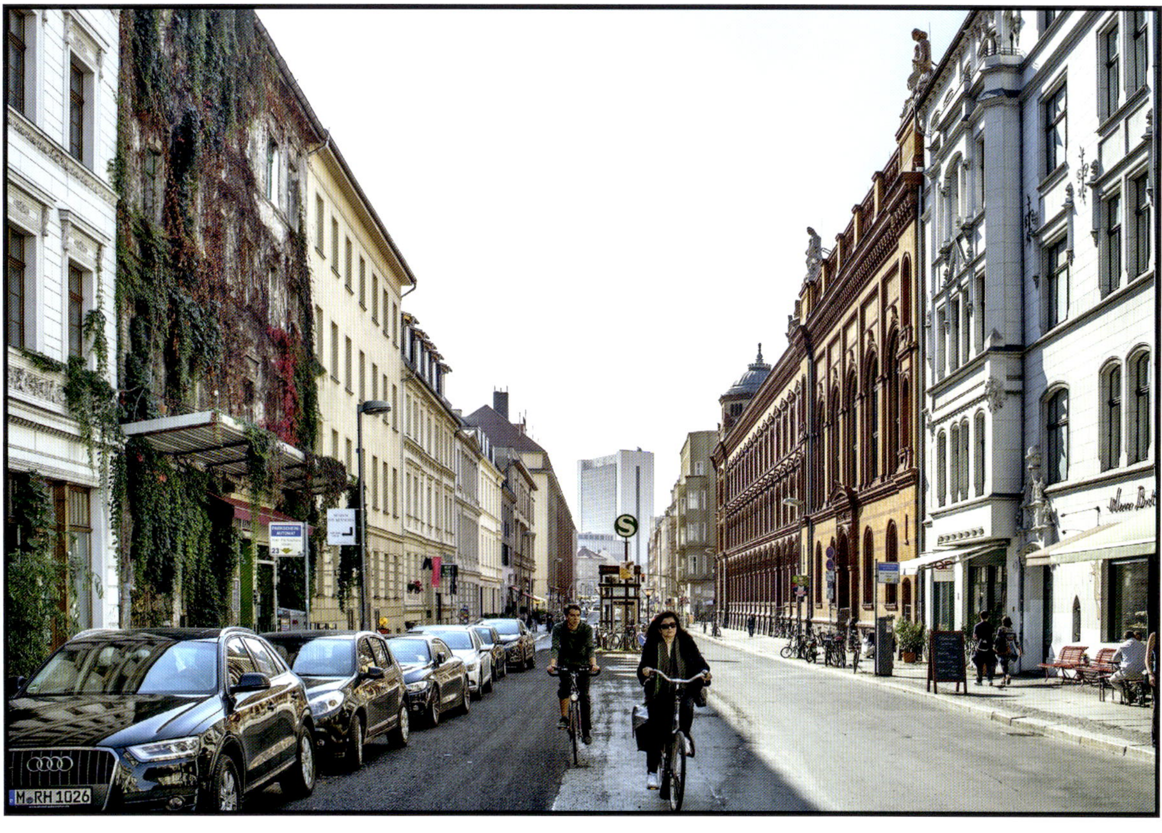

Tucholskystraße, Blick zum Internationalen Handelszentrum an der Friedrichstraße

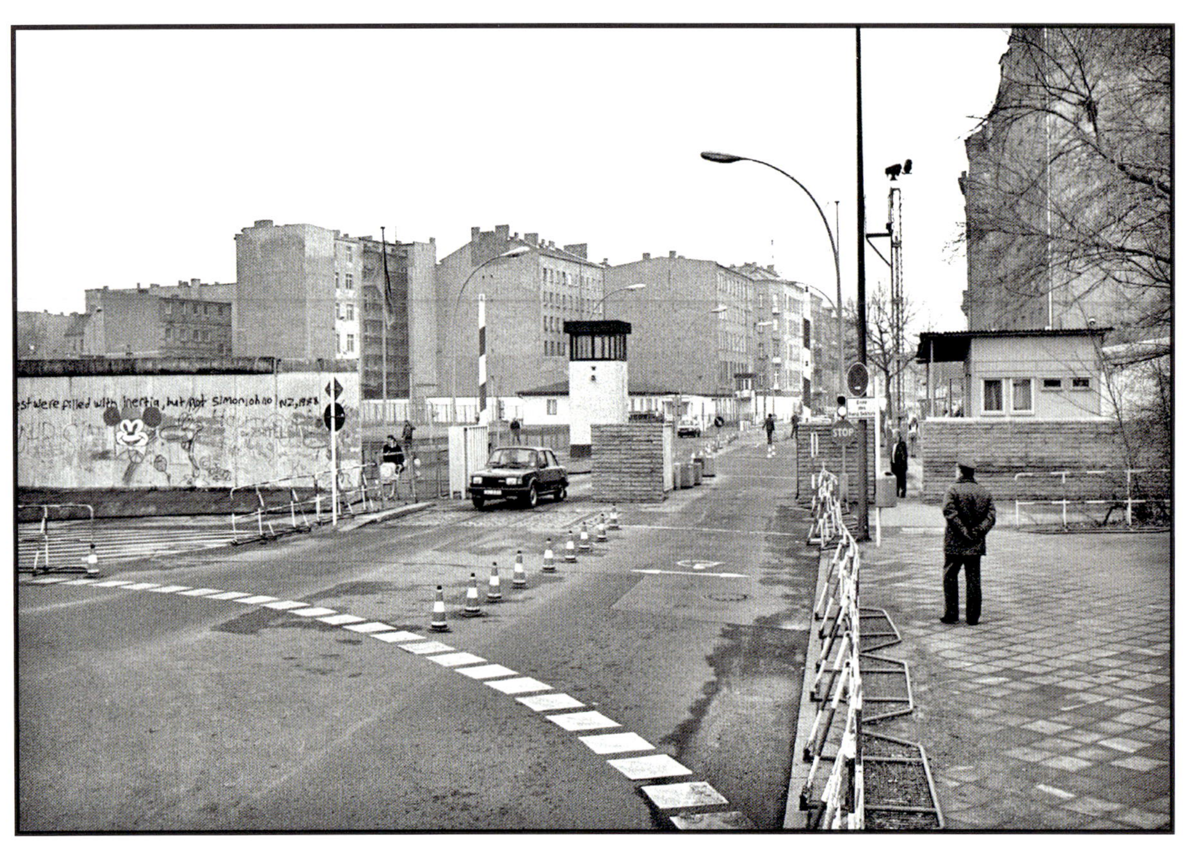

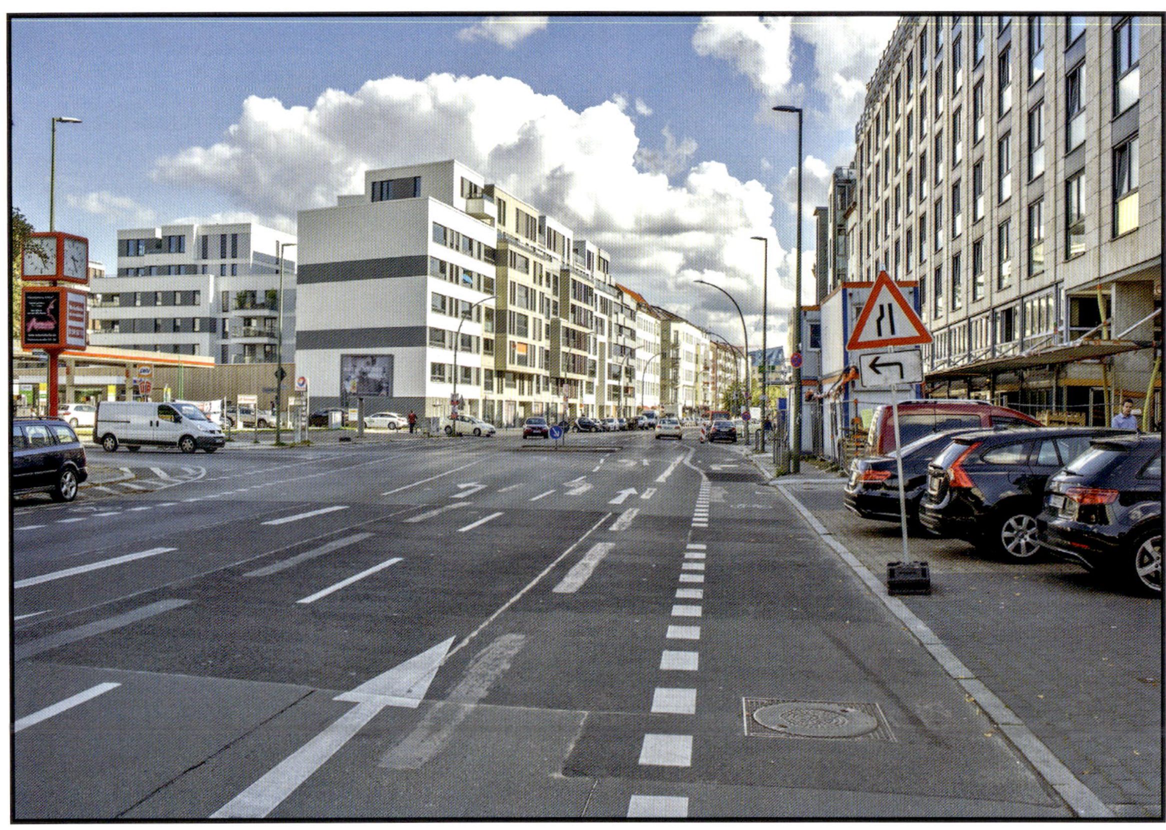

Chausseestraße, Ecke Liesenstraße

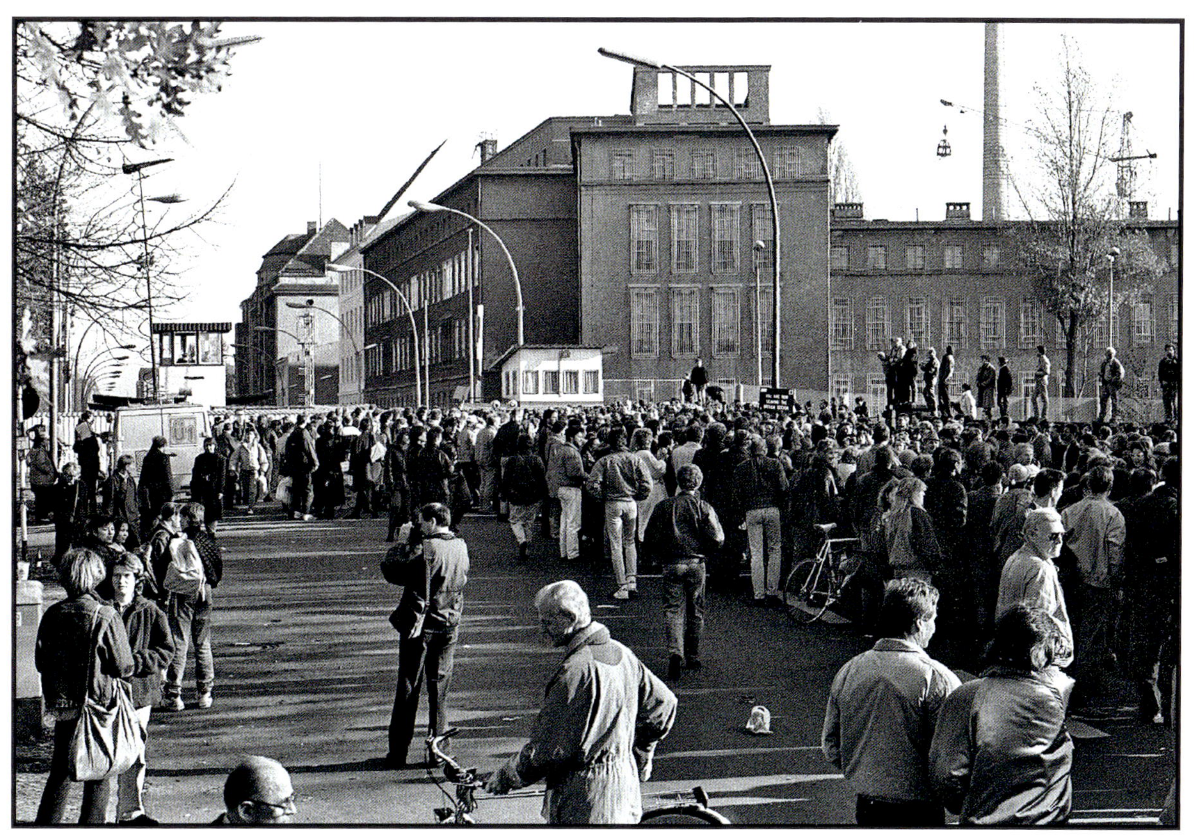

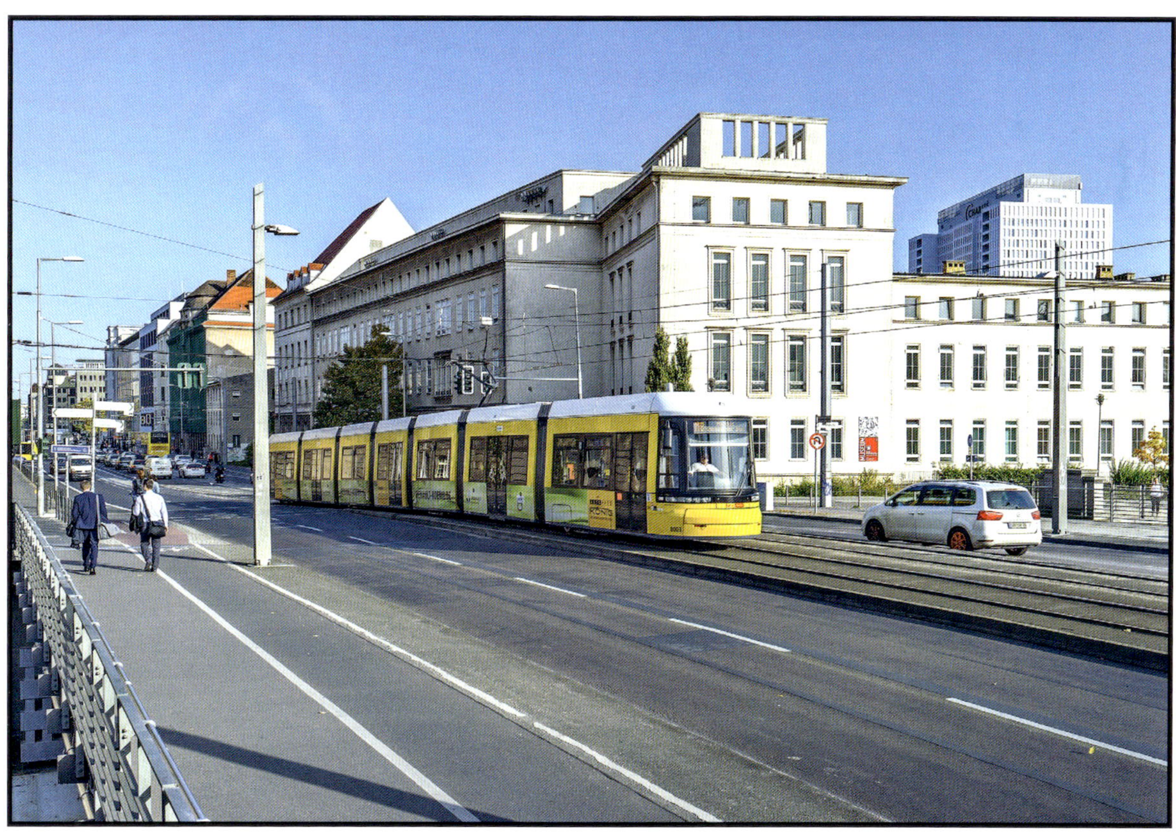

Blick von der Sandkrugbrücke zur Invalidenstraße

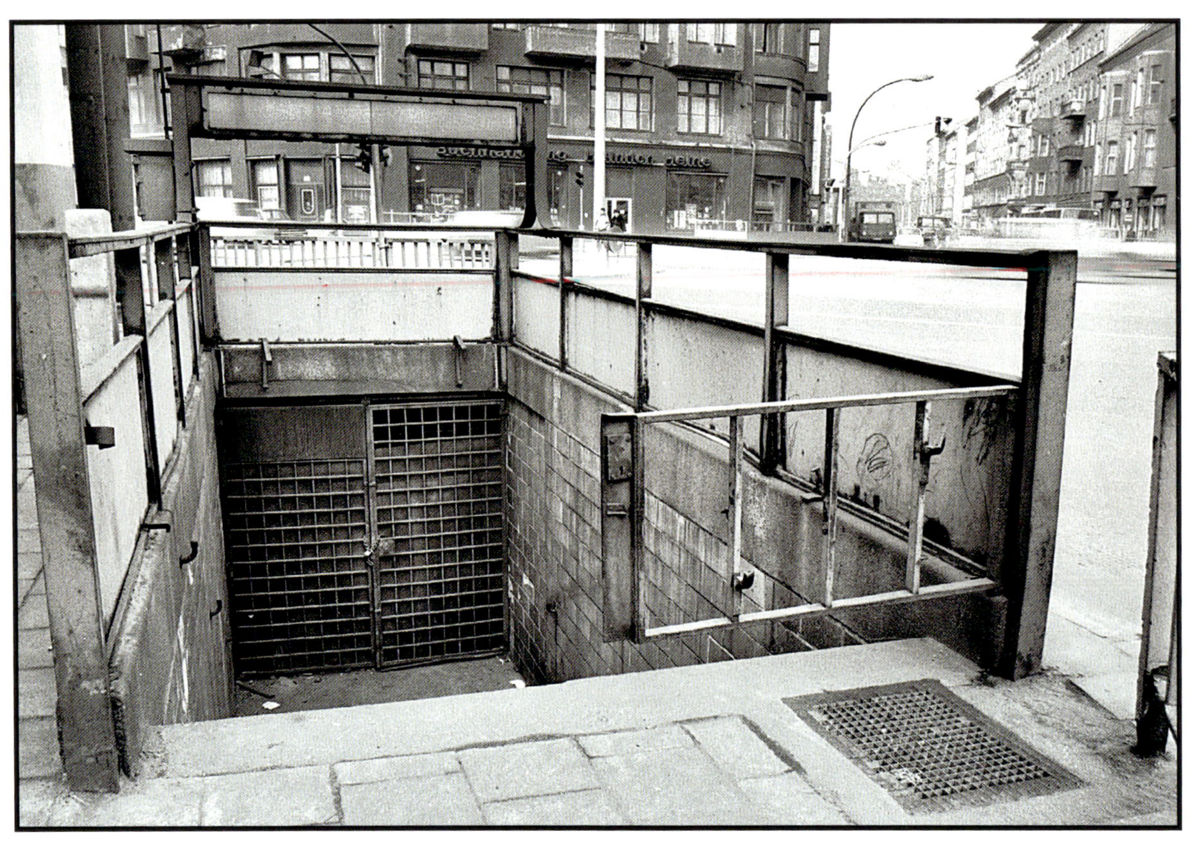

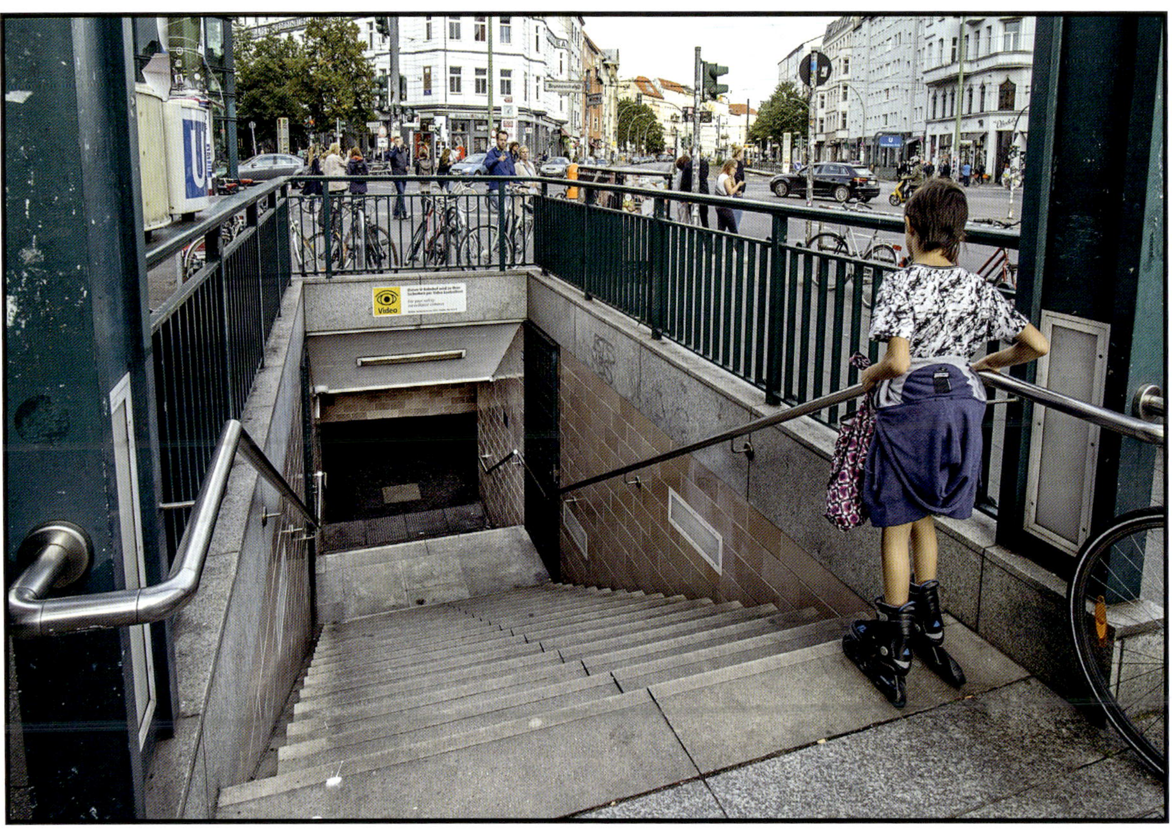

U-Bahnhof Rosenthaler Platz

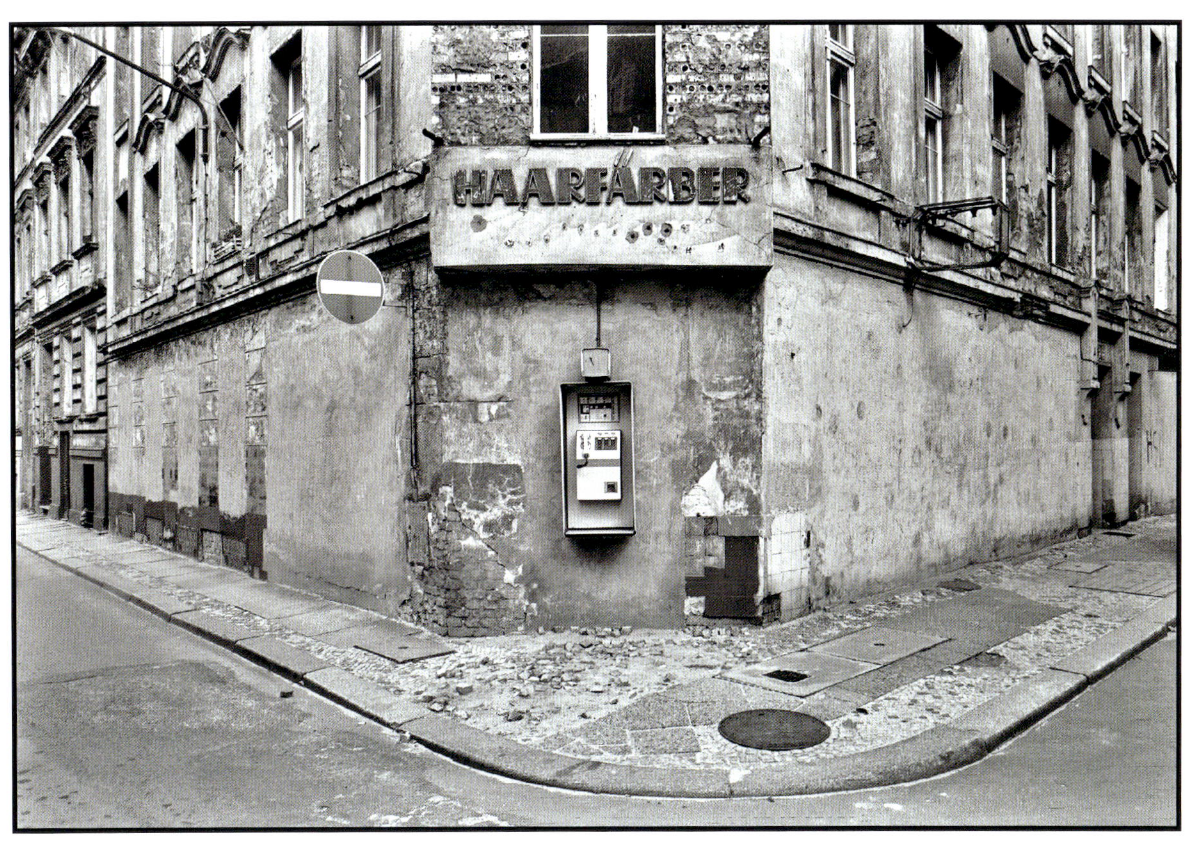

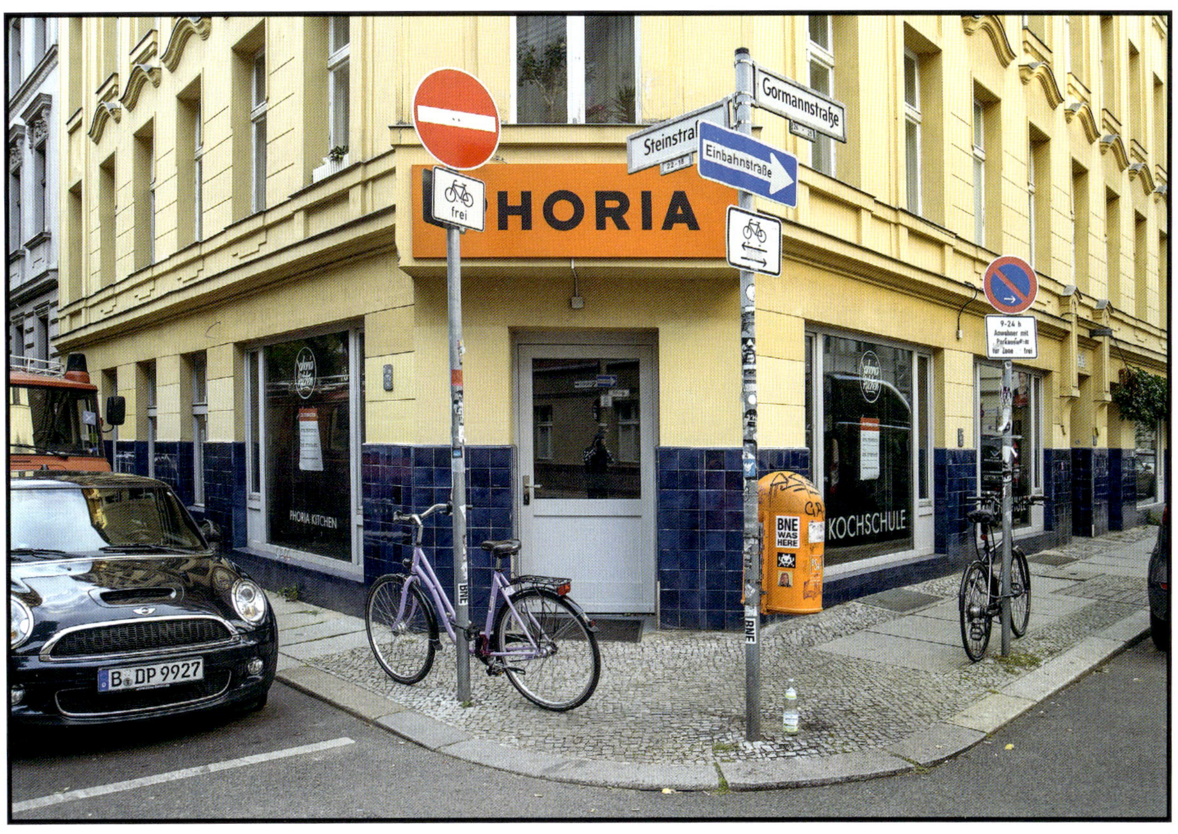

Steinstraße, Ecke Gormannstraße

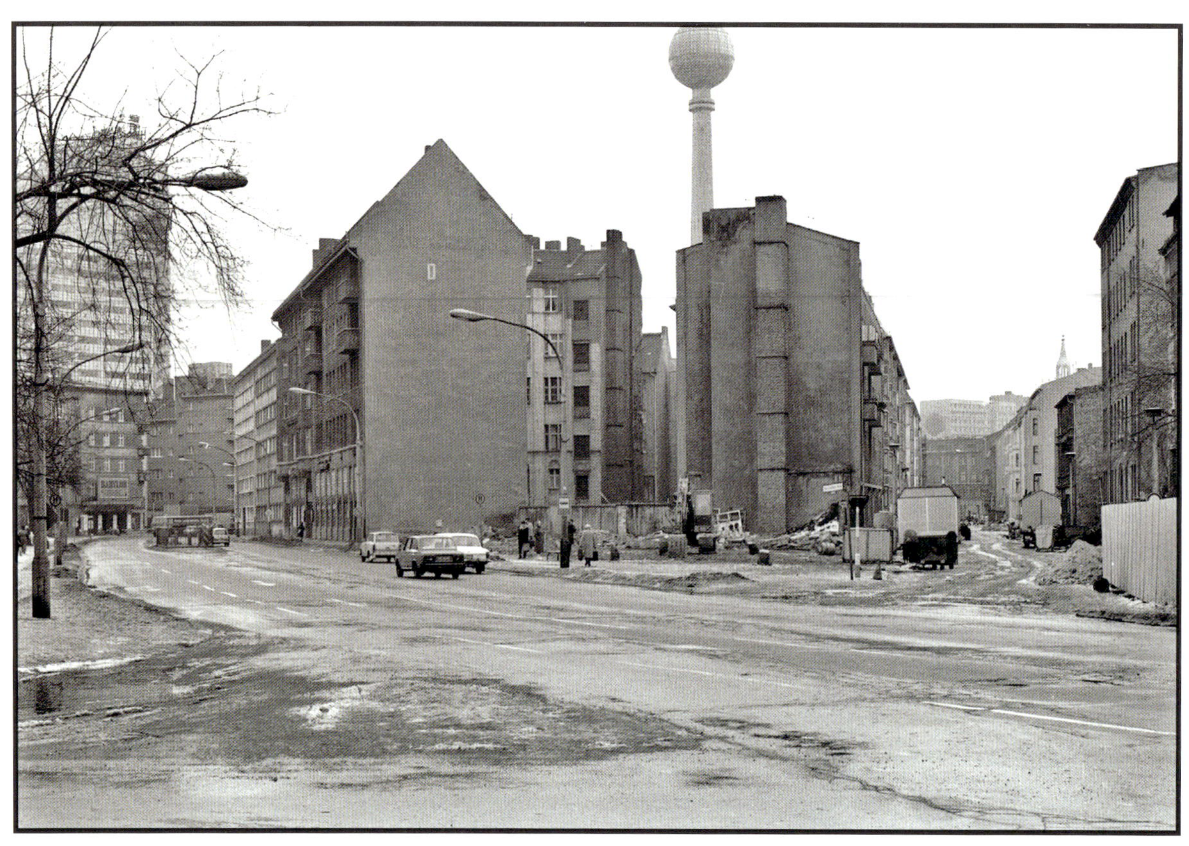

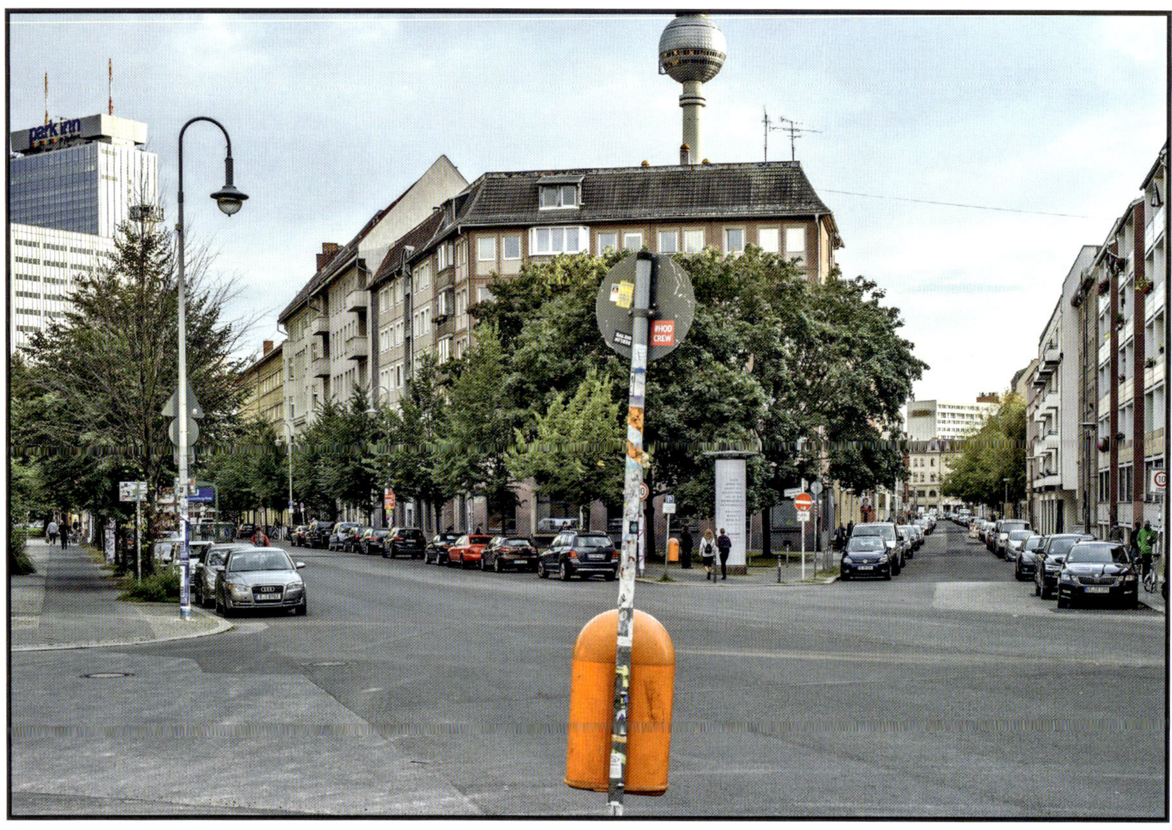

Rosa-Luxemburg-Straße, Ecke Almstadtstraße

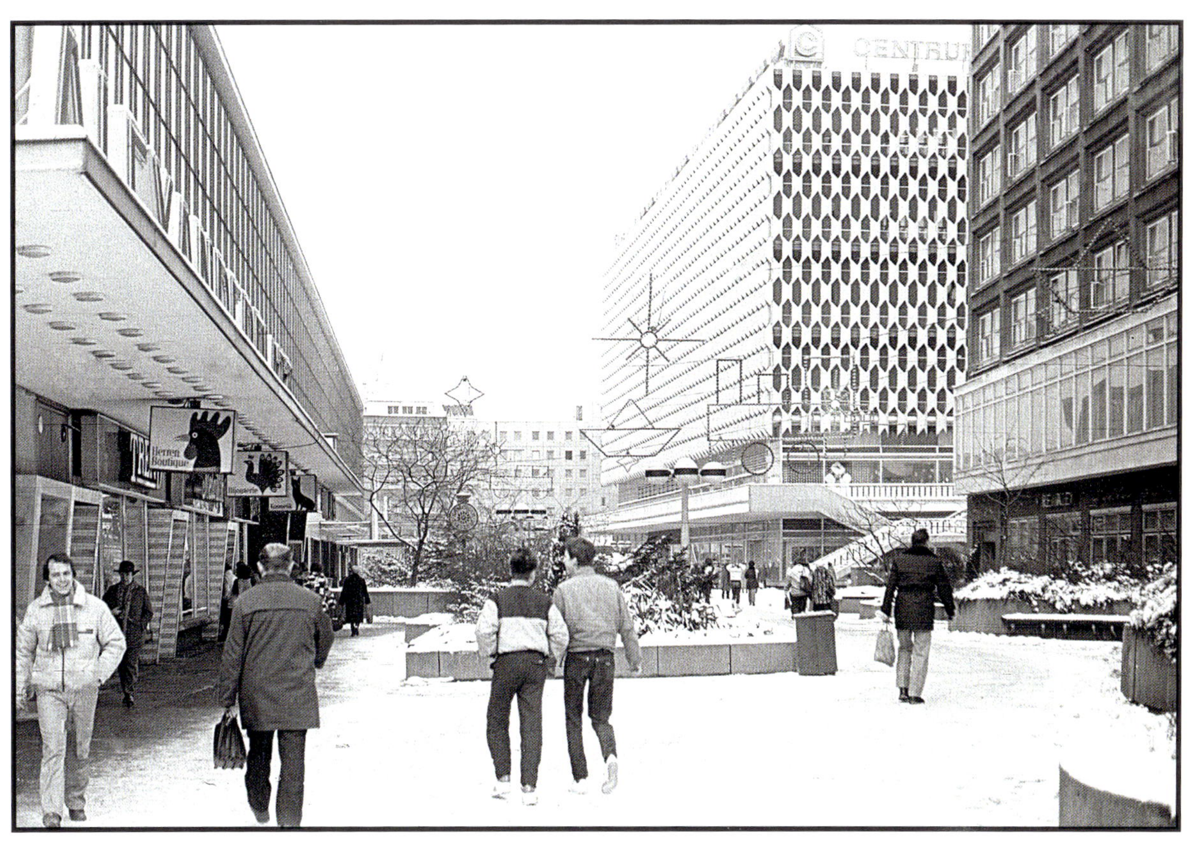

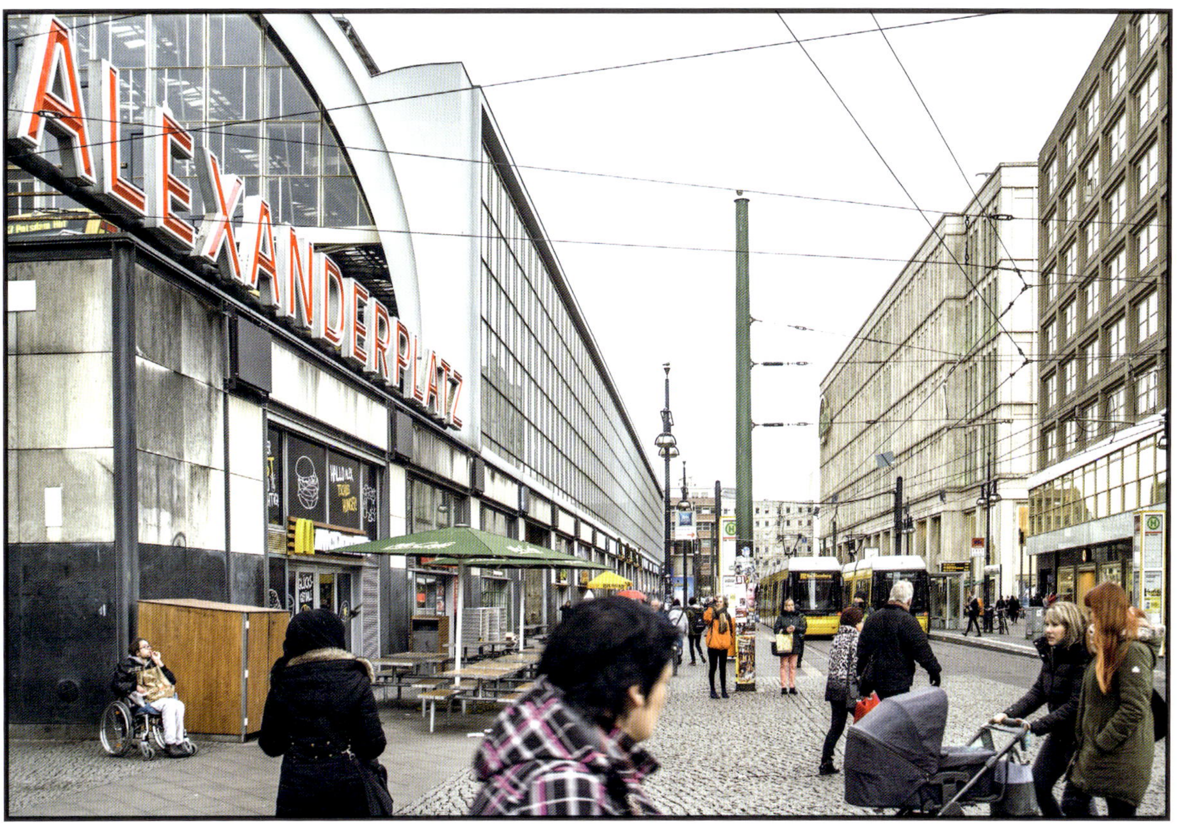

Dircksenstraße, Bahnhof Alexanderplatz

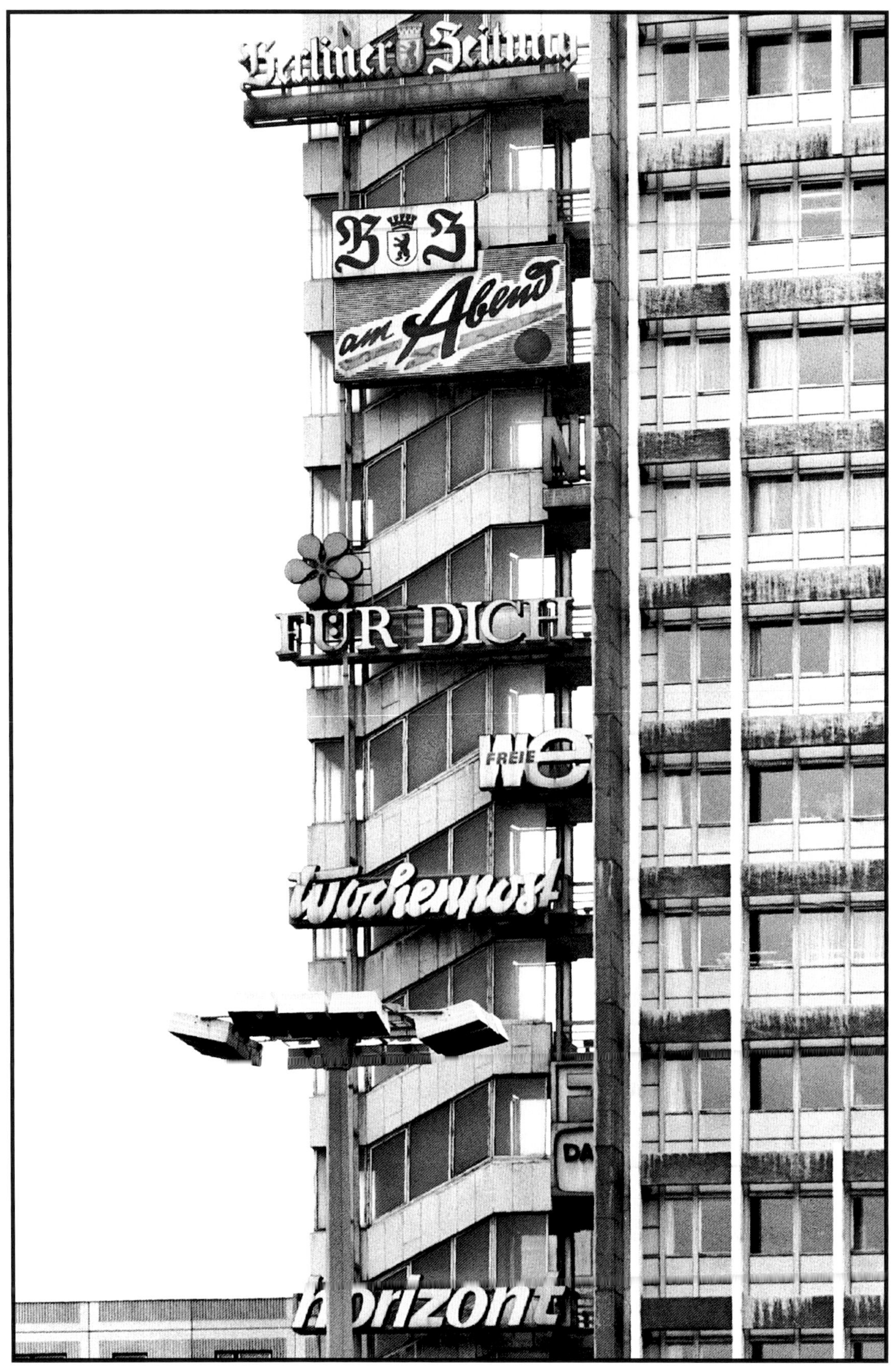

Karl-Liebknecht-Straße, Haus des »Berliner Verlags«

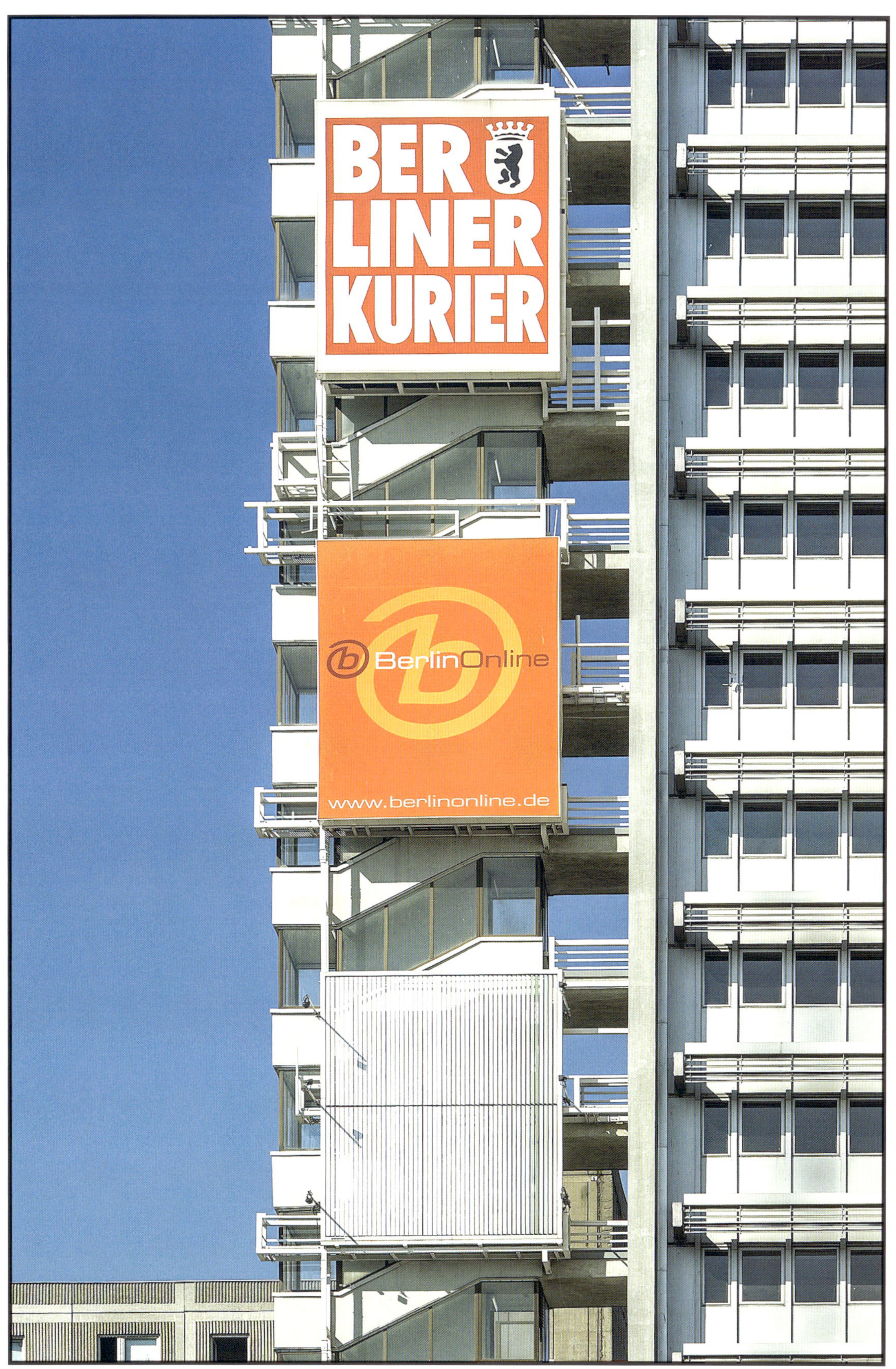

Karl-Liebknecht-Straße, Haus des »Berliner Verlags«

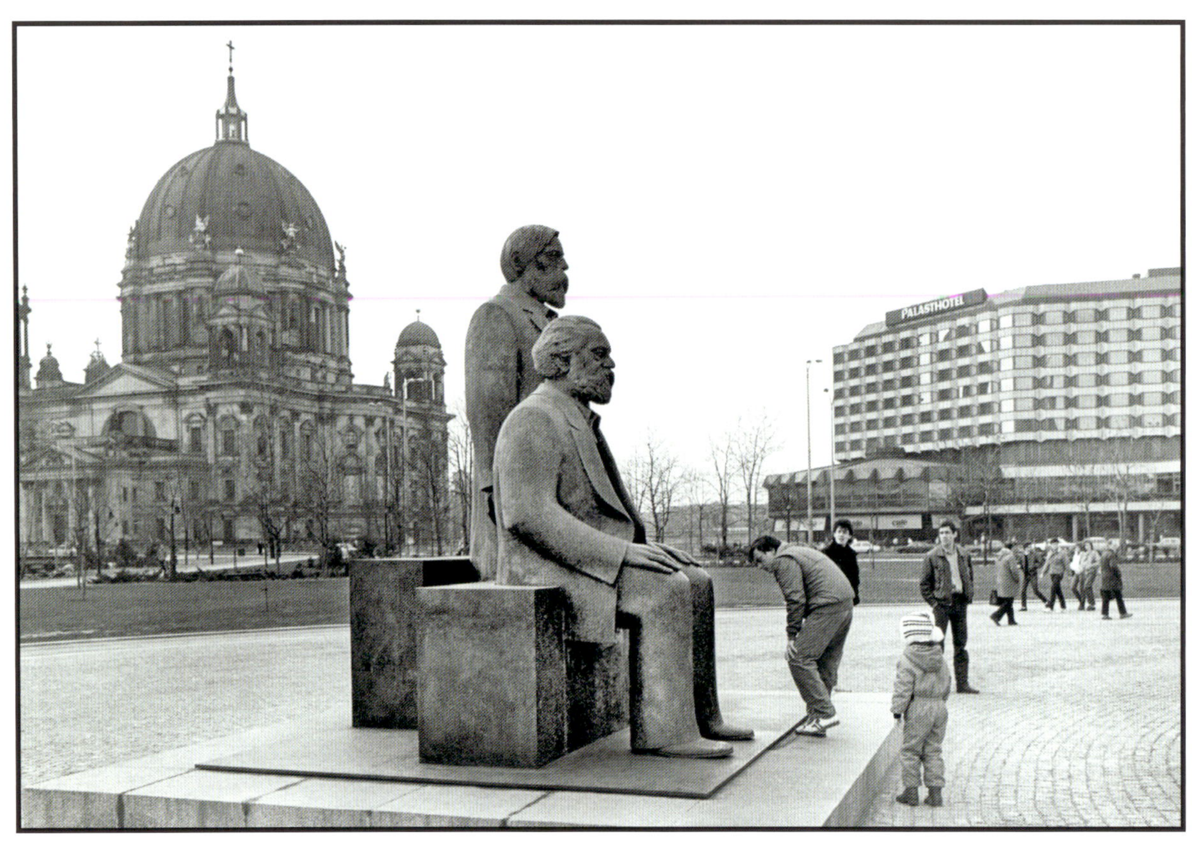

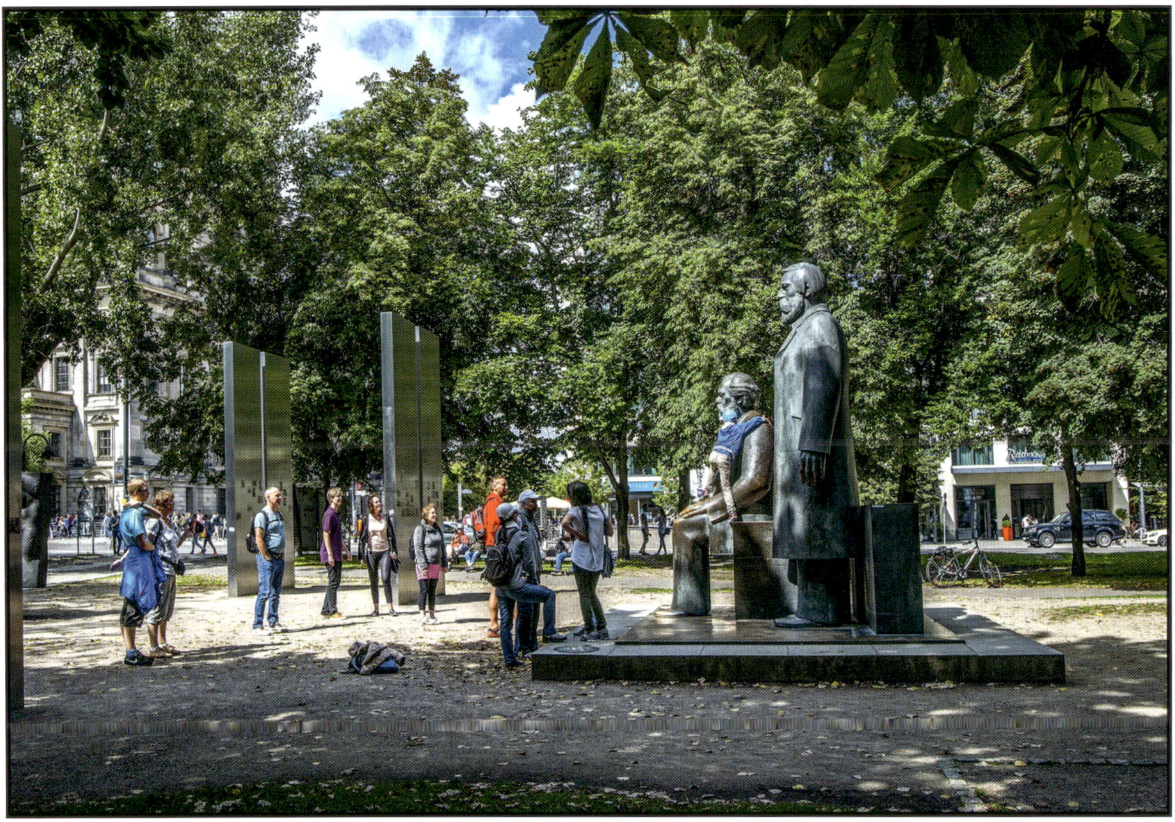

Marx-Engels-Denkmal, 2010 versetzt und um 180 Grad gedreht, Blick zum Berliner Dom

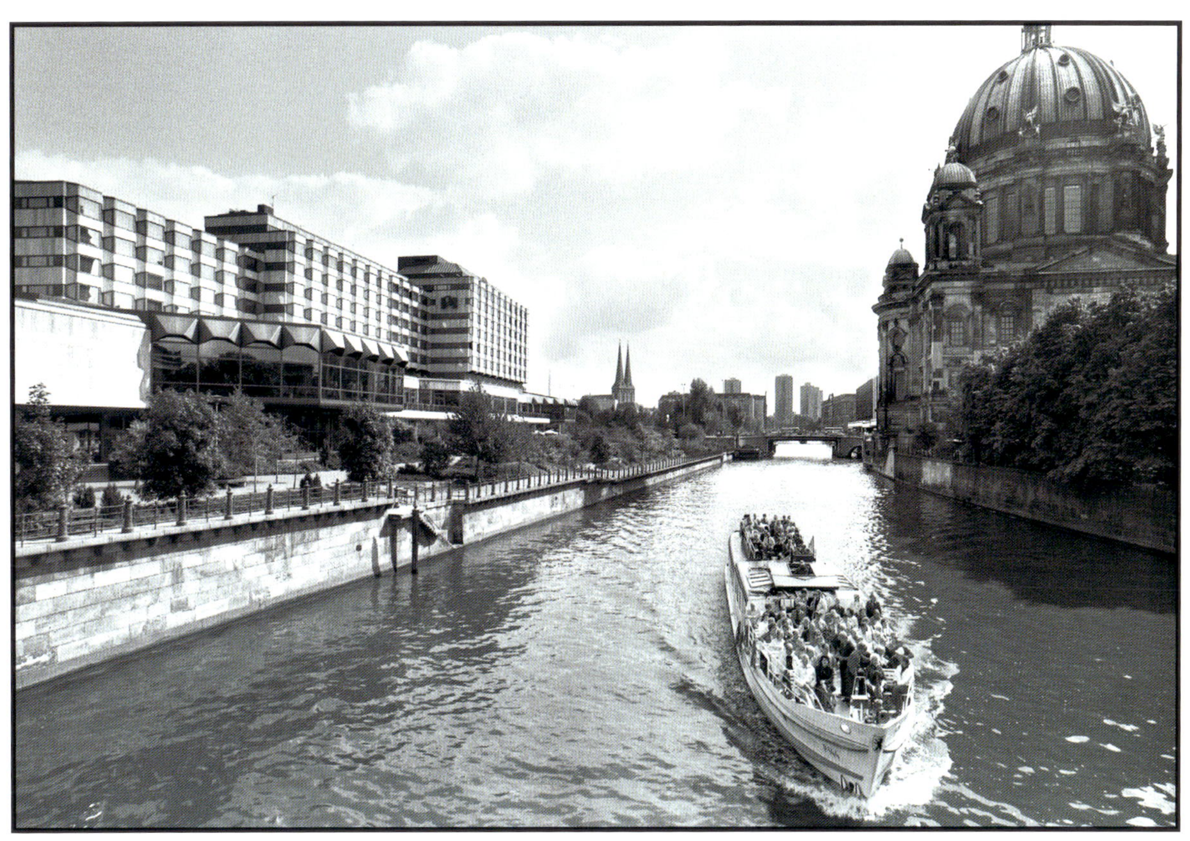

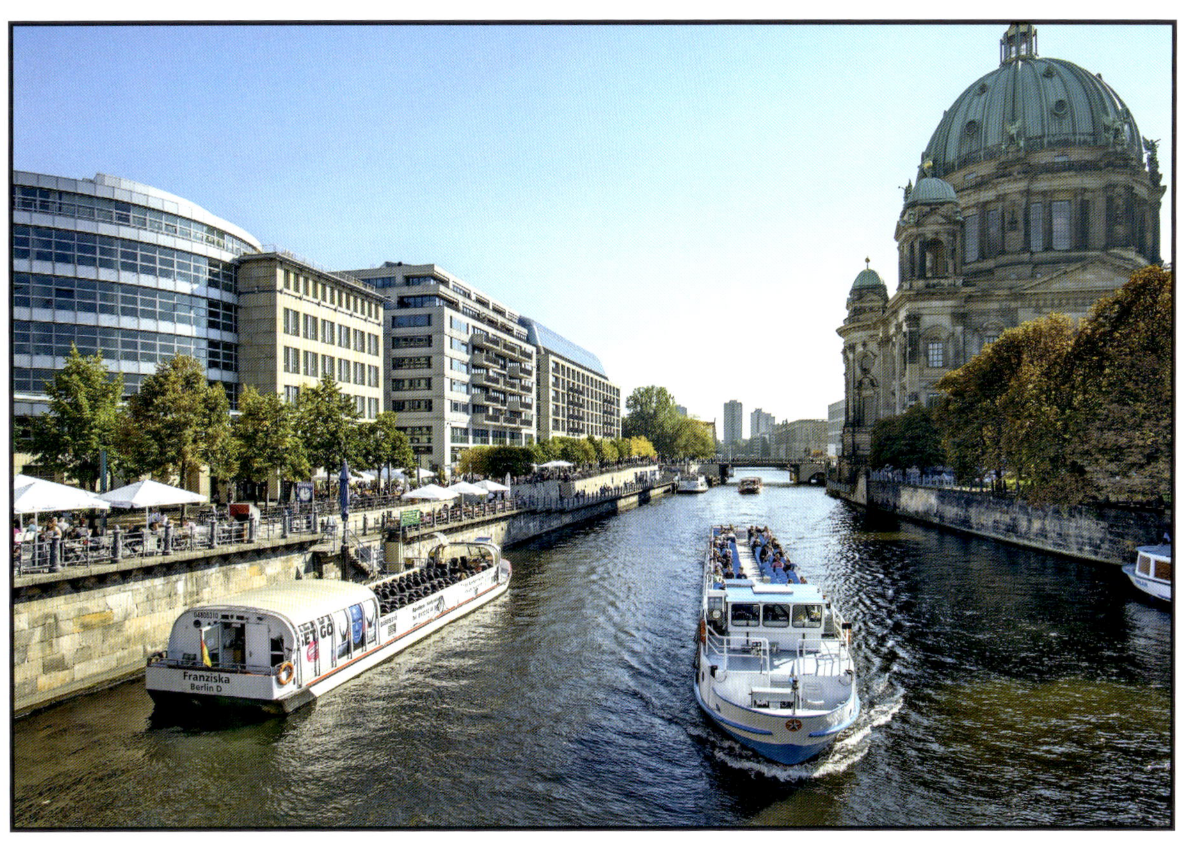

Blick von der Friedrichsbrücke über die Spree zum Vera-Brittain-Ufer

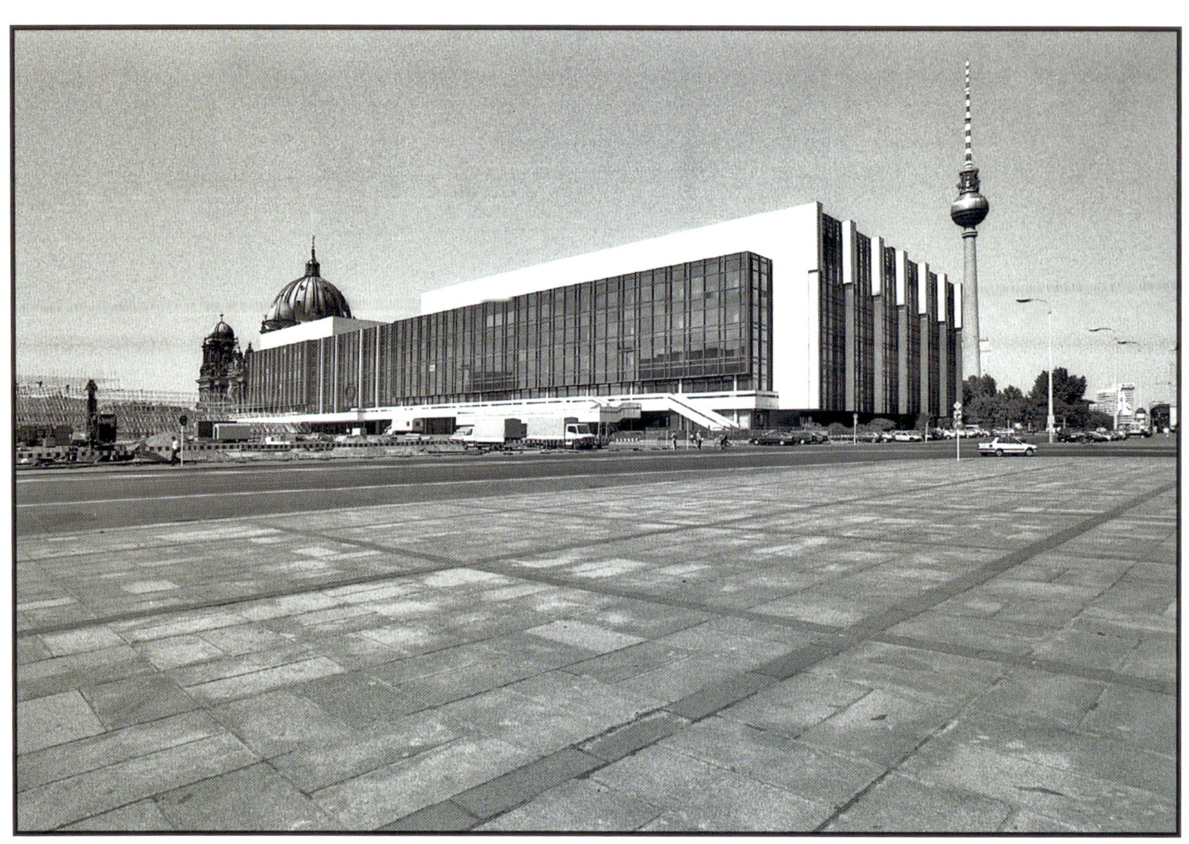

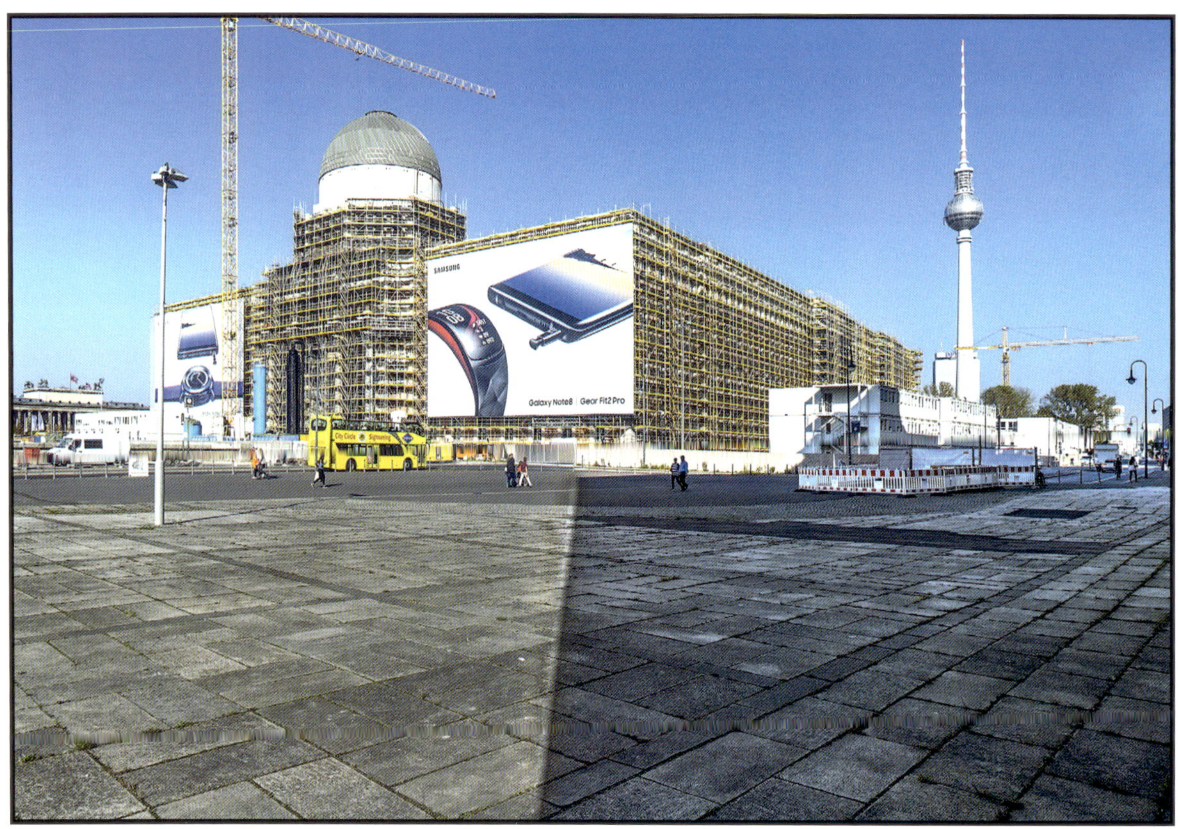

Marx-Engels-Platz / Schlossplatz mit Palast der Republik / Berliner Schloss

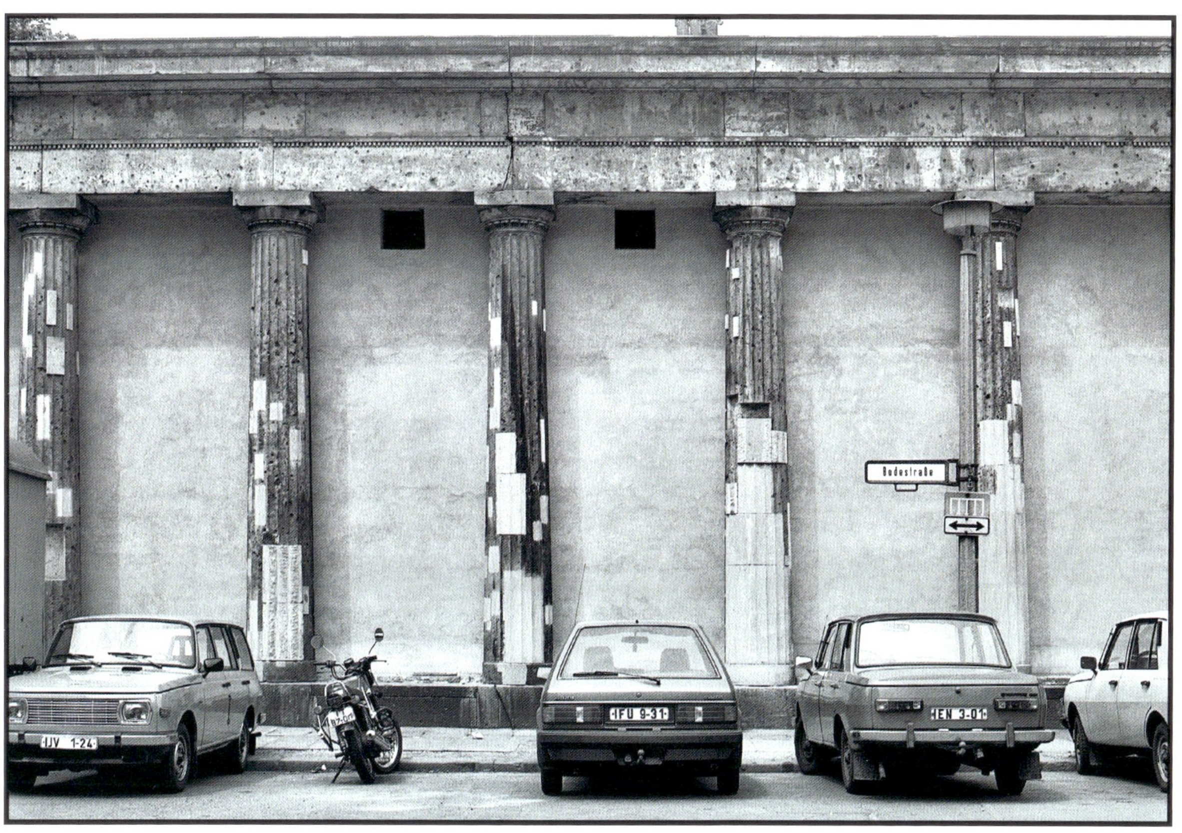

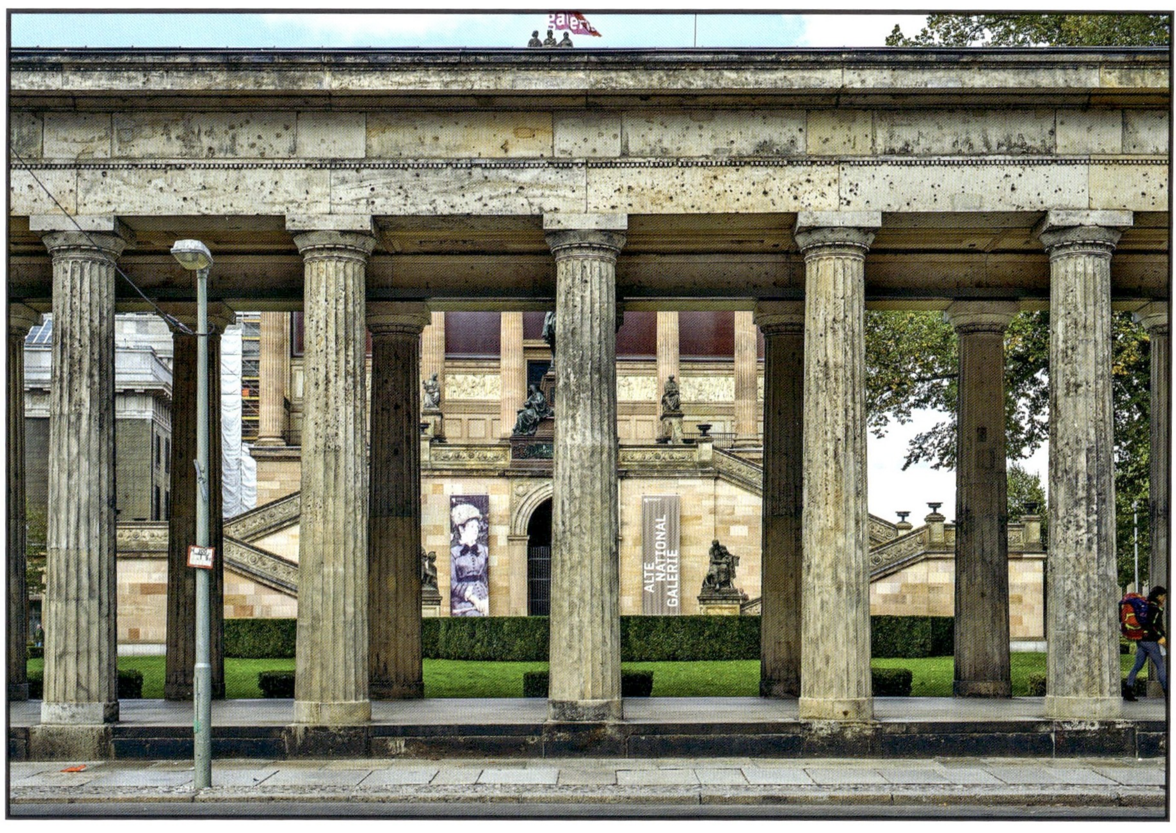

Bodestraße, Kolonnaden vor der Alten Nationalgalerie

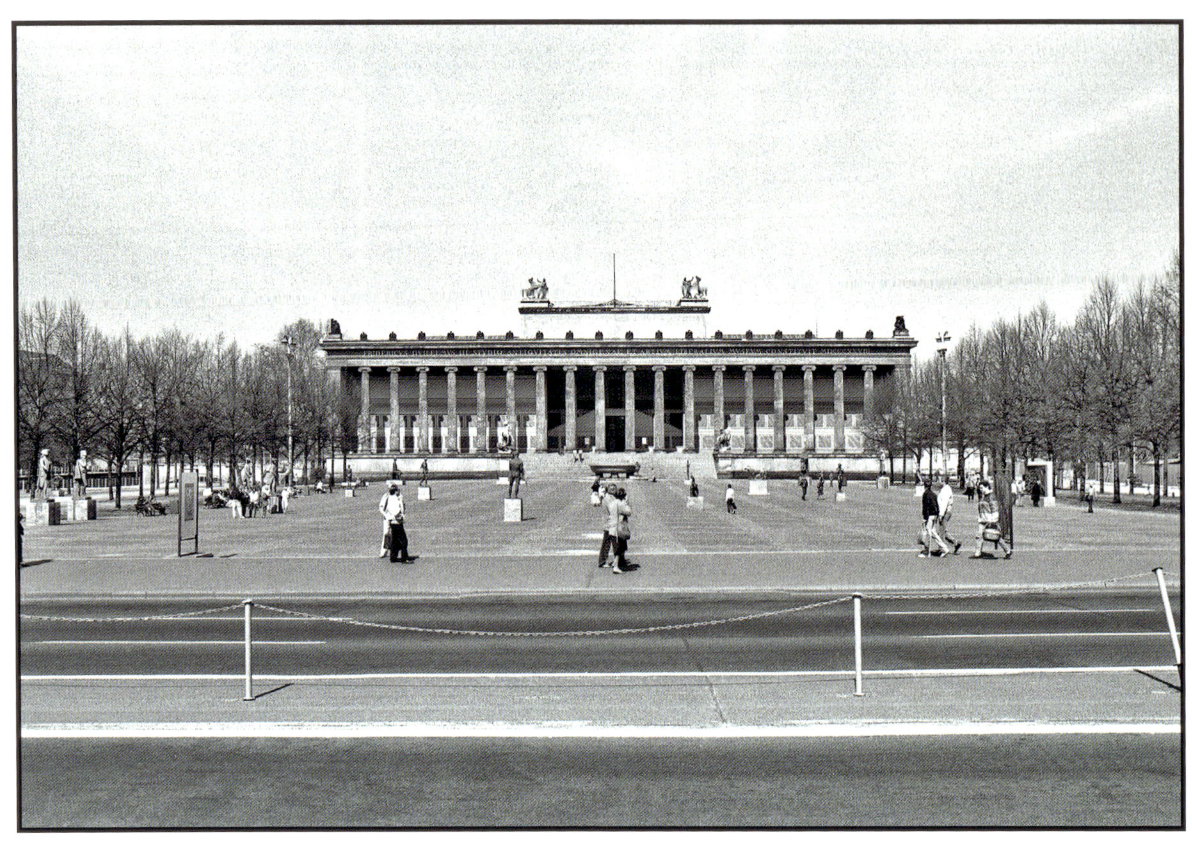

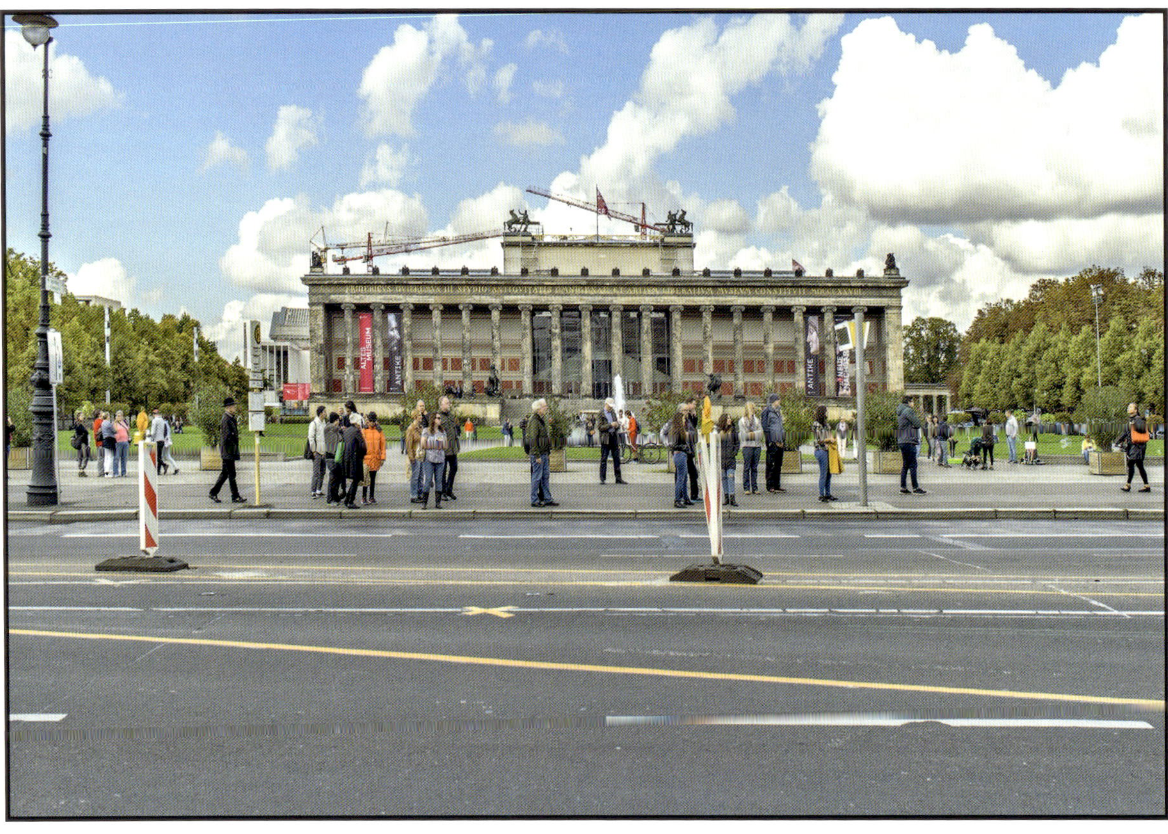

Lustgarten und Altes Museum

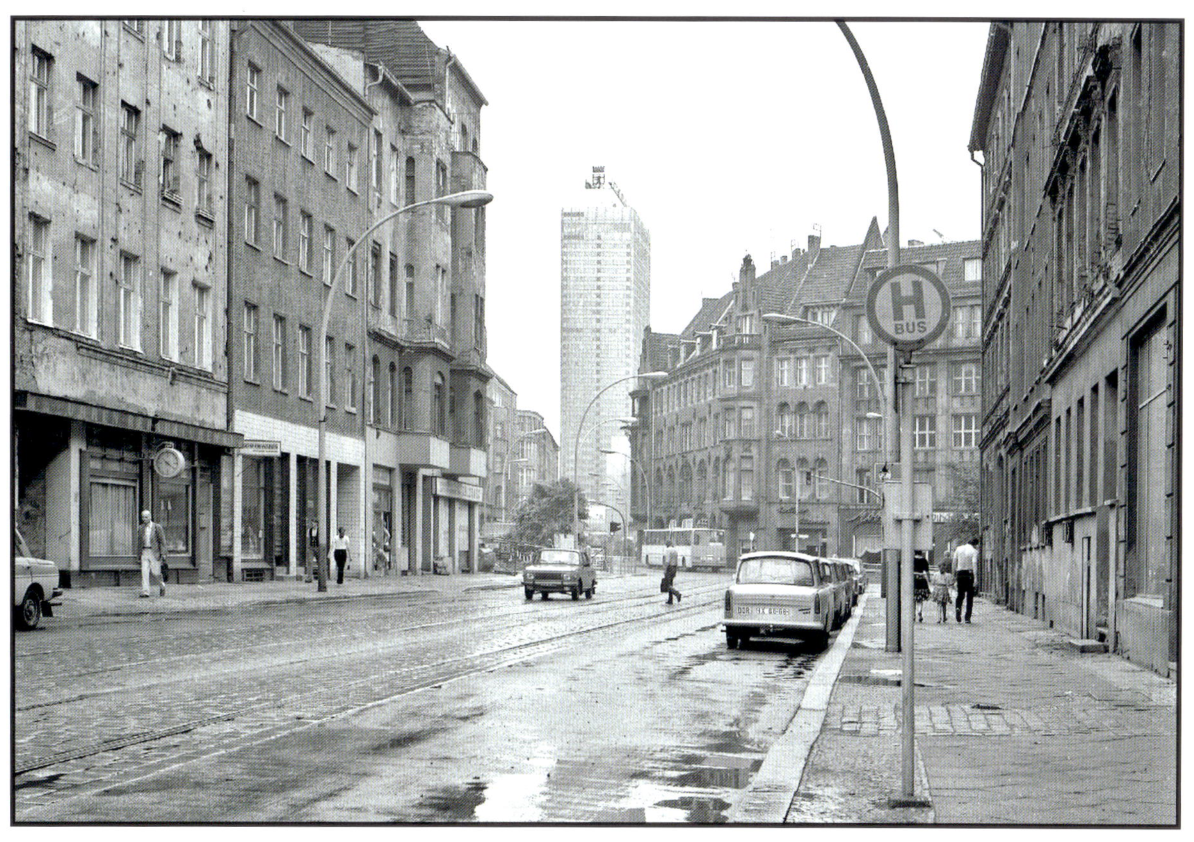

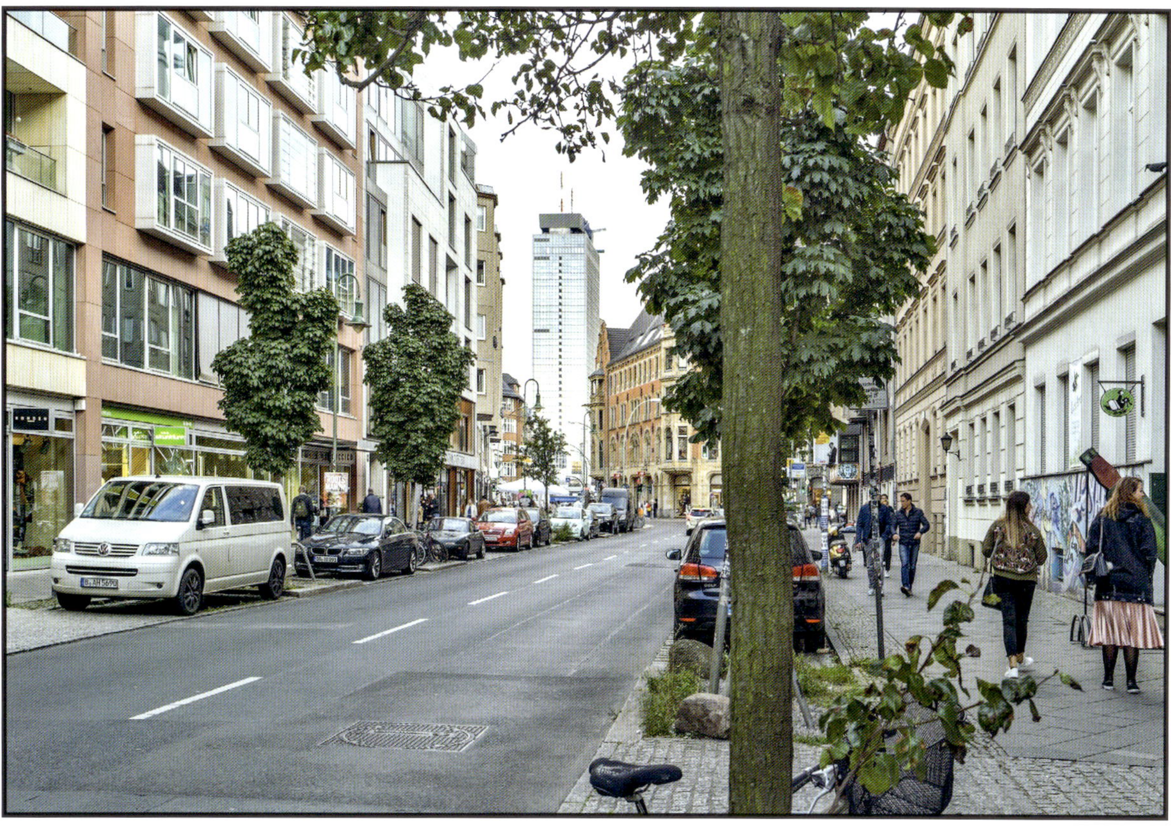

Münzstraße, Blick zum Interhotel Stadt Berlin / Park Inn by Radisson am Alexanderplatz

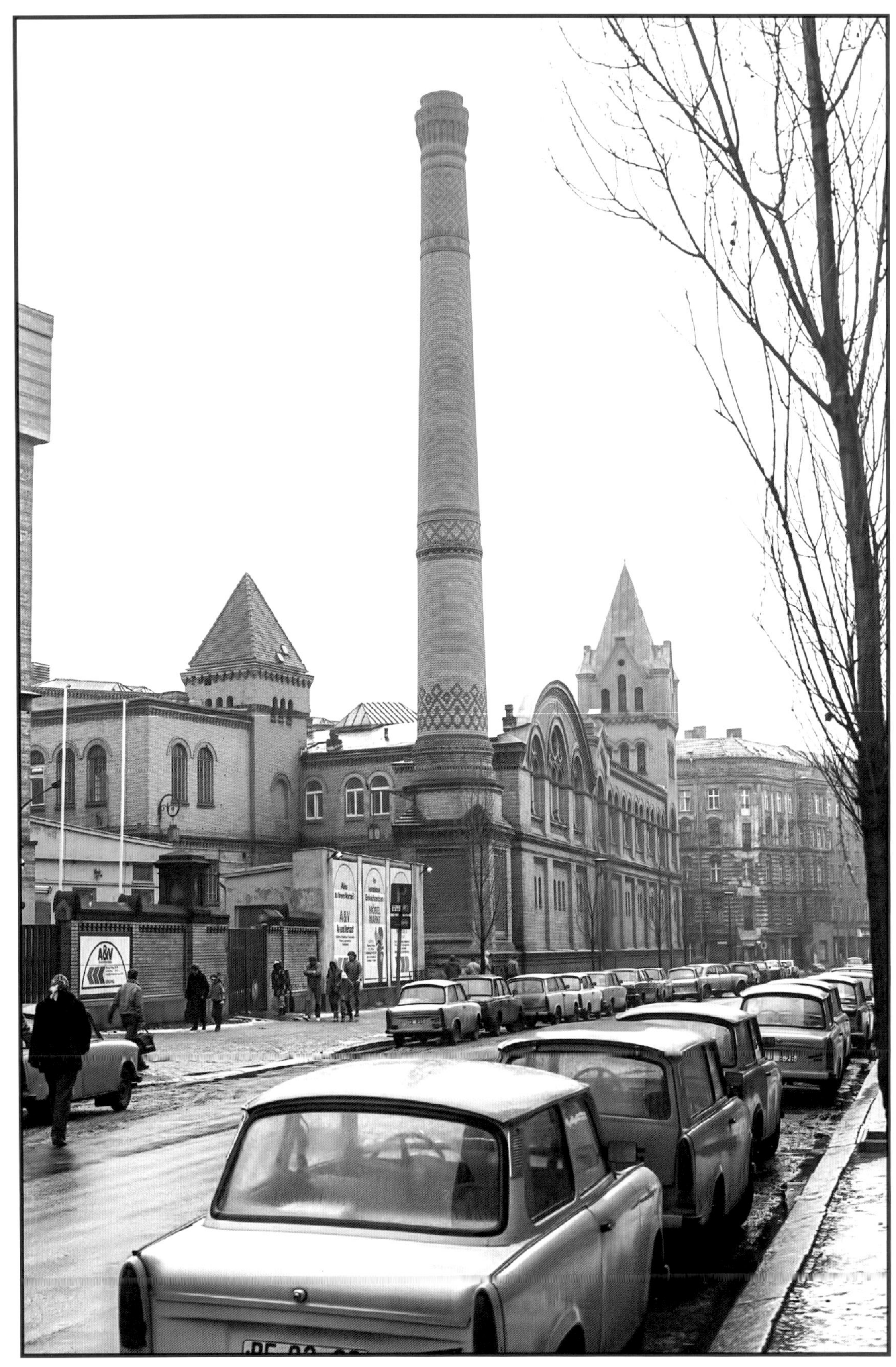

Sredzkistraße, Schultheiß-Brauerei / Kulturbrauerei

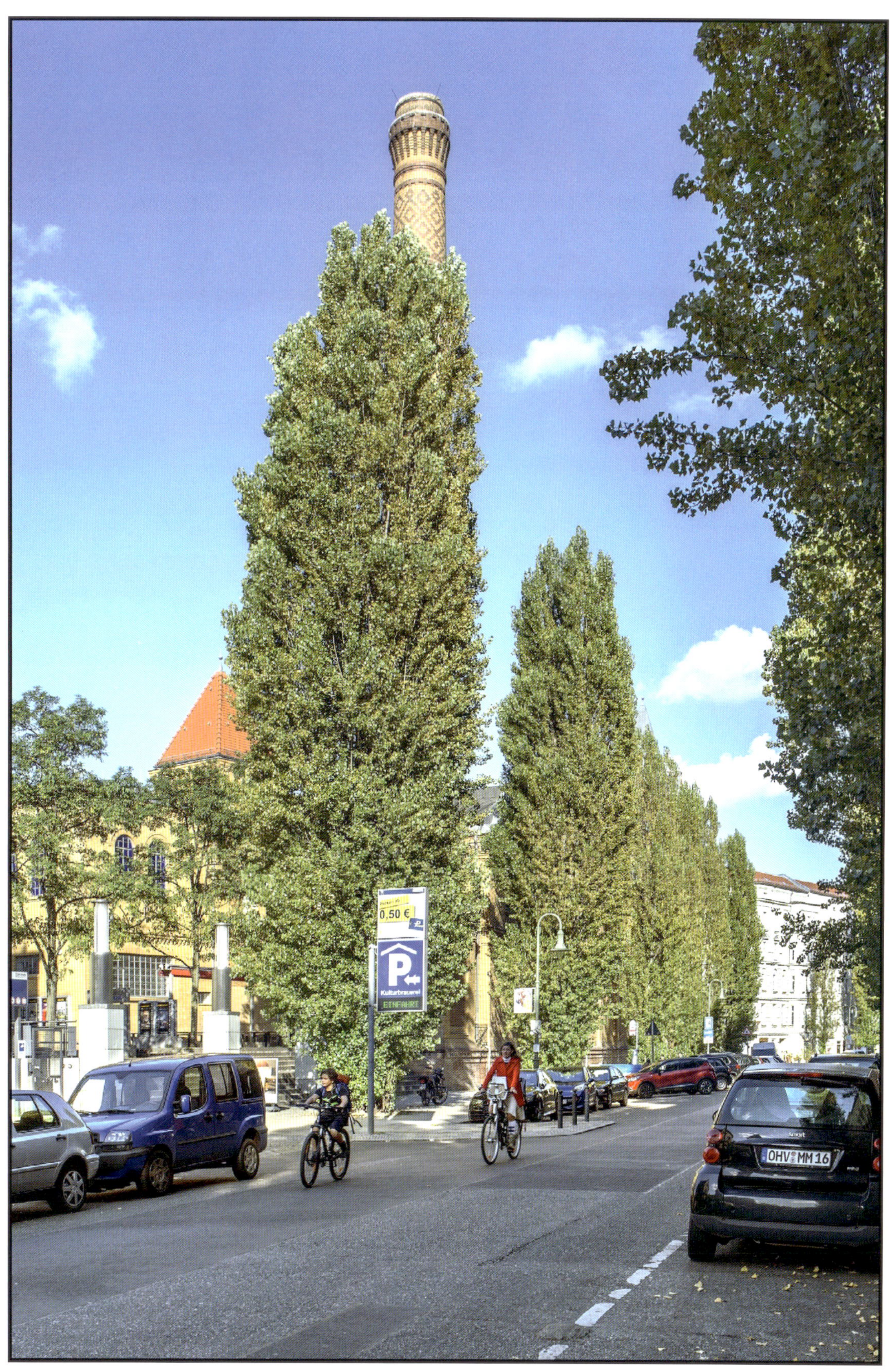

Sredzkistraße, Schultheiß-Brauerei / Kulturbrauerei

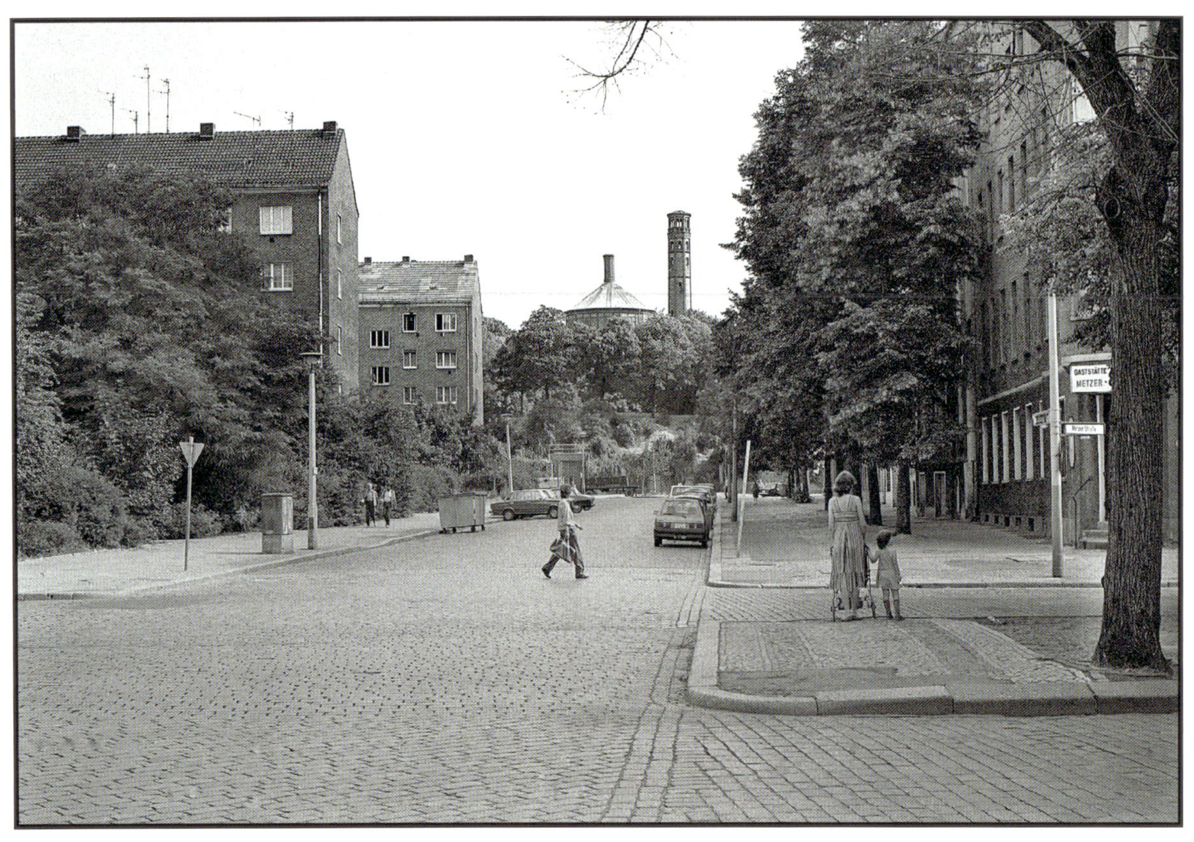

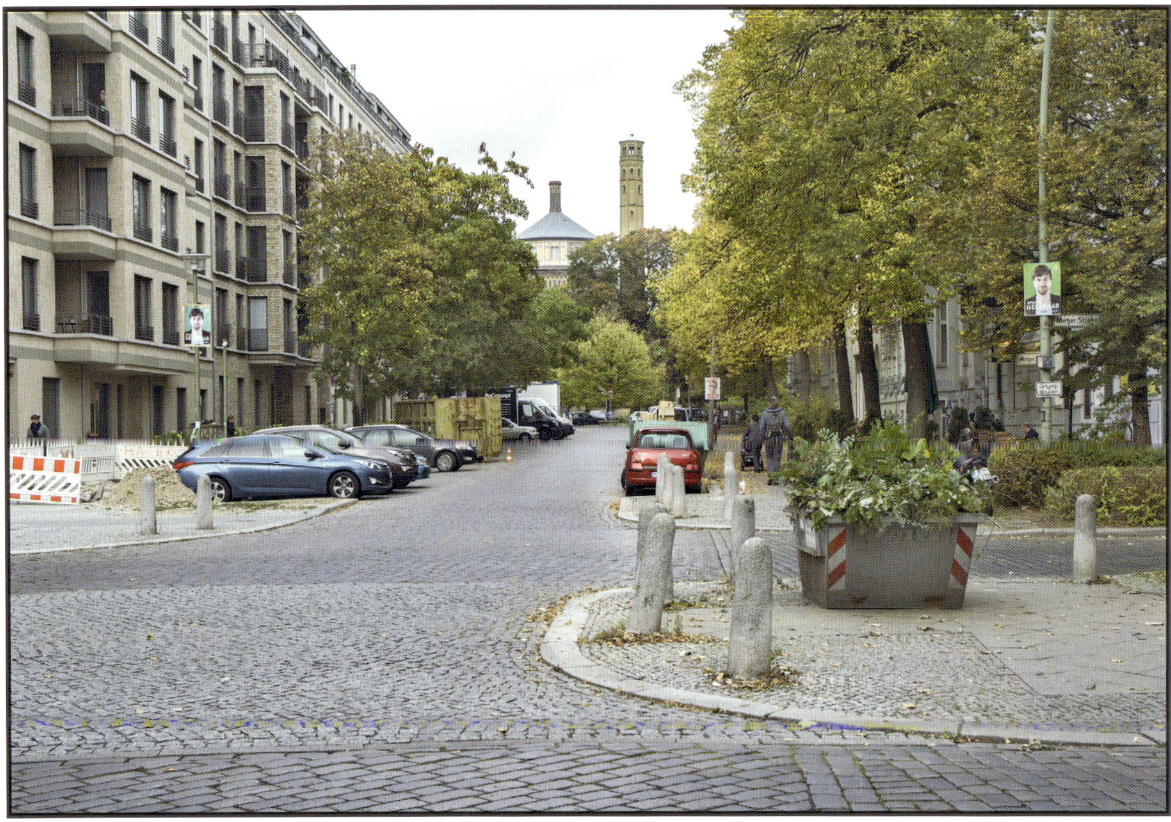

Straßburger Straße, Ecke Metzer Straße, Blick zum Wasserturm

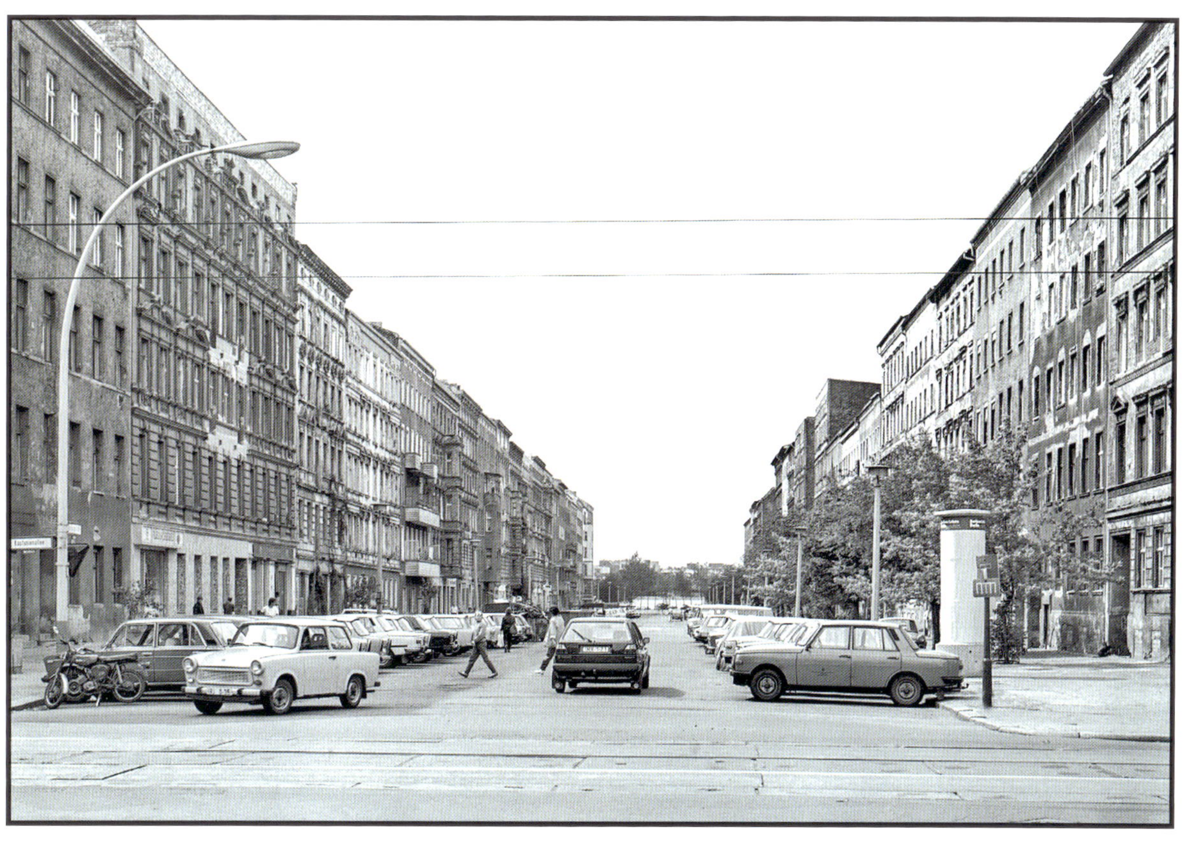

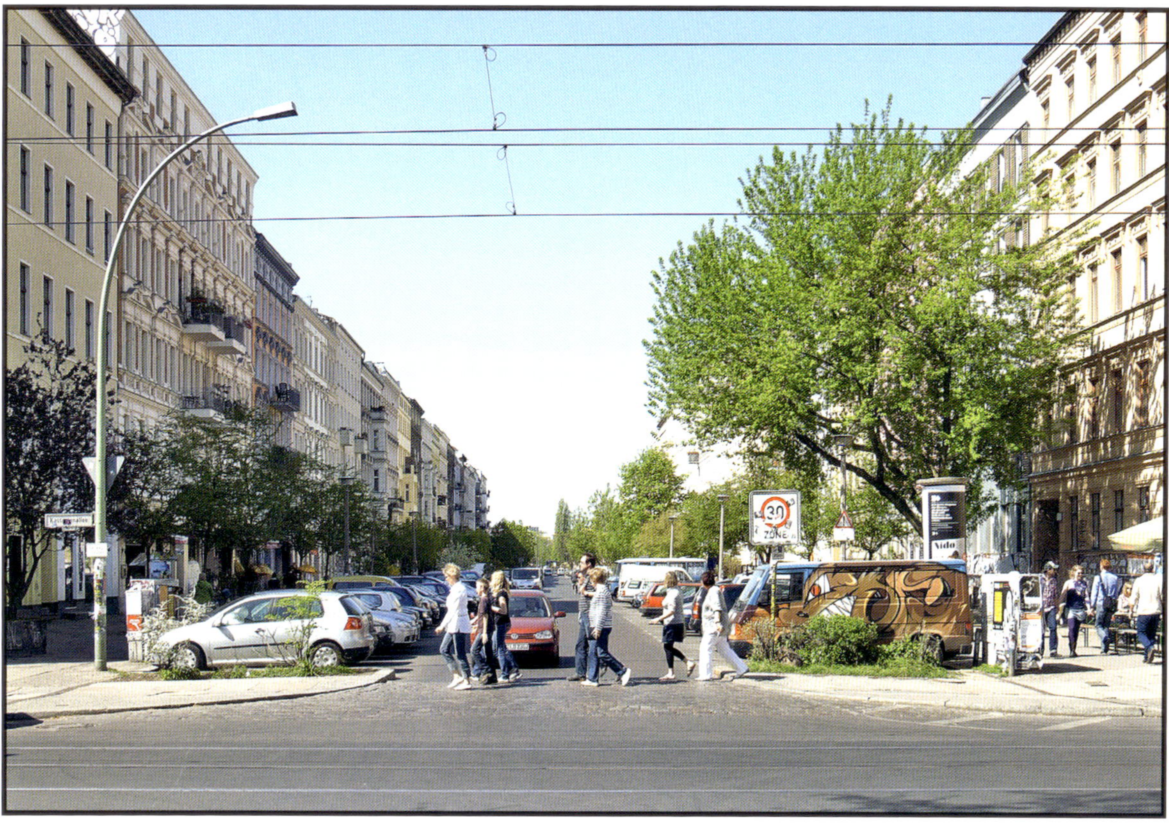

Oderberger Straße, Ecke Kastanienallee

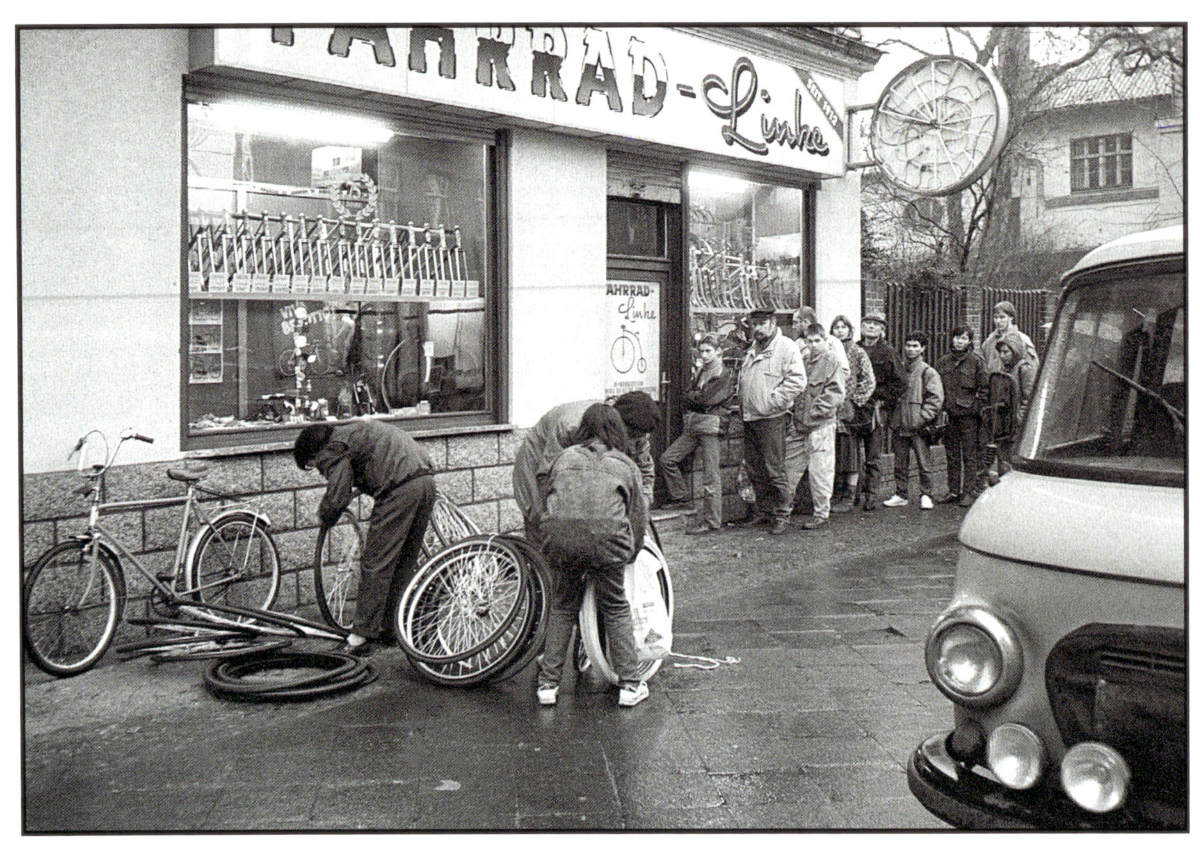

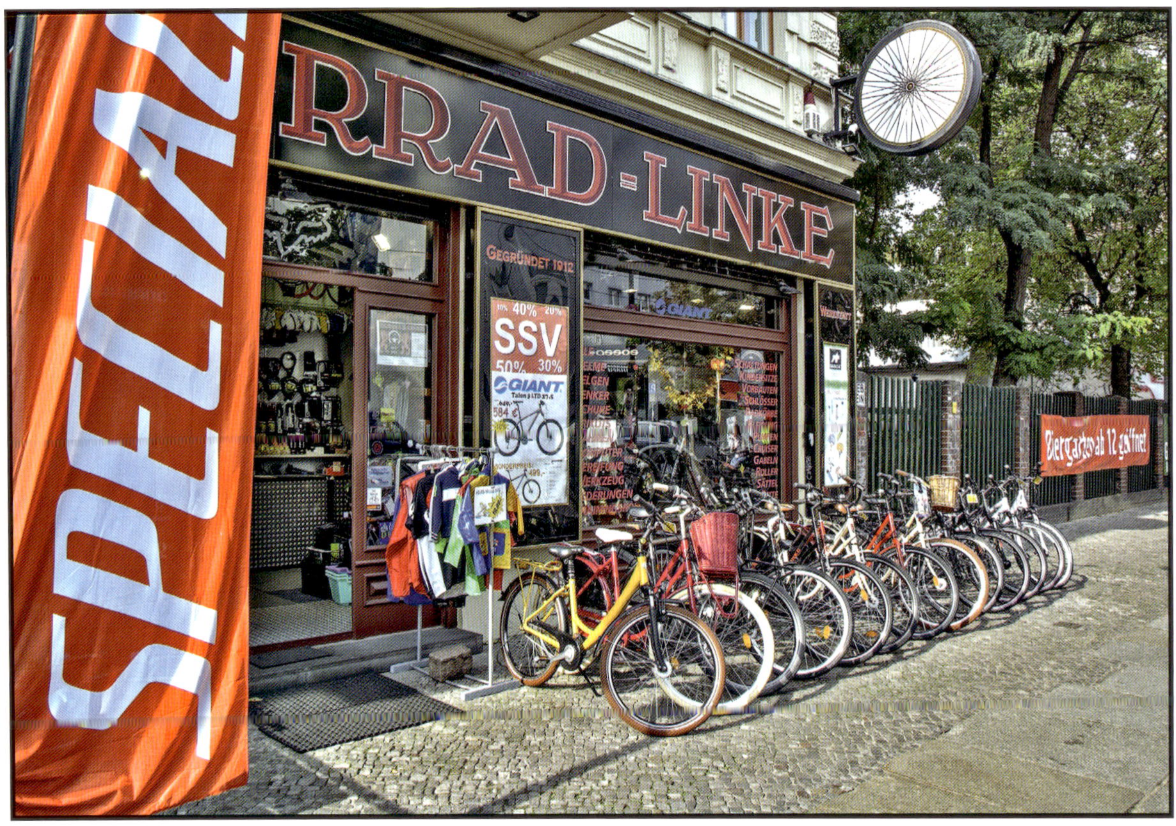

Kastanienallee, »Fahrrad-Linke«

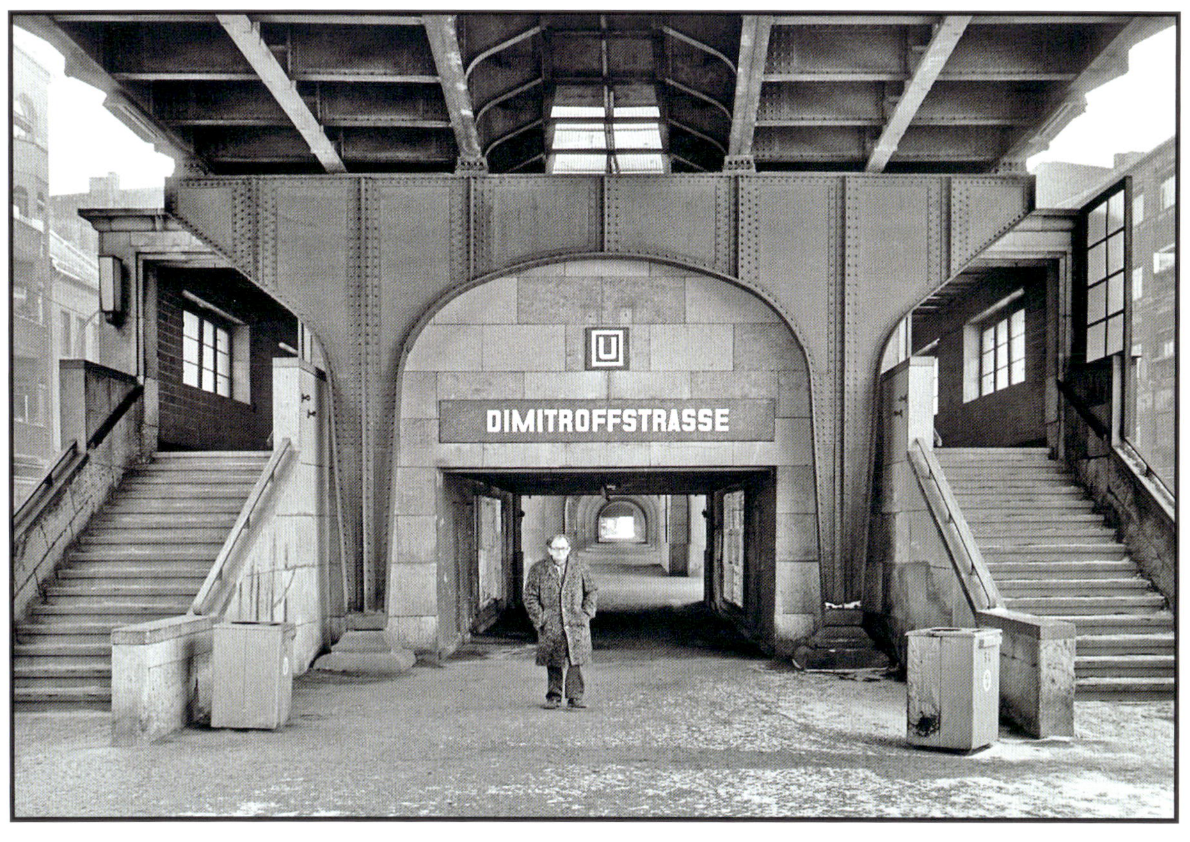

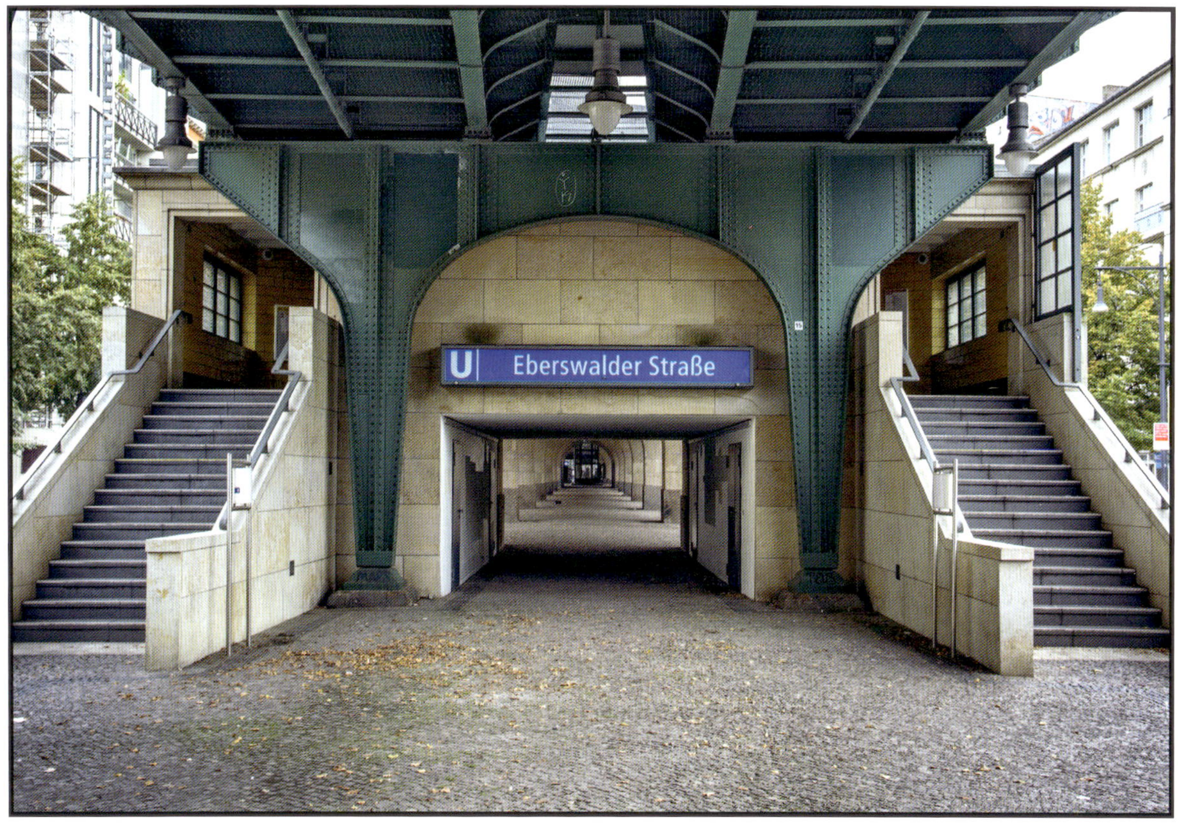

Schönhauser Allee, U-Bahnhof Dimitroffstraße / Eberswalder Straße

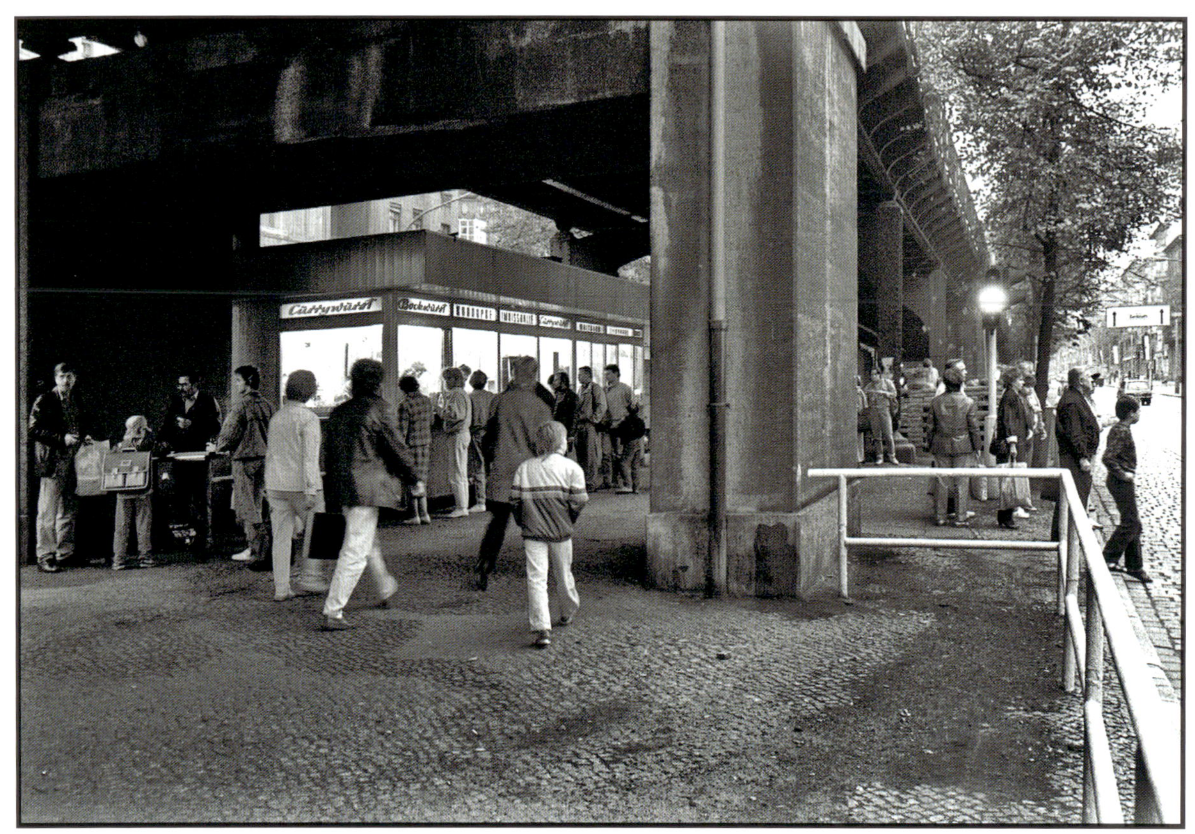

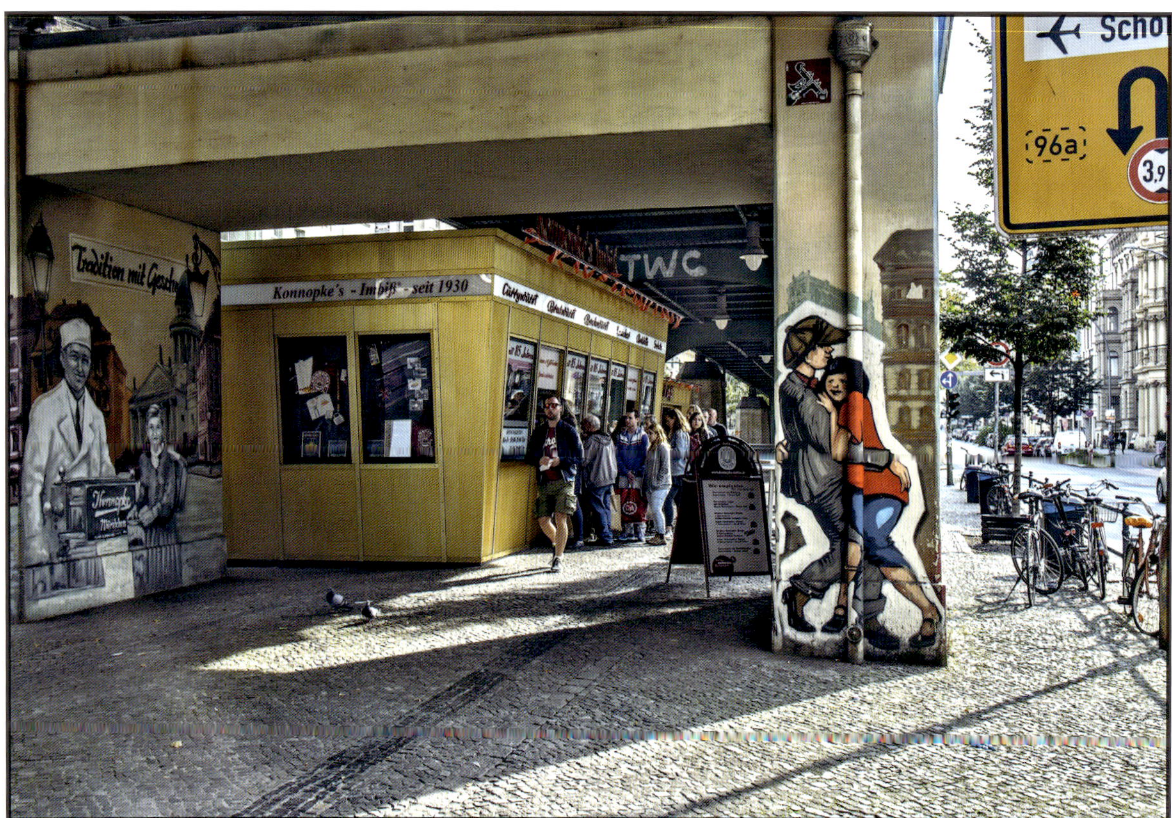

Schönhauser Allee, »Konnopke's Imbiss«

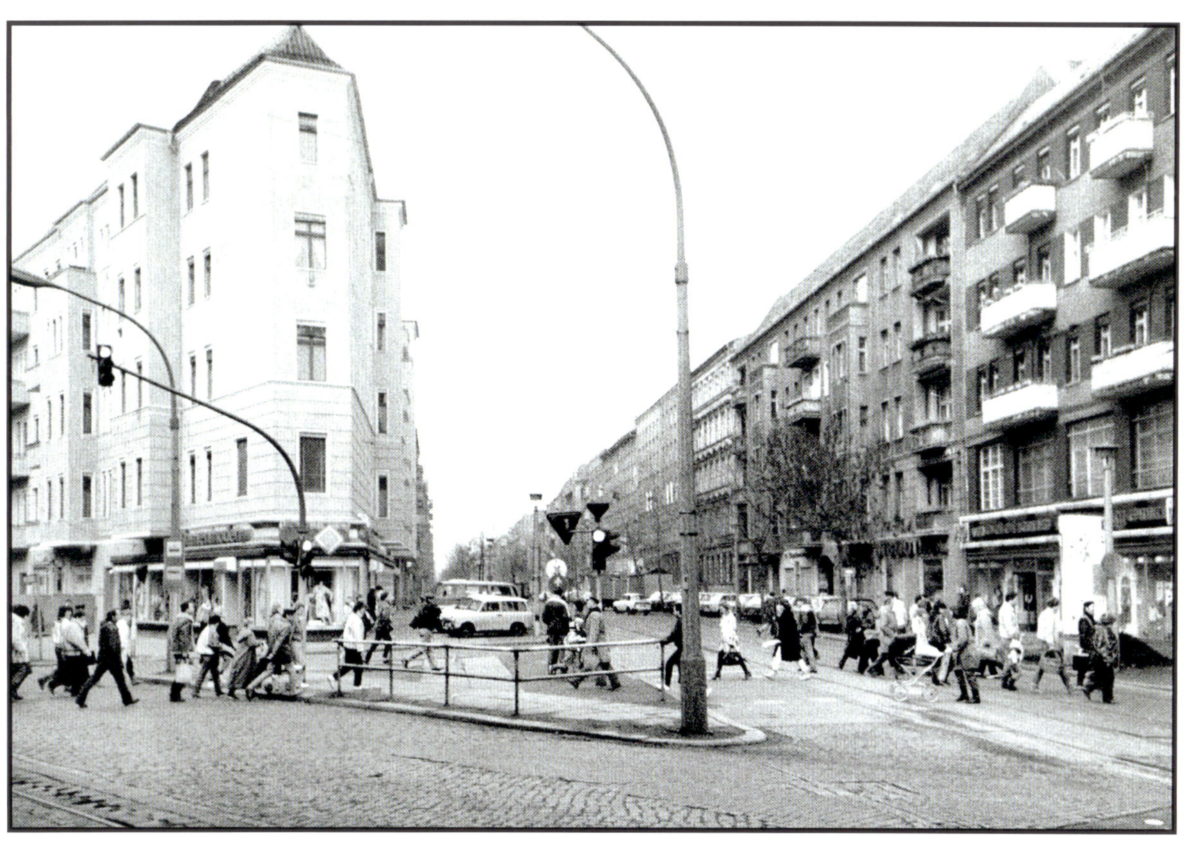

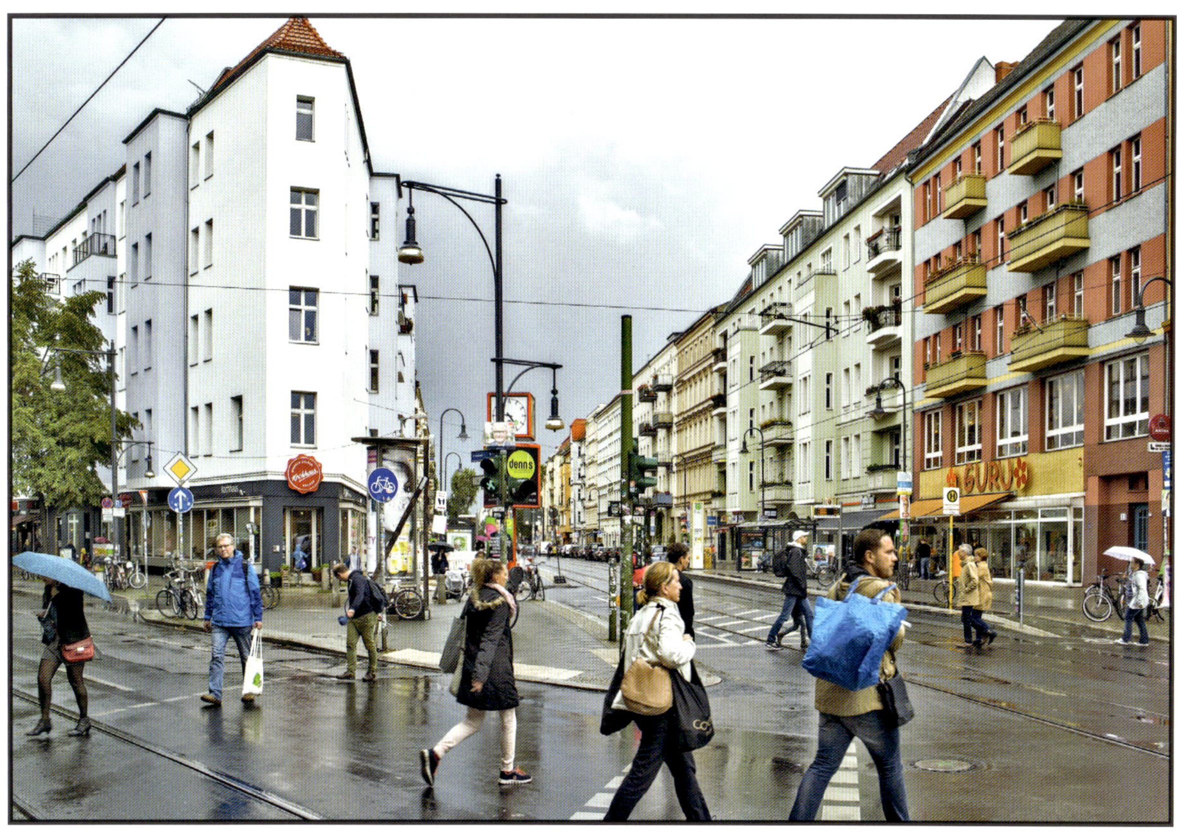

Schönhauser Allee, Ecke Pappelallee

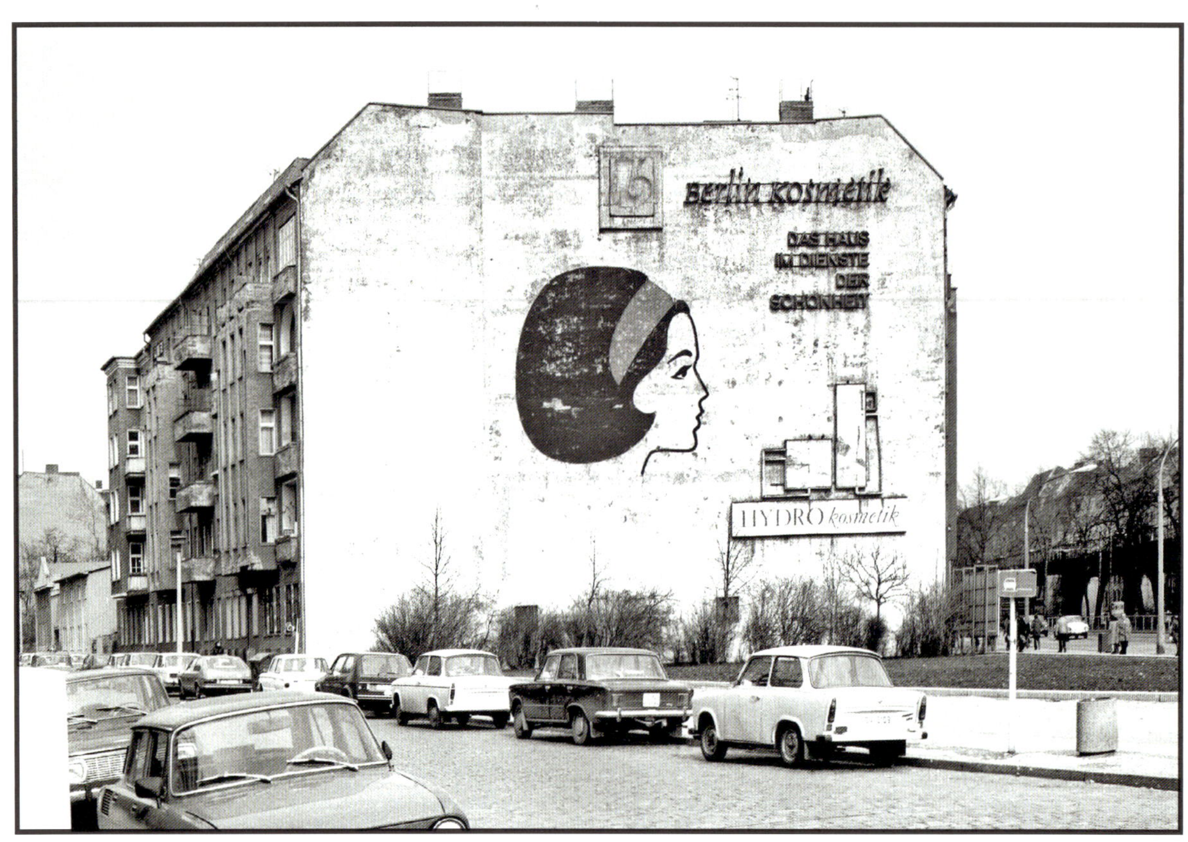

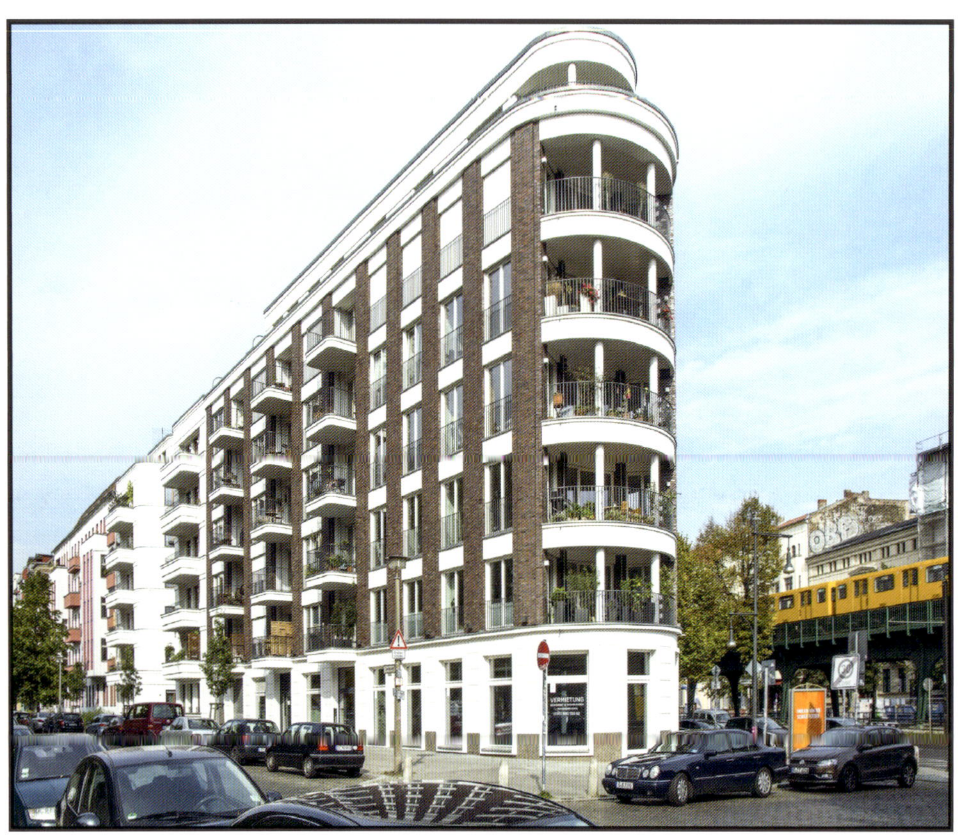

Cantianstraße, Ecke Schönhauser Allee

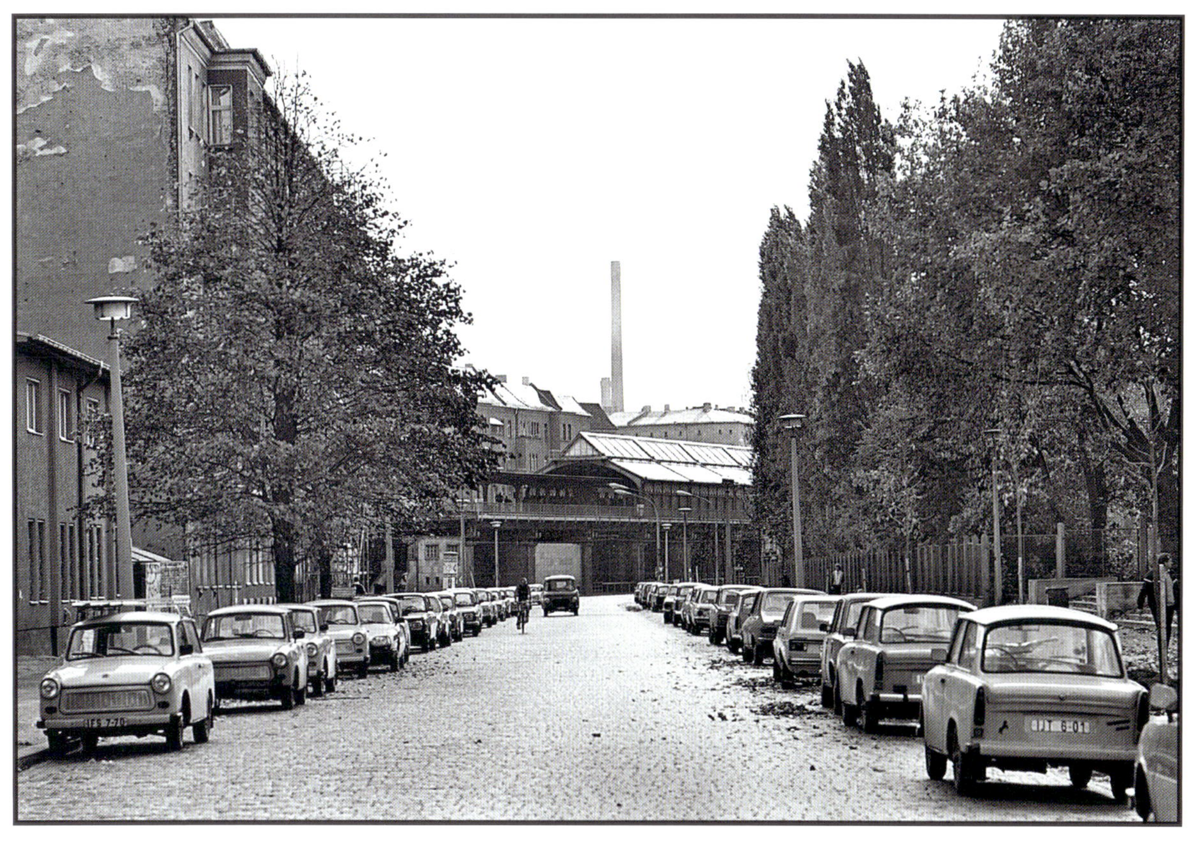

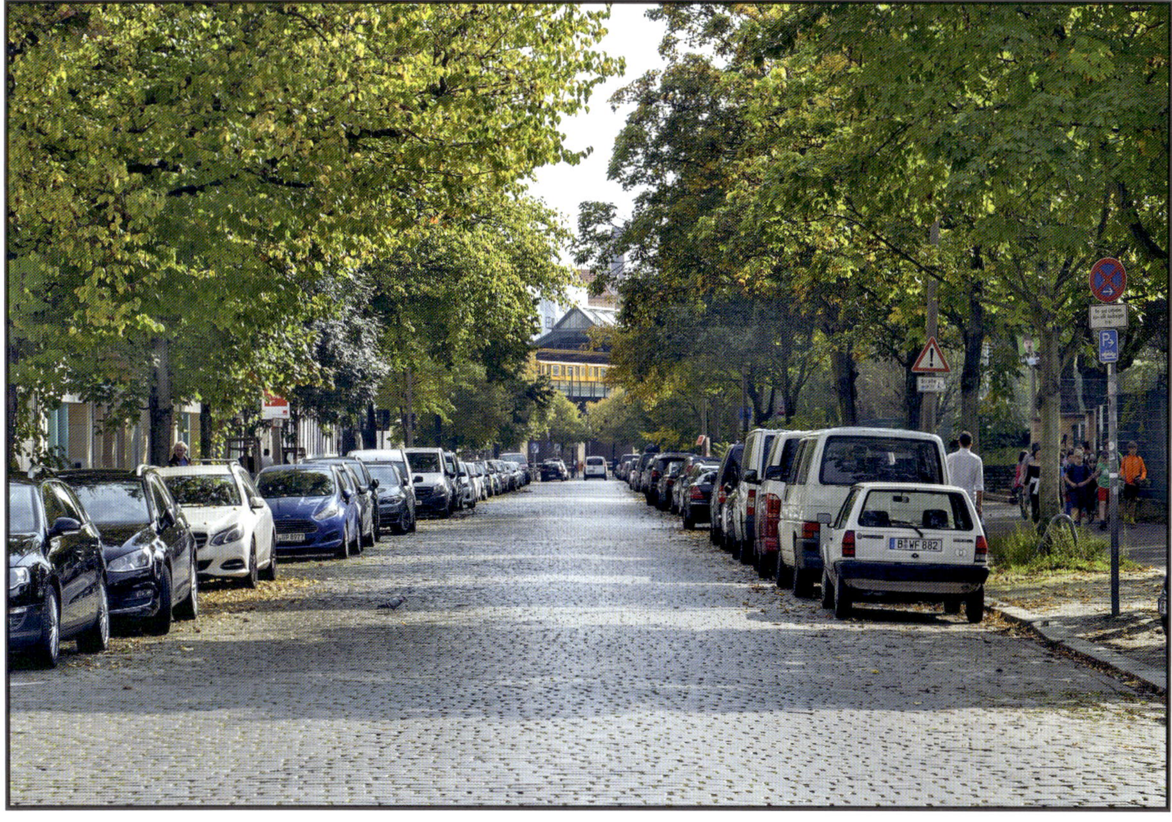

Cantianstraße, Blick zum U-Bahnhof Dimitroffstraße/Eberswalder Straße

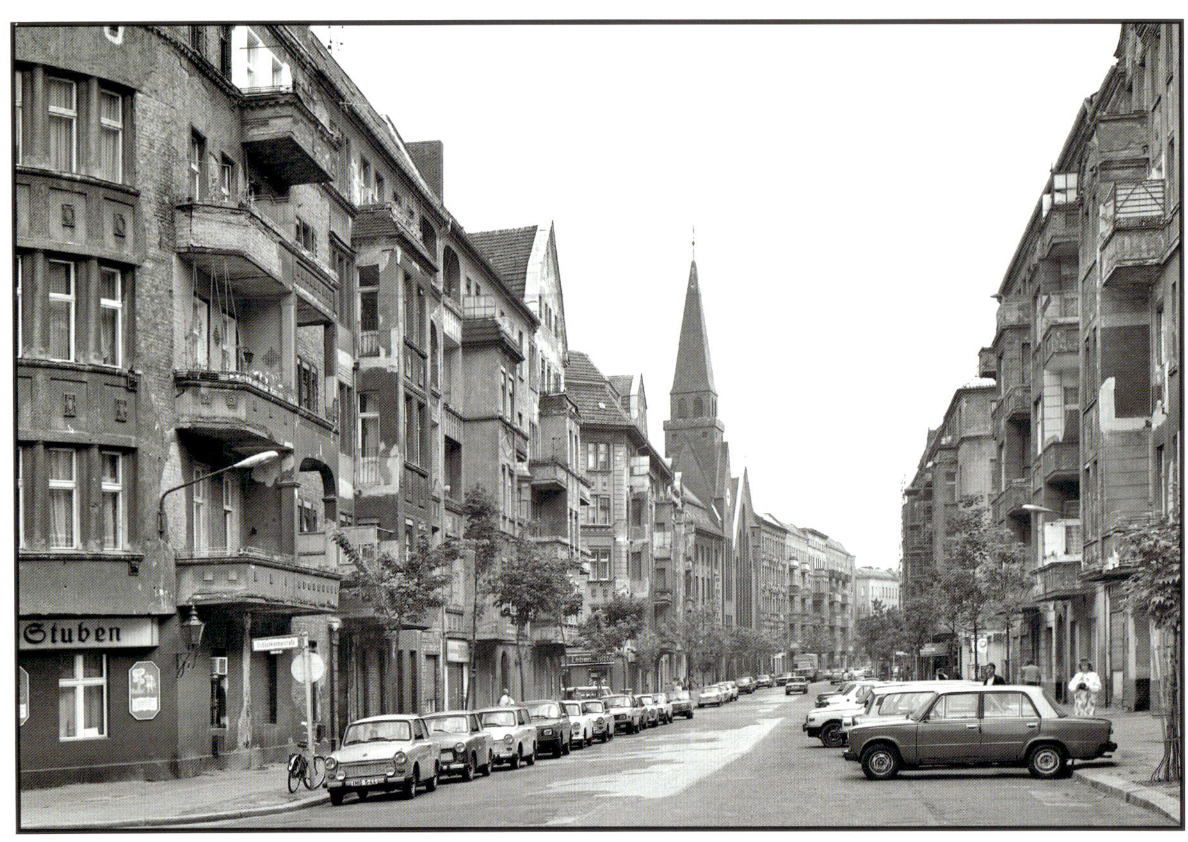

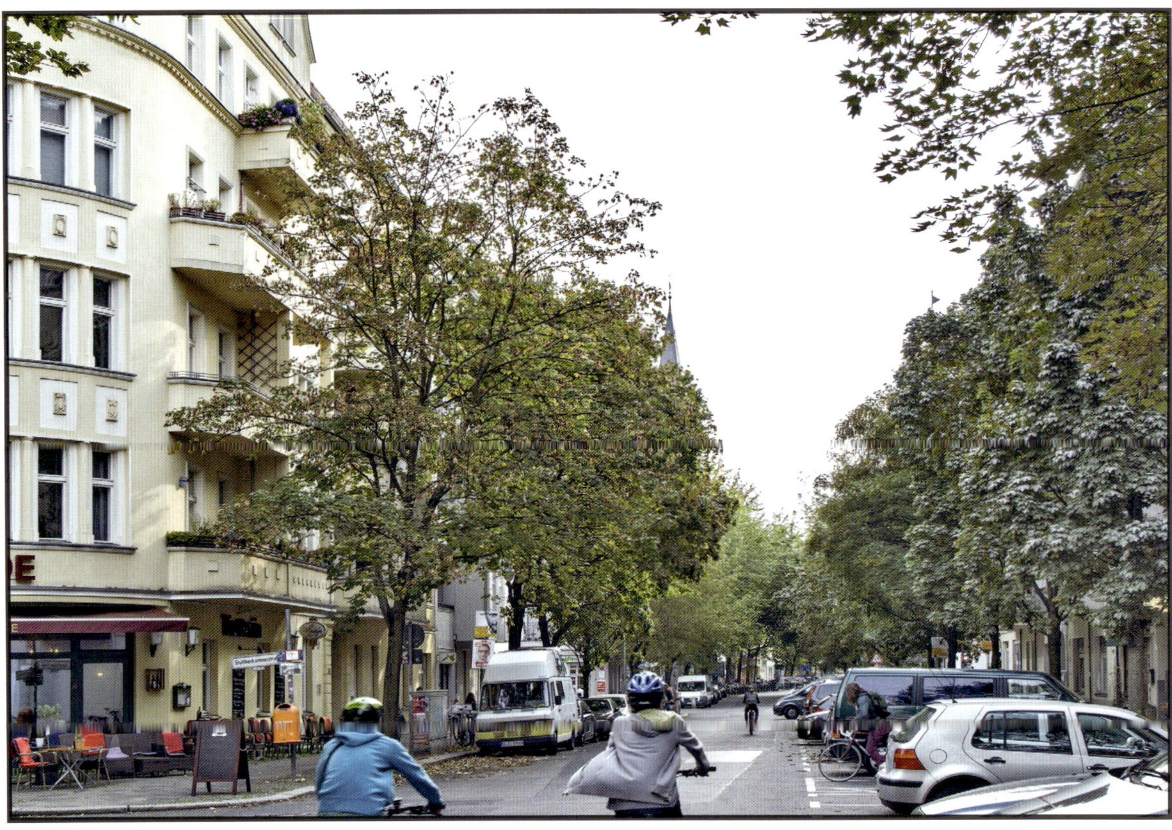

Senefelderstraße, Ecke Stubbenkammerstraße

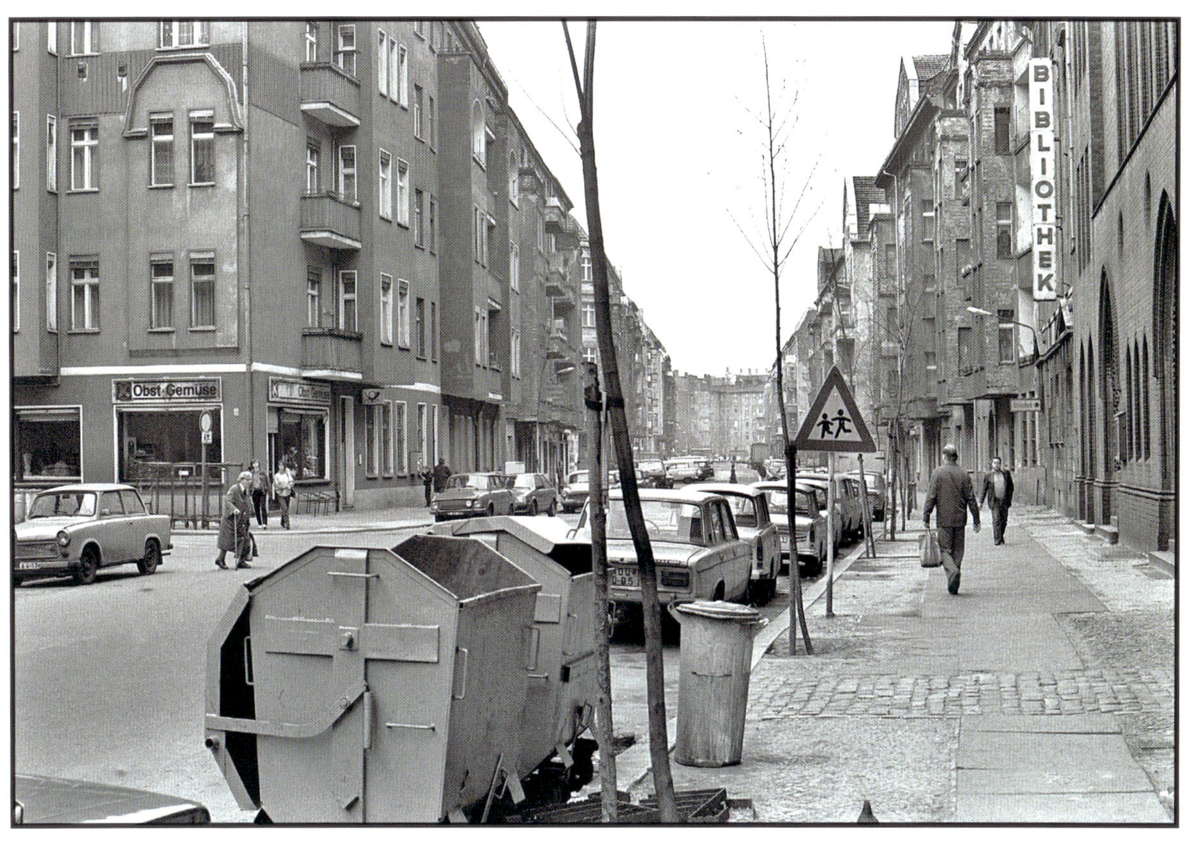

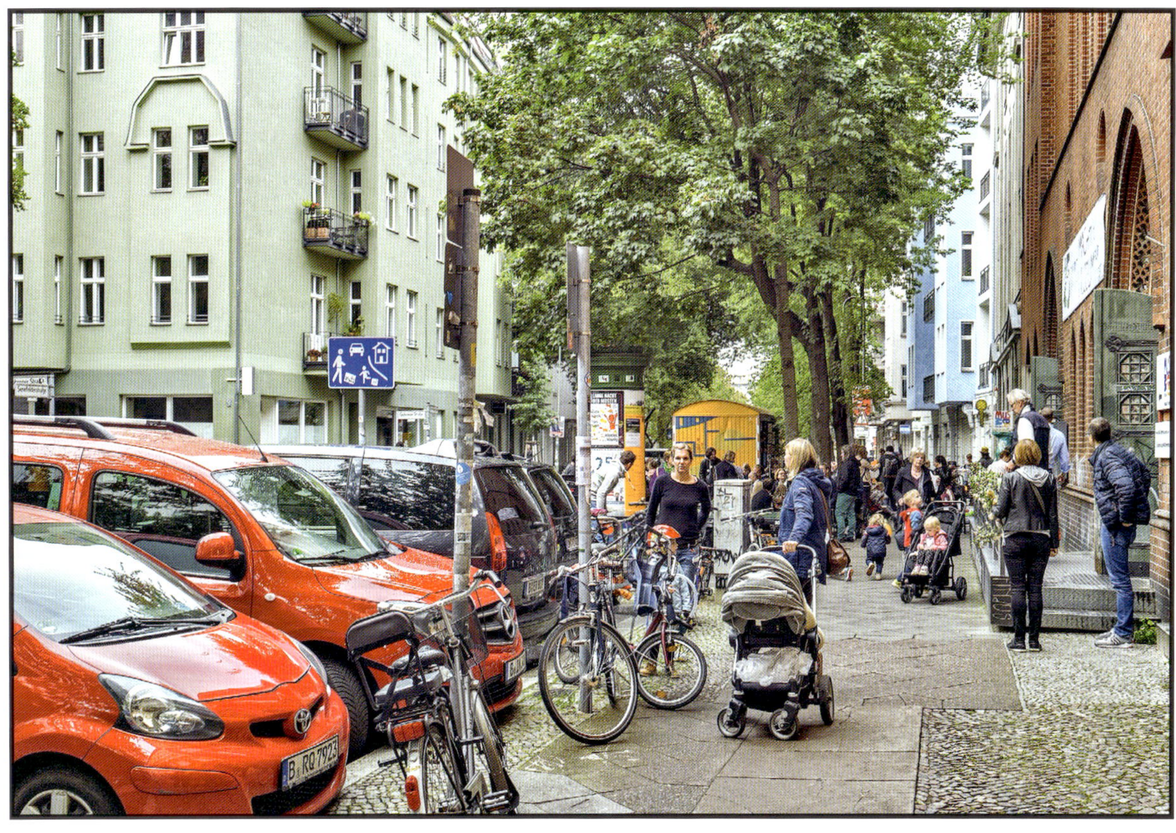

Senefelderstraße, Ecke Göhrener Straße

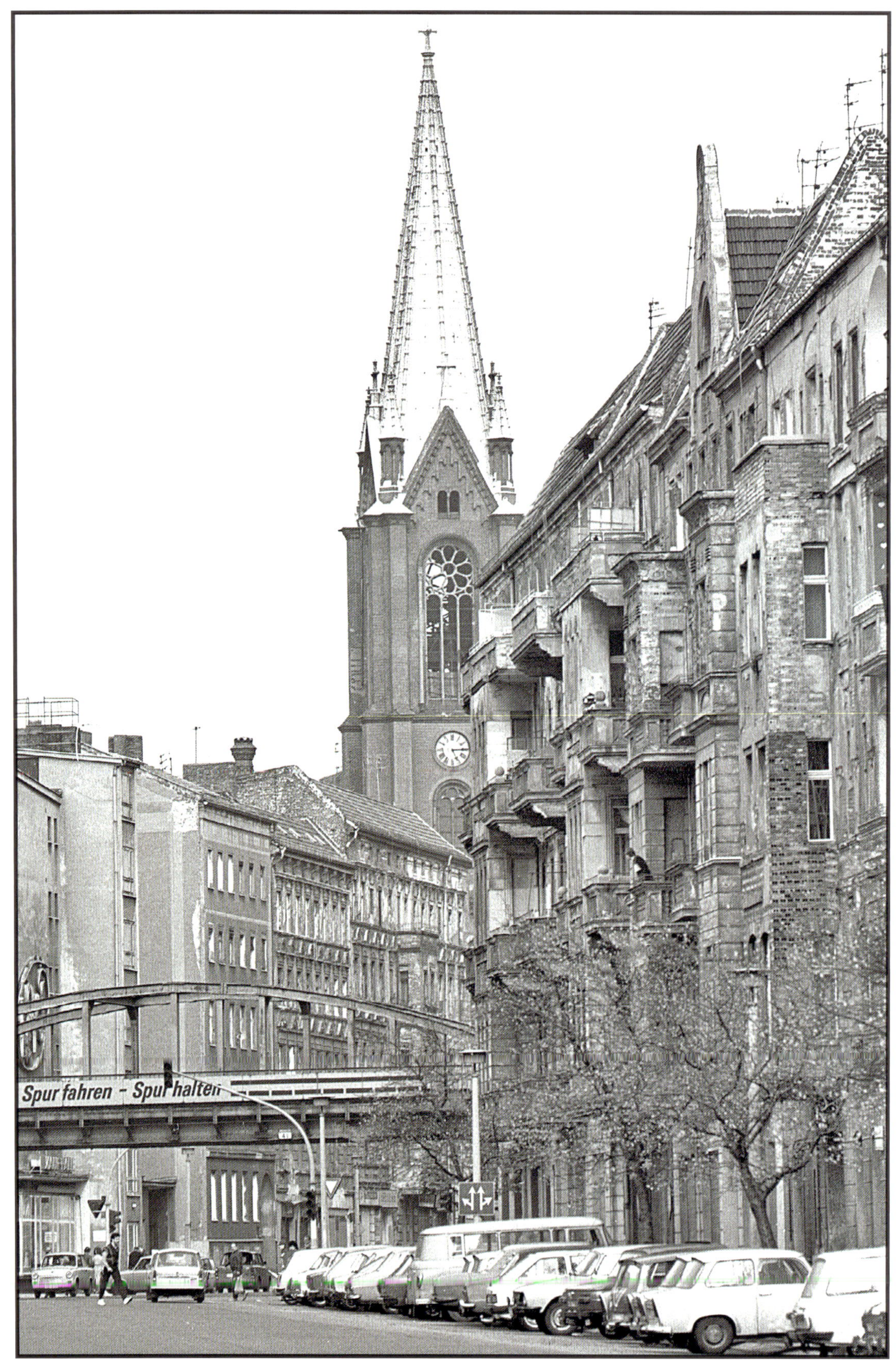

Gleimstraße, Blick zur Gethsemanekirche an der Stargarder Straße

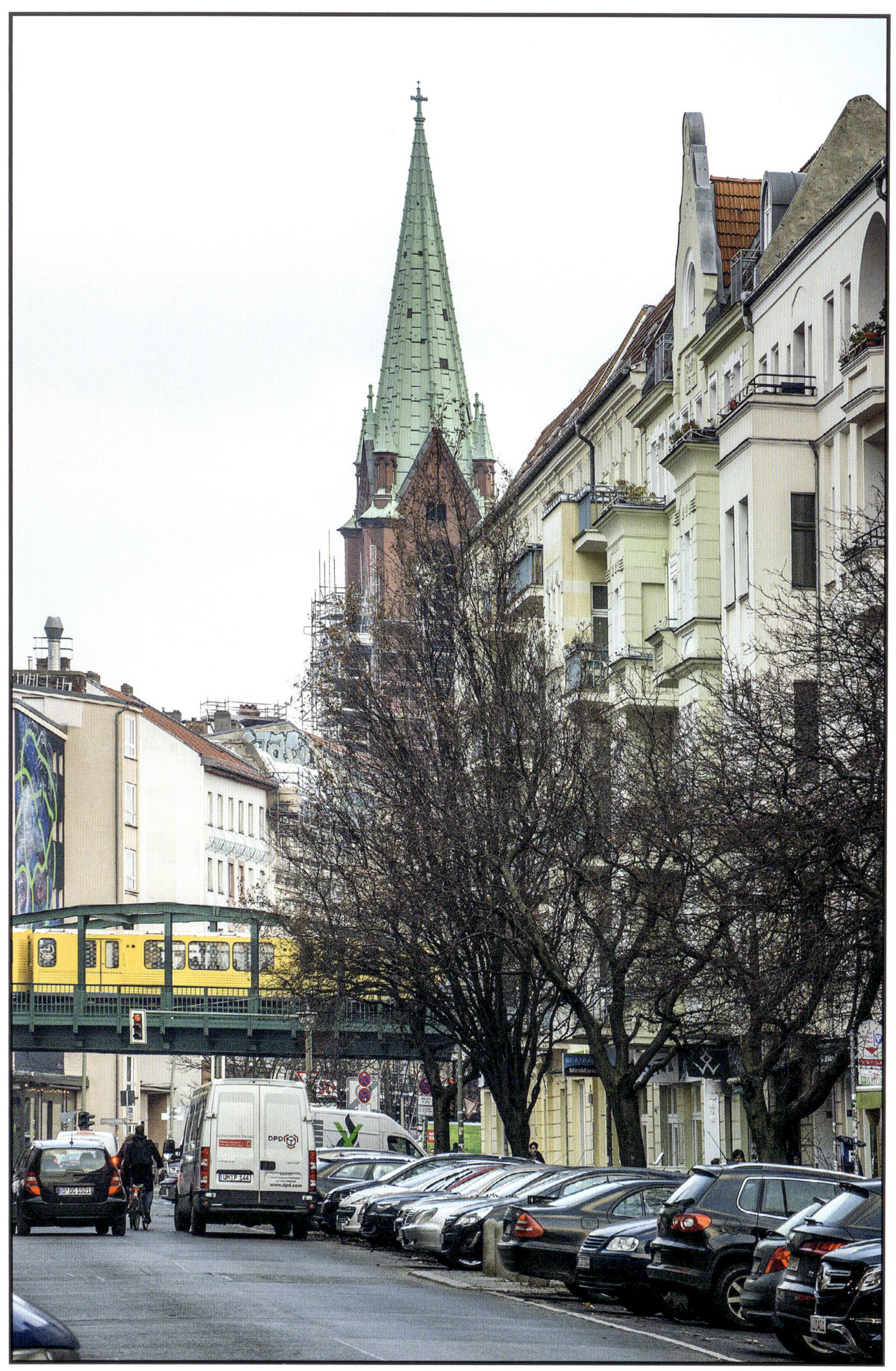

Gleimstraße, Blick zur Gethsemanekirche an der Stargarder Straße

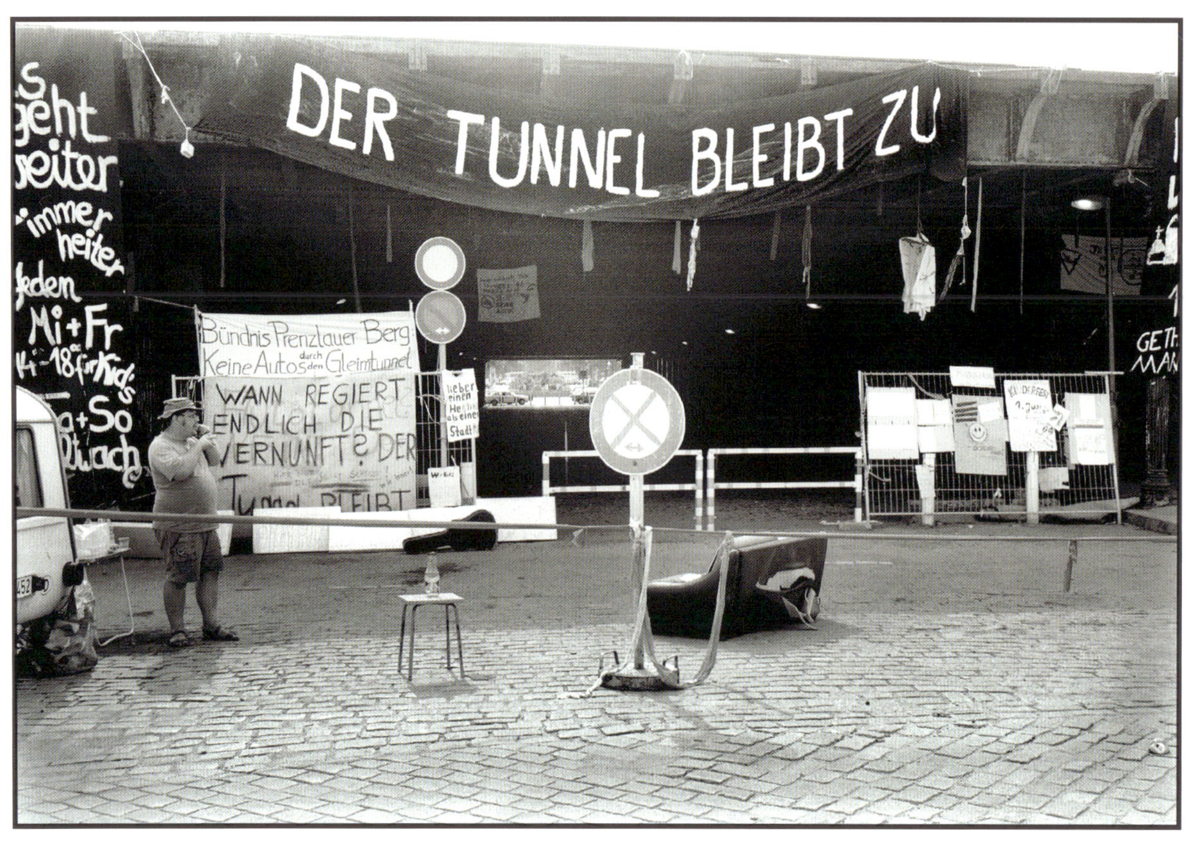

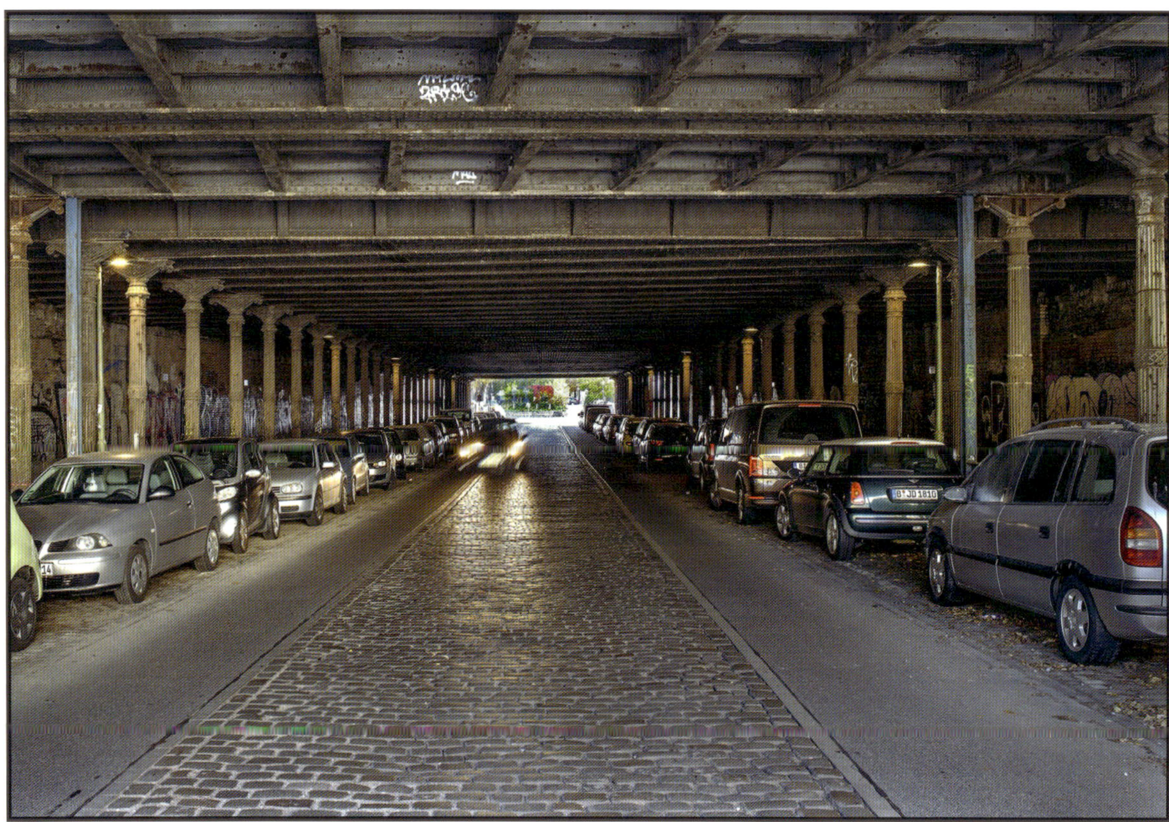

Gleimtunnel an der Gleimstraße

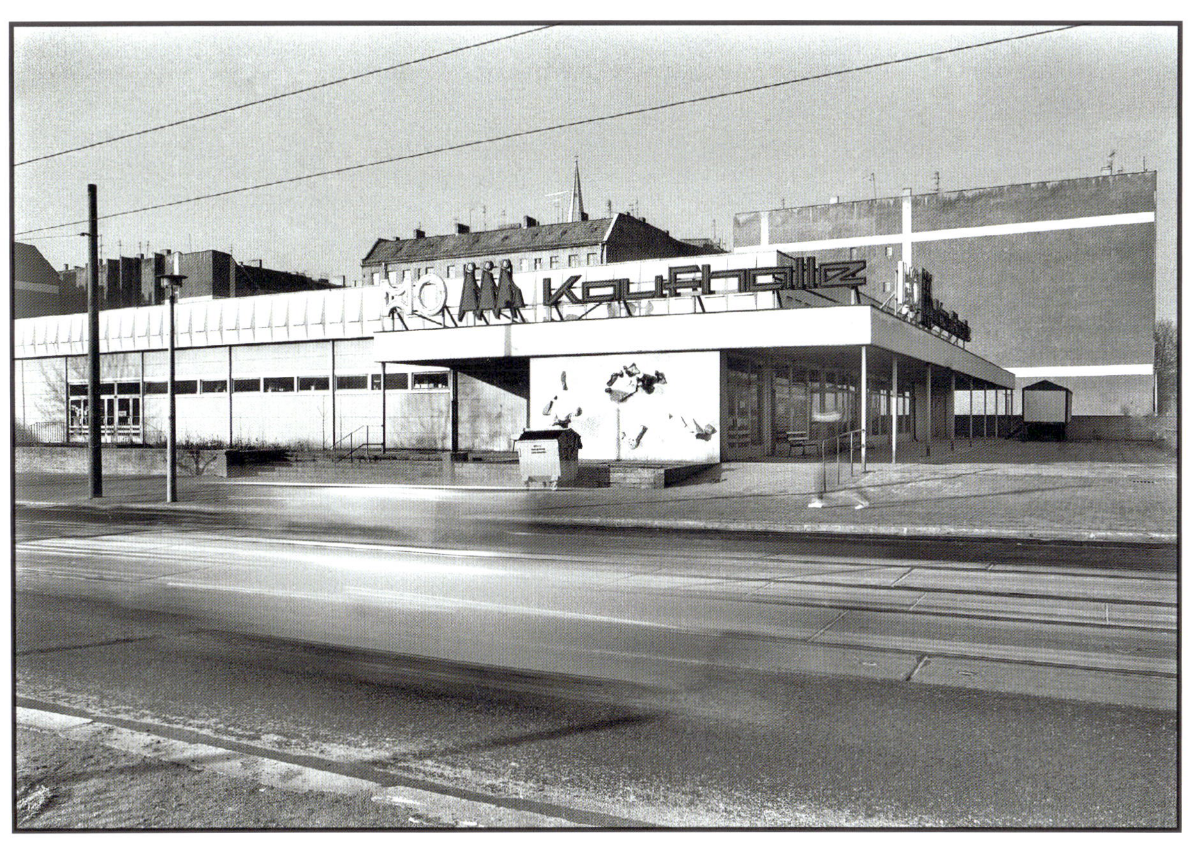

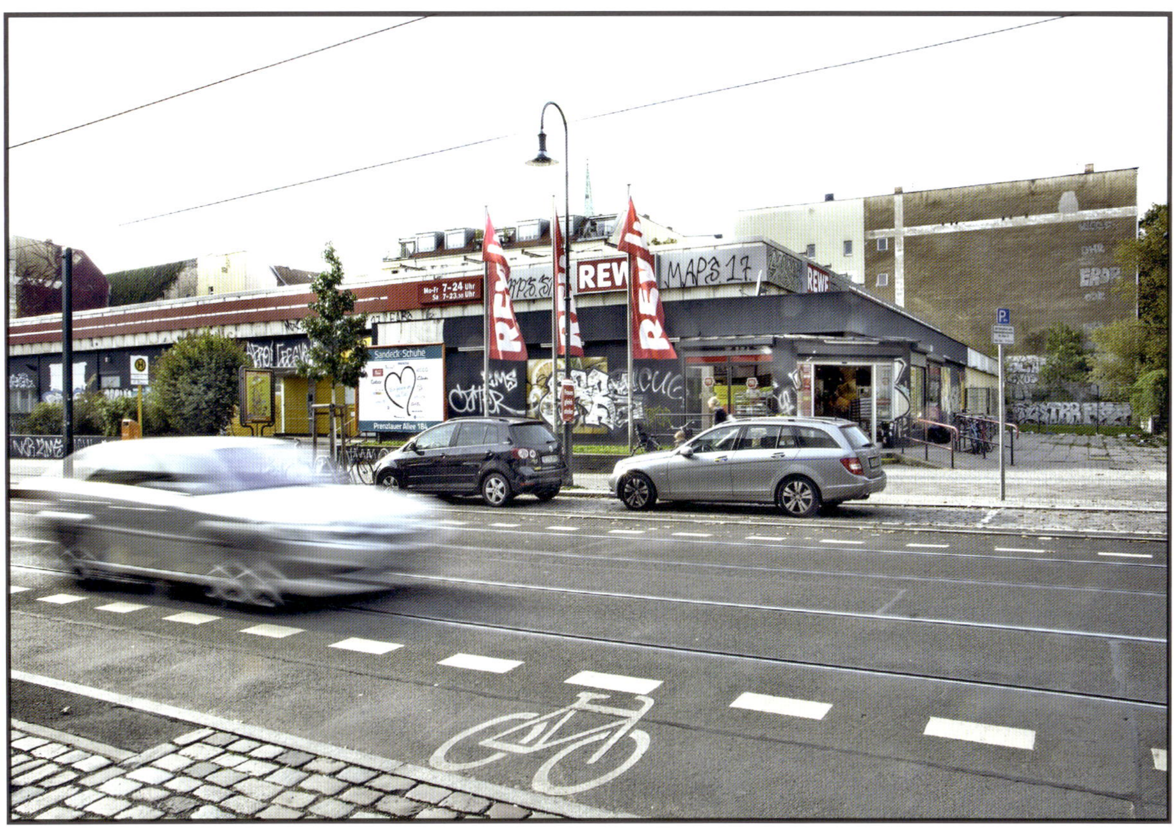

Pappelallee, HO-Kaufhalle/REWE-Supermarkt

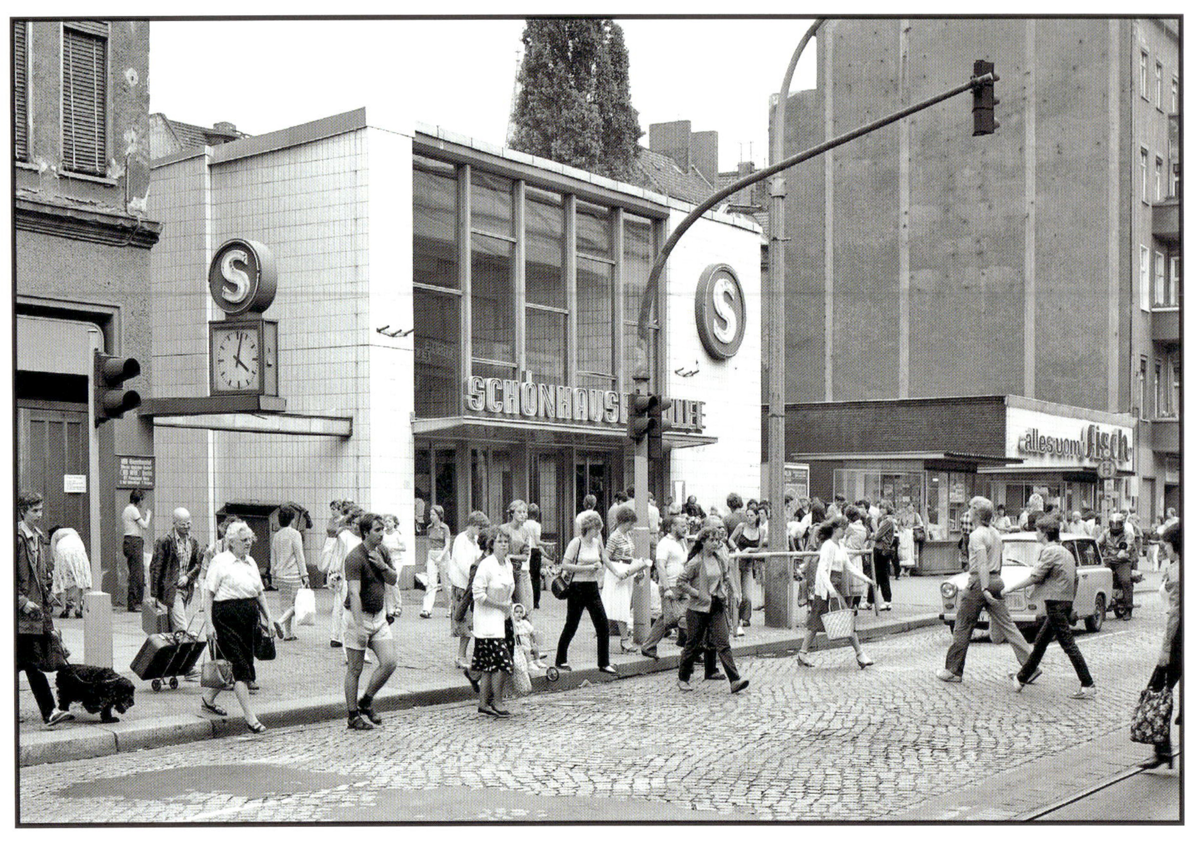

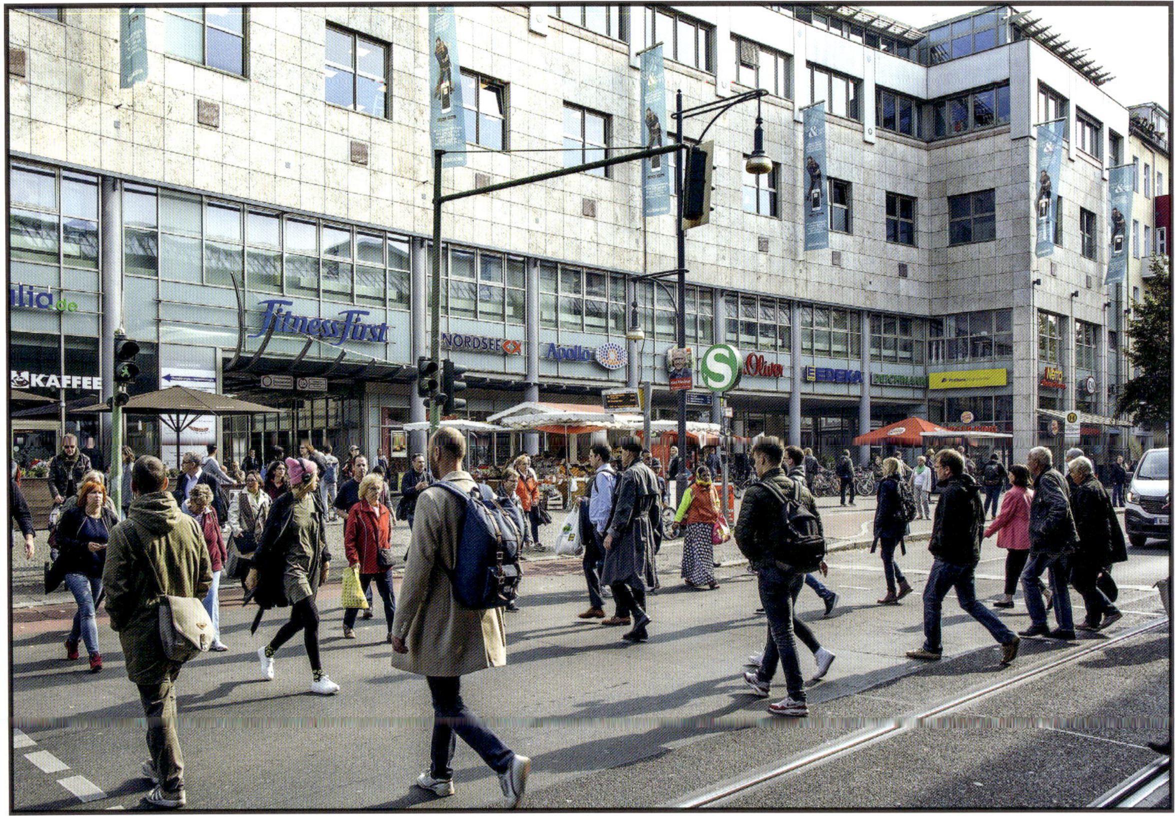

S-Bahnhof Schönhauser Allee

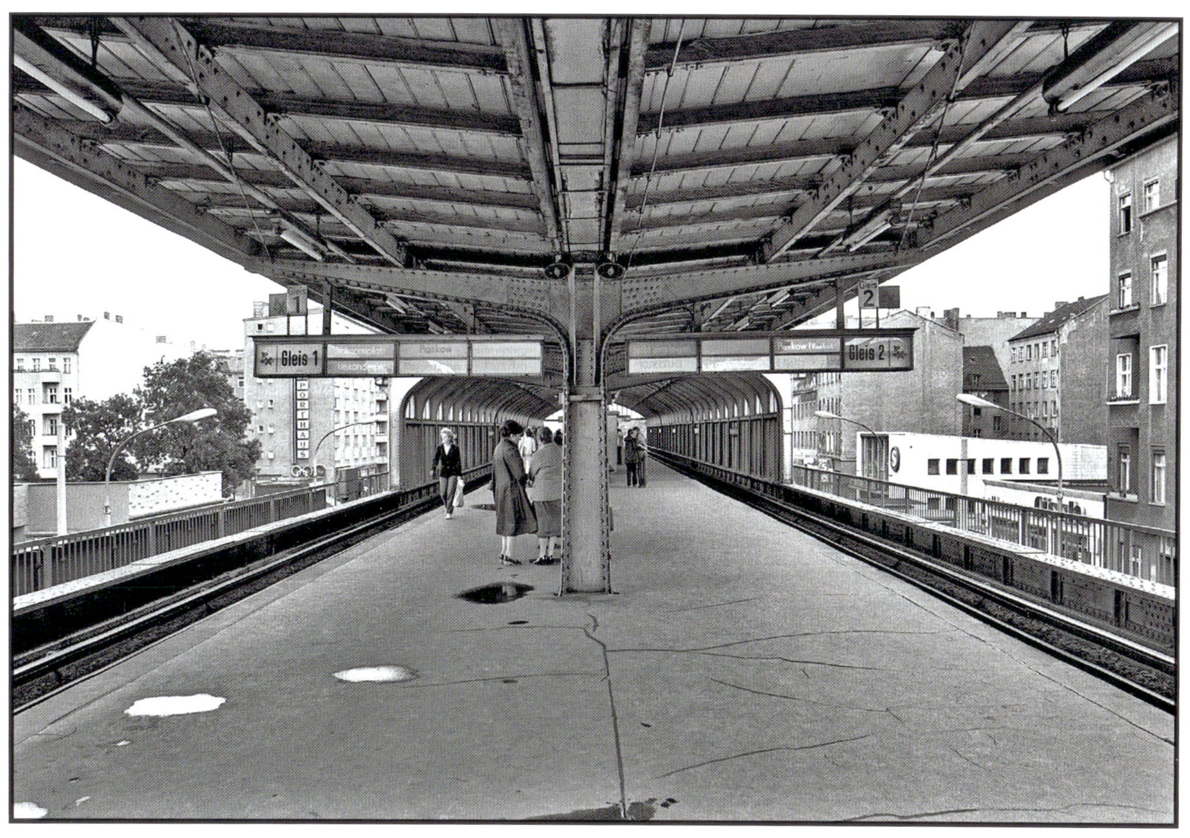

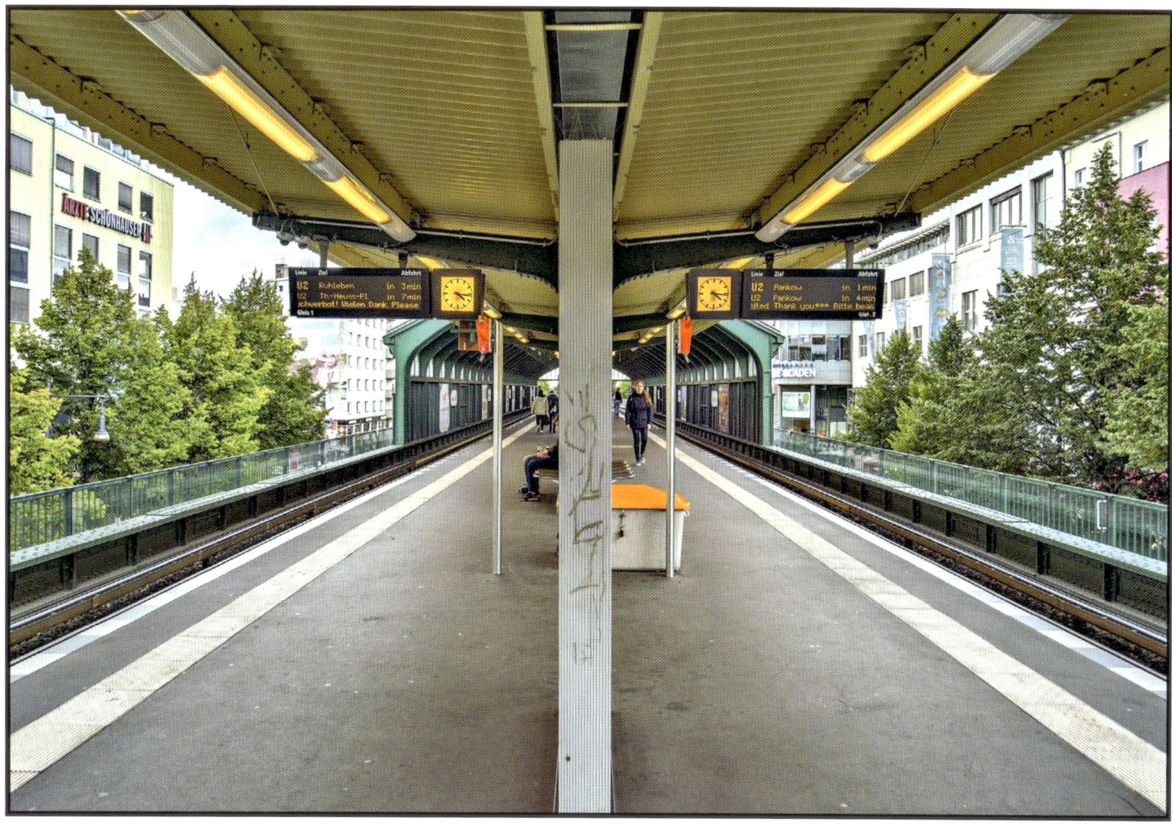

U-Bahnhof Schönhauser Allee

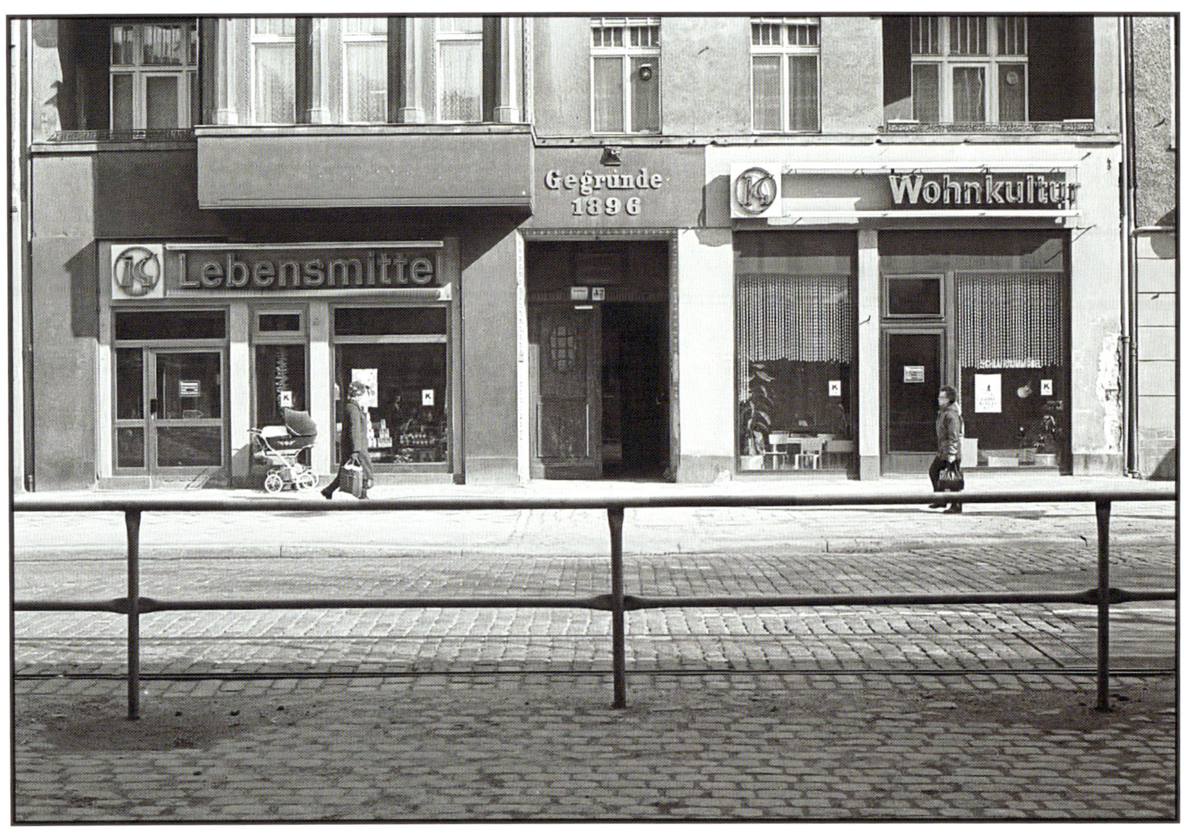

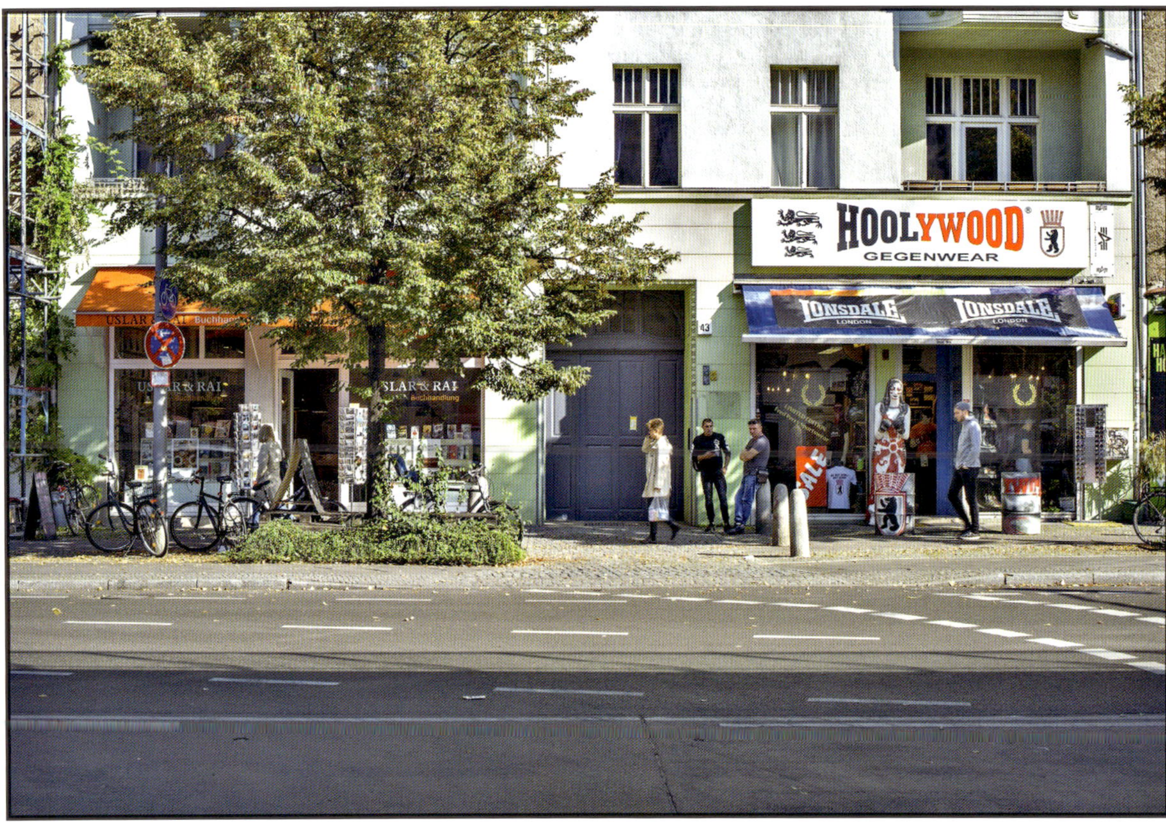

Schönhauser Allee 43

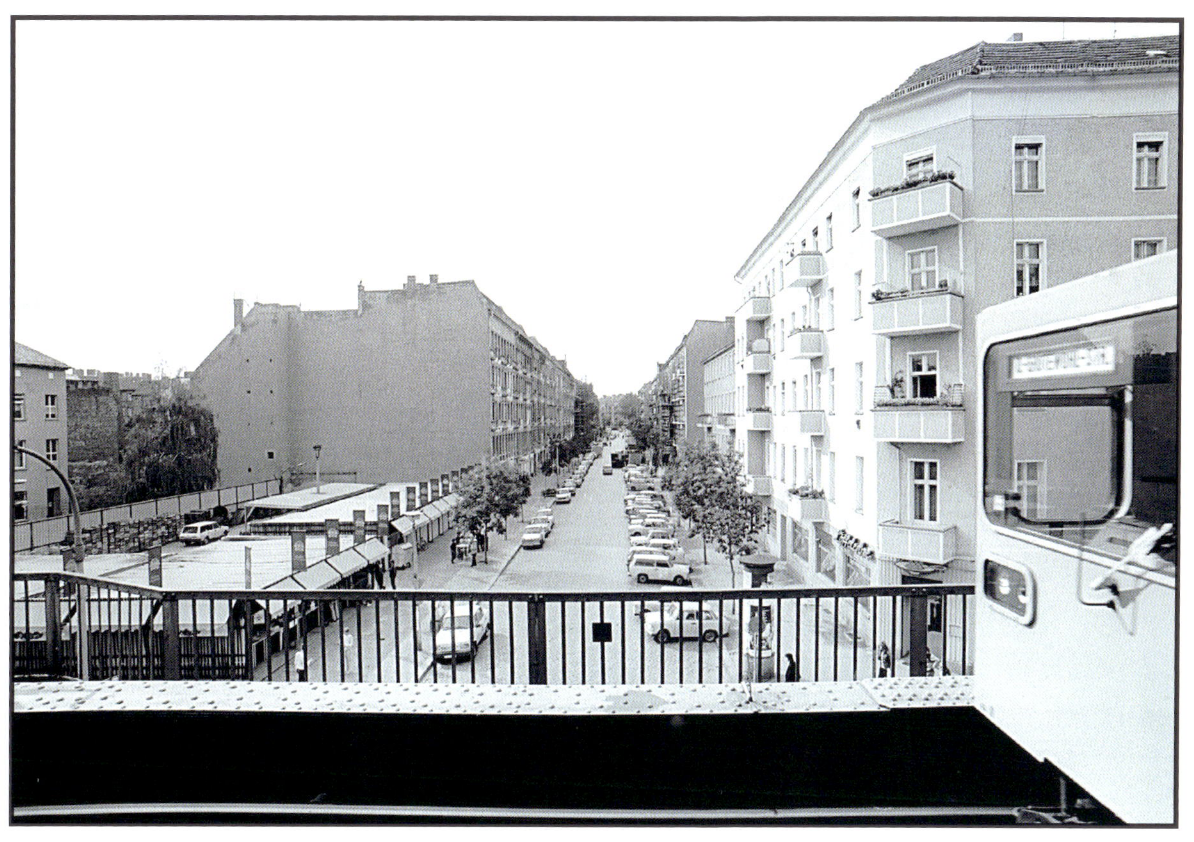

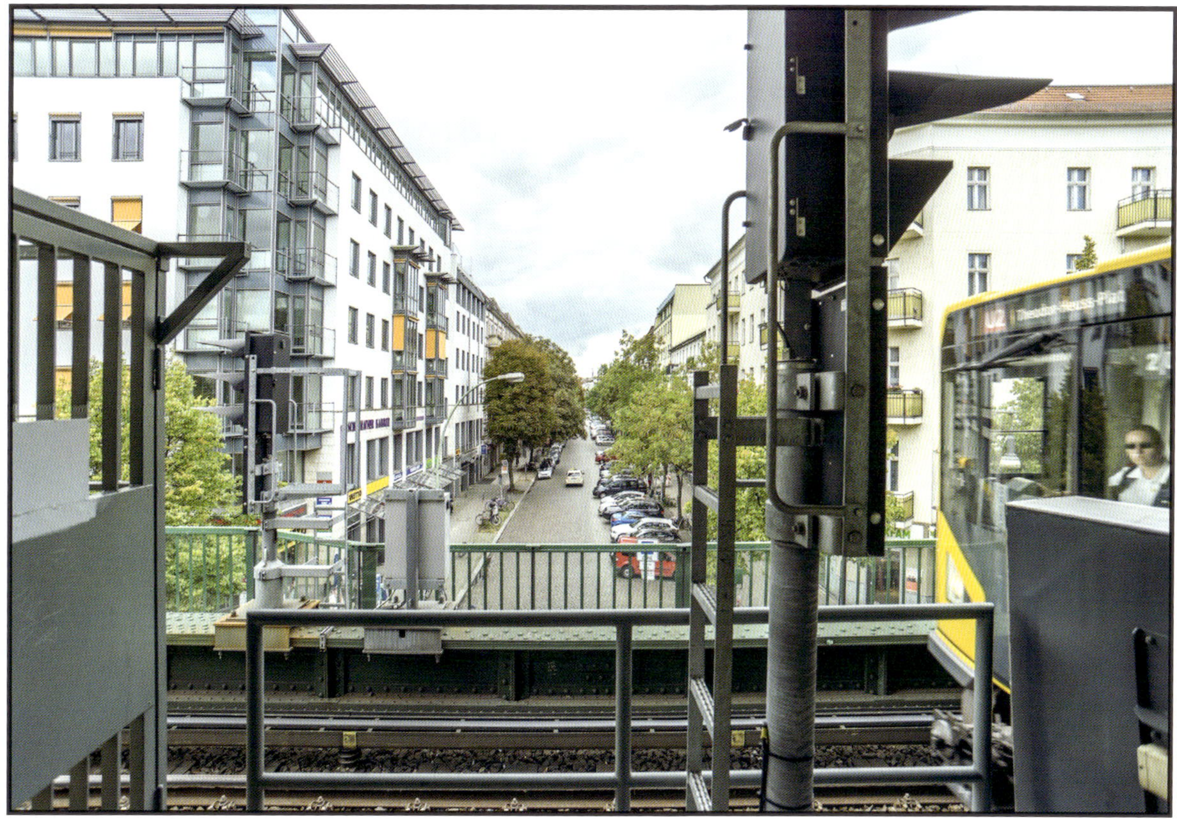

Blick vom U-Bahnhof Schönhauser Allee in die Kopenhagener Straße

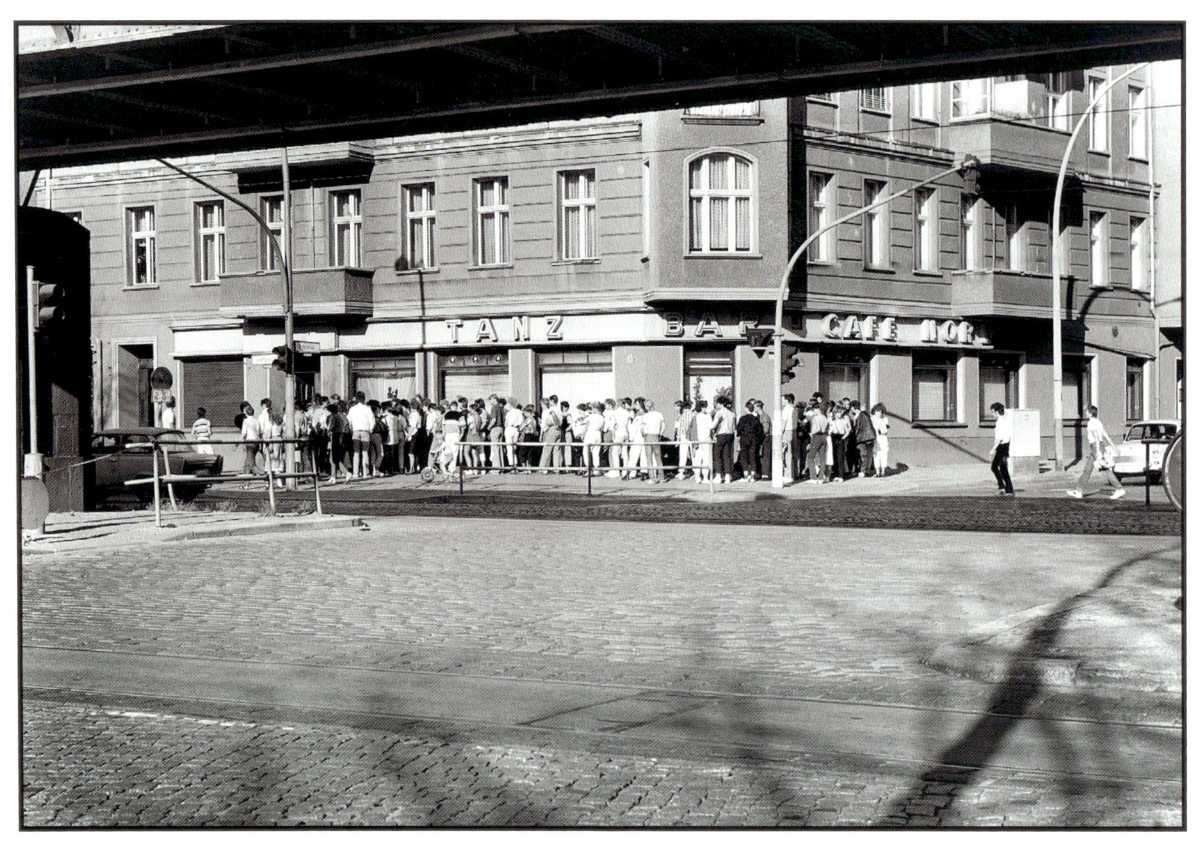

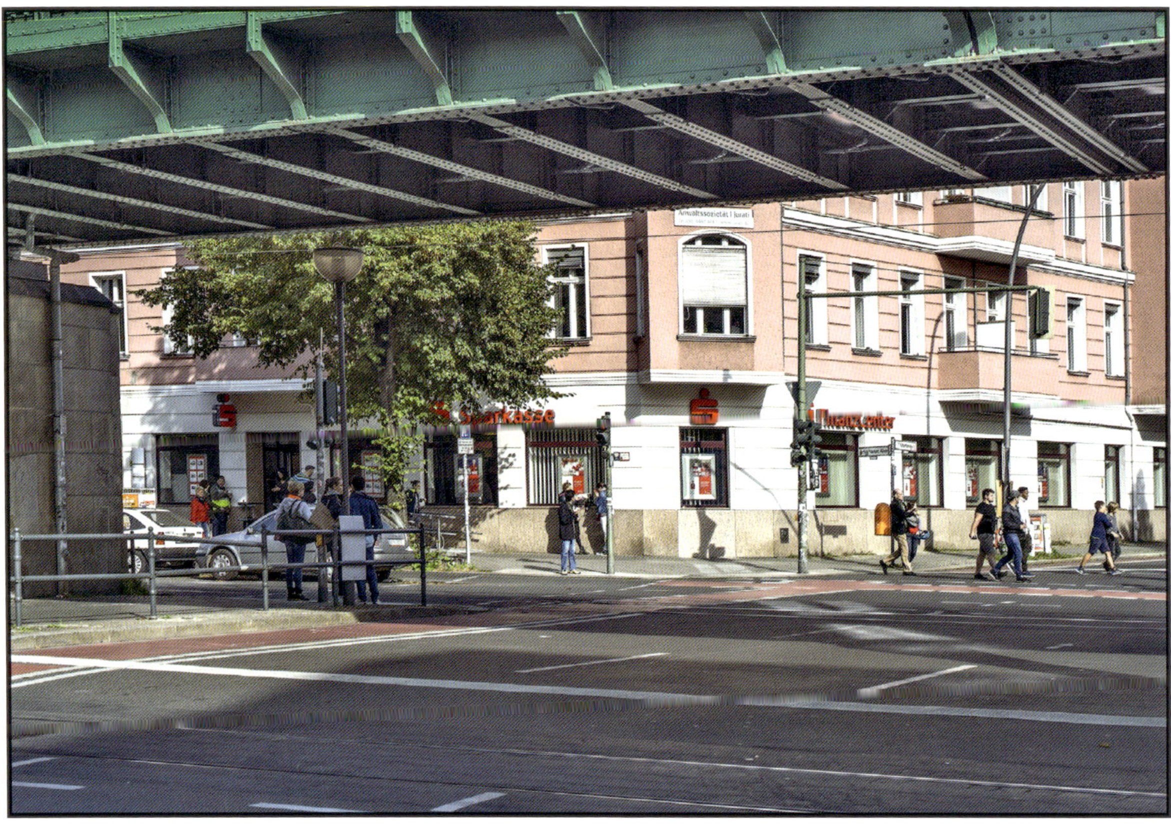

Schönhauser Allee, Ecke Wichertstraße

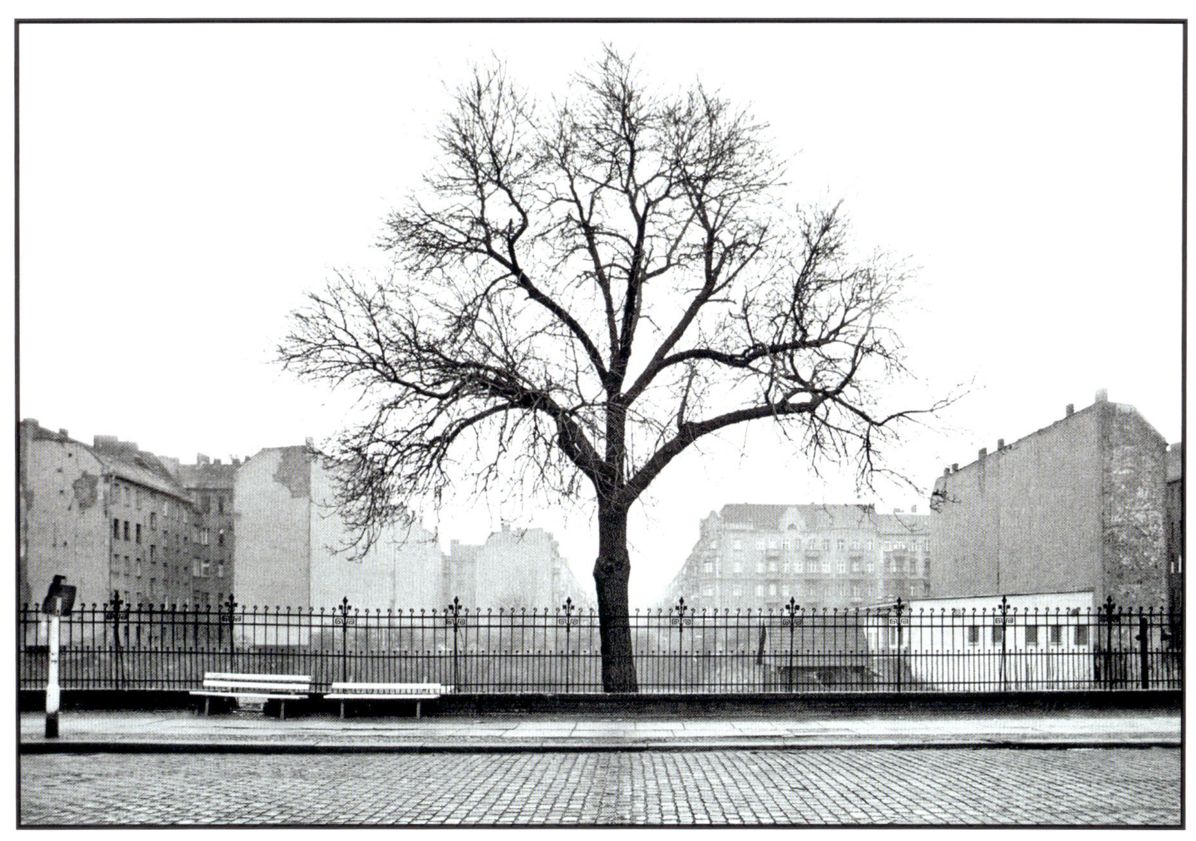

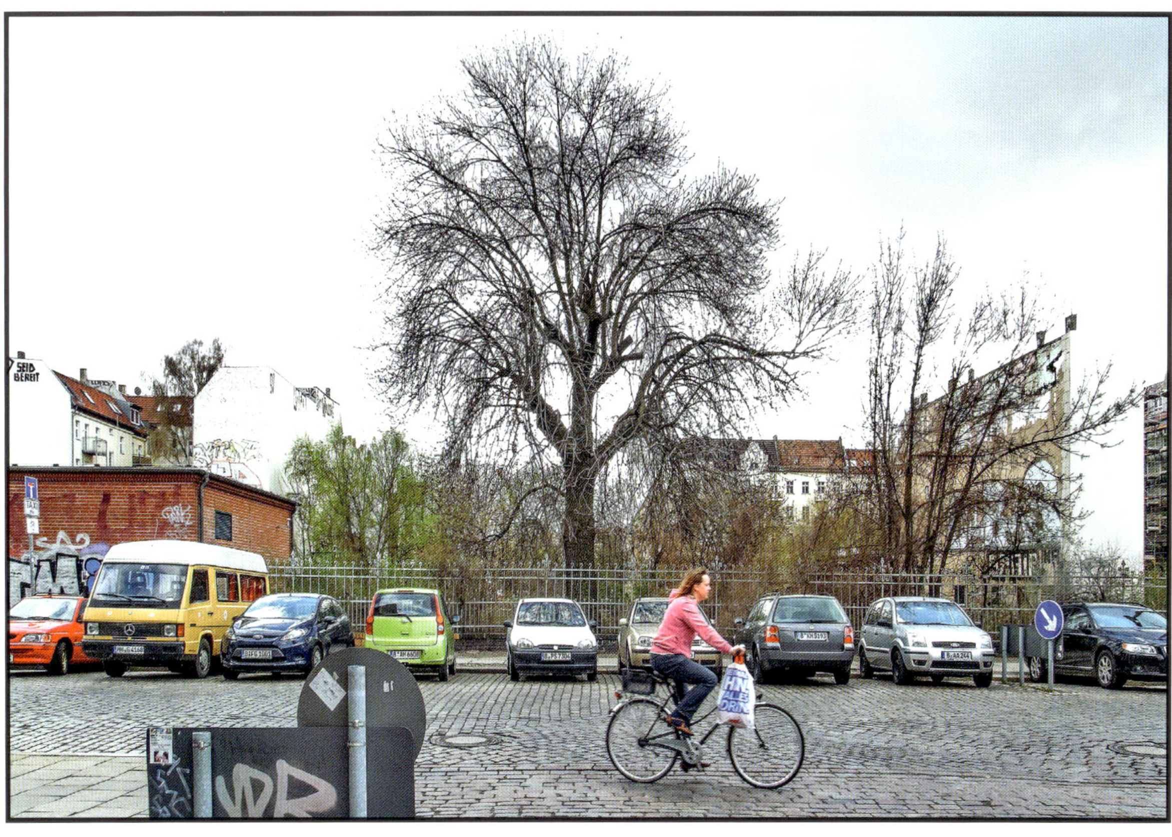

Dänenstraße, Blick aus der Seelower Straße über die S-Bahn-Gleise zur Rhinower Straße

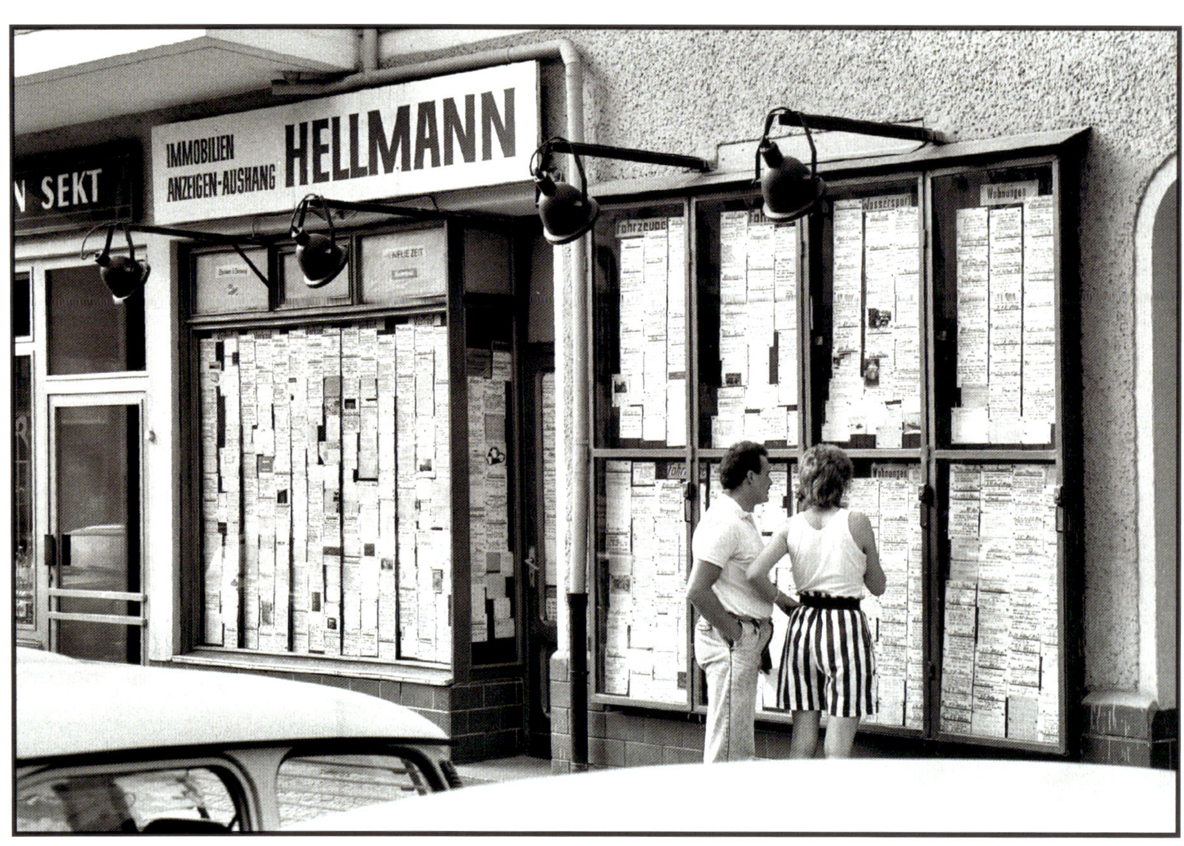

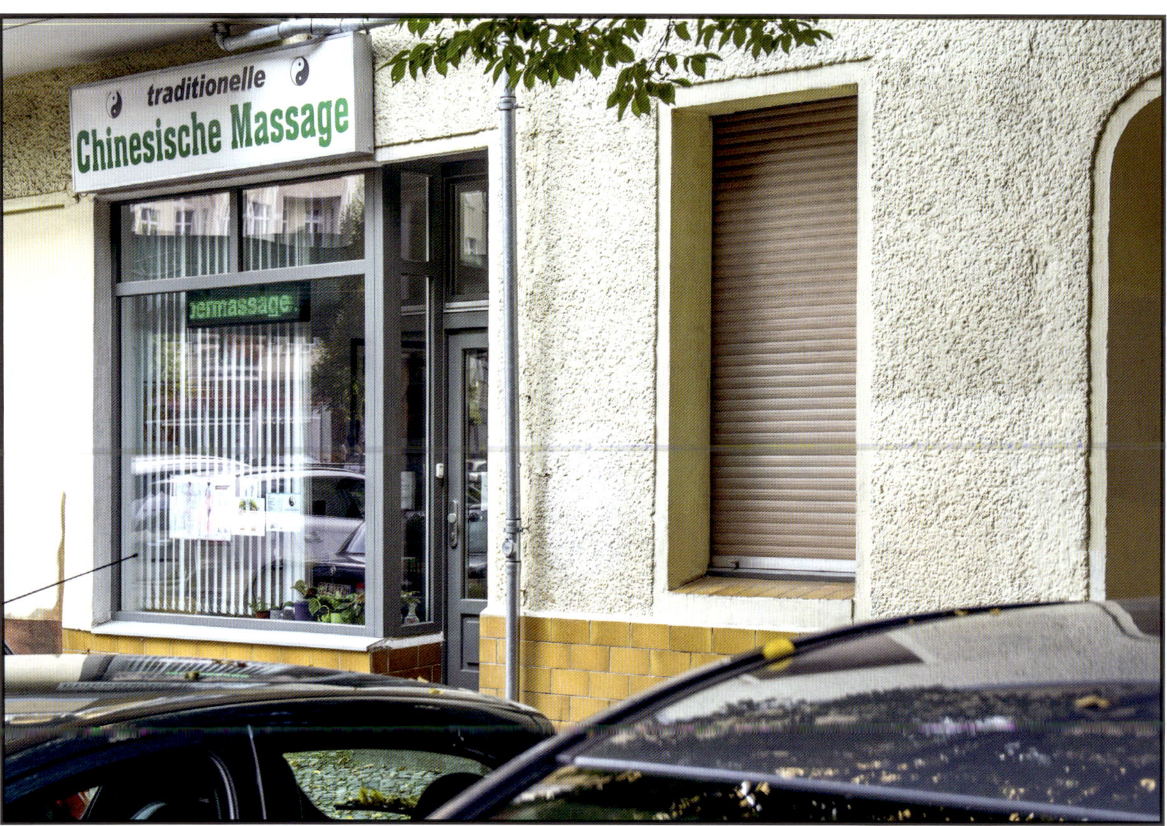

Kuglerstraße

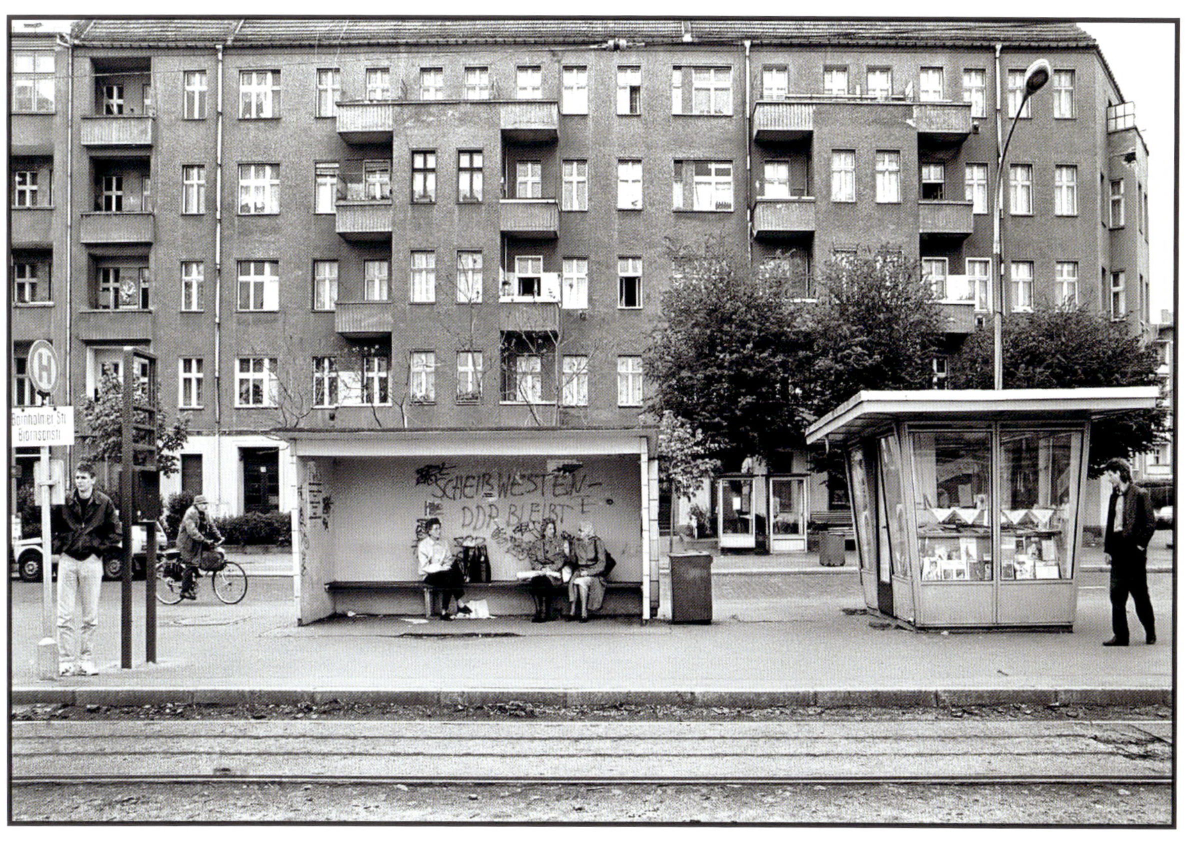

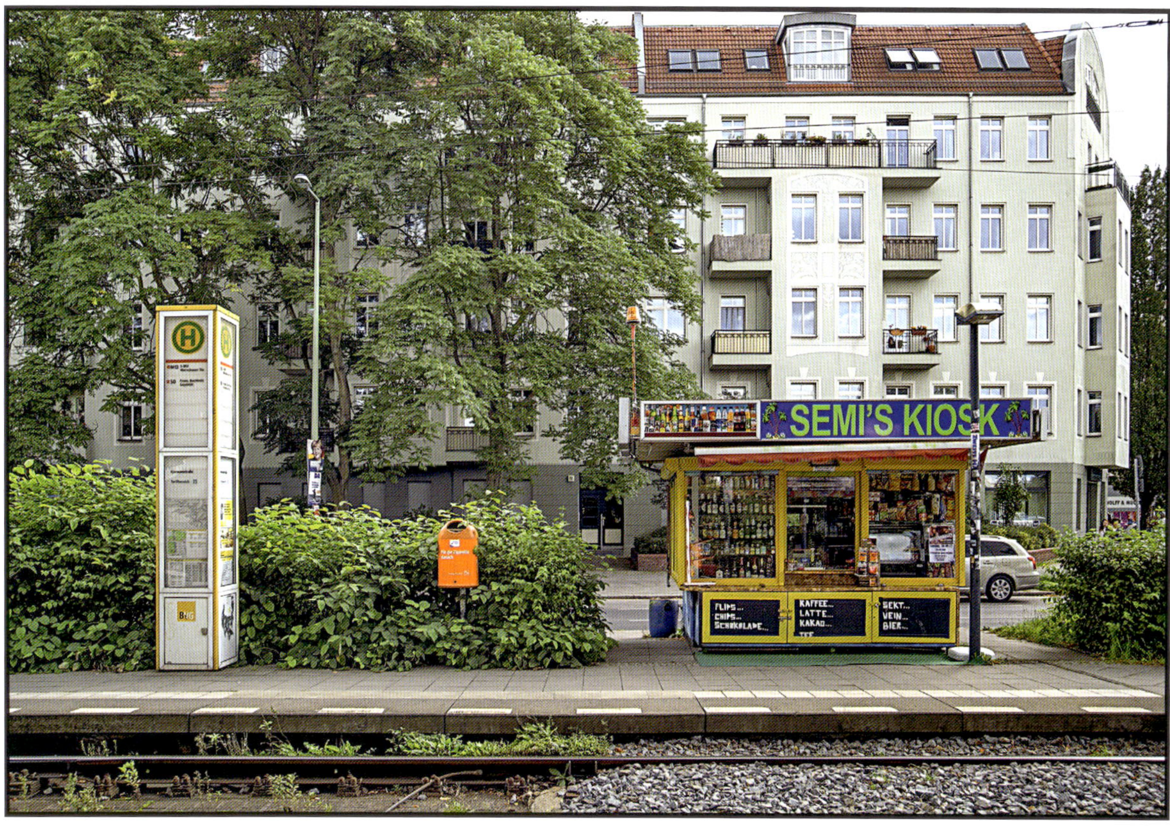

Bornholmer Straße, Ecke Malmöer Straße

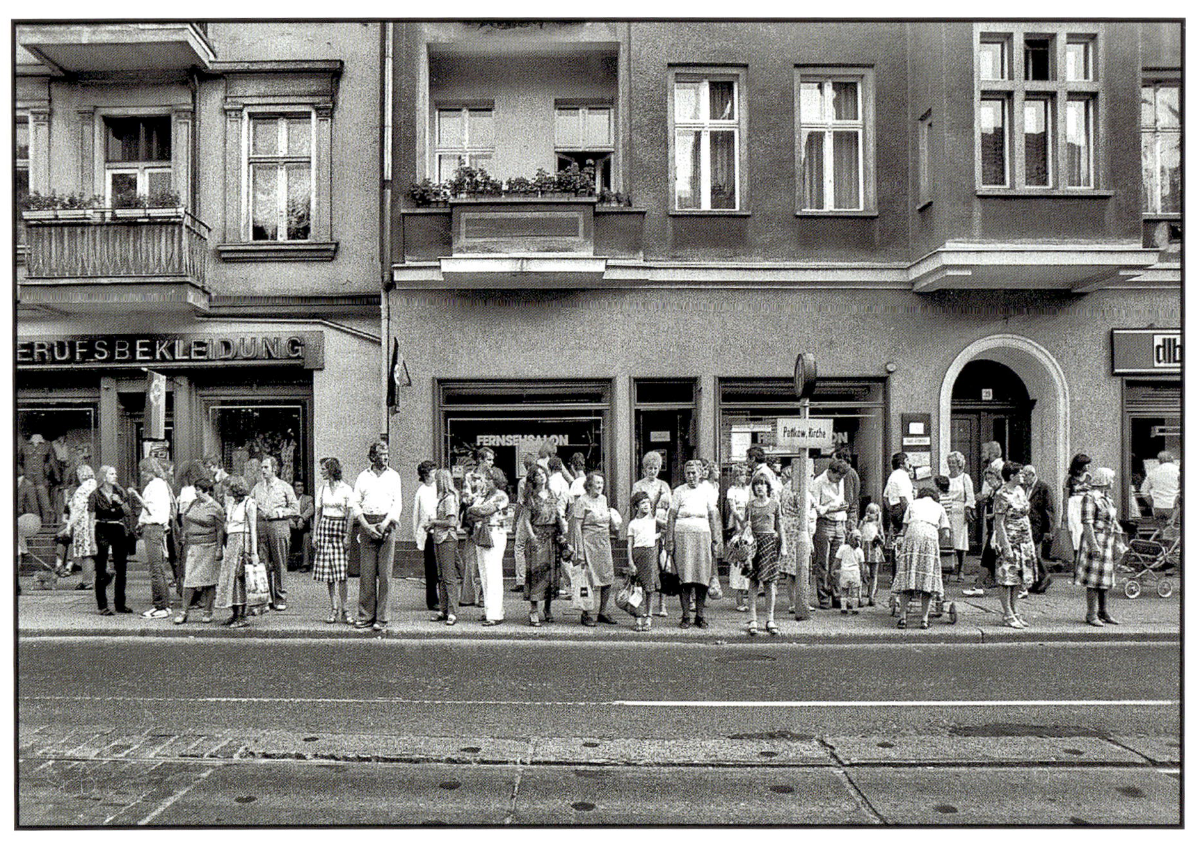

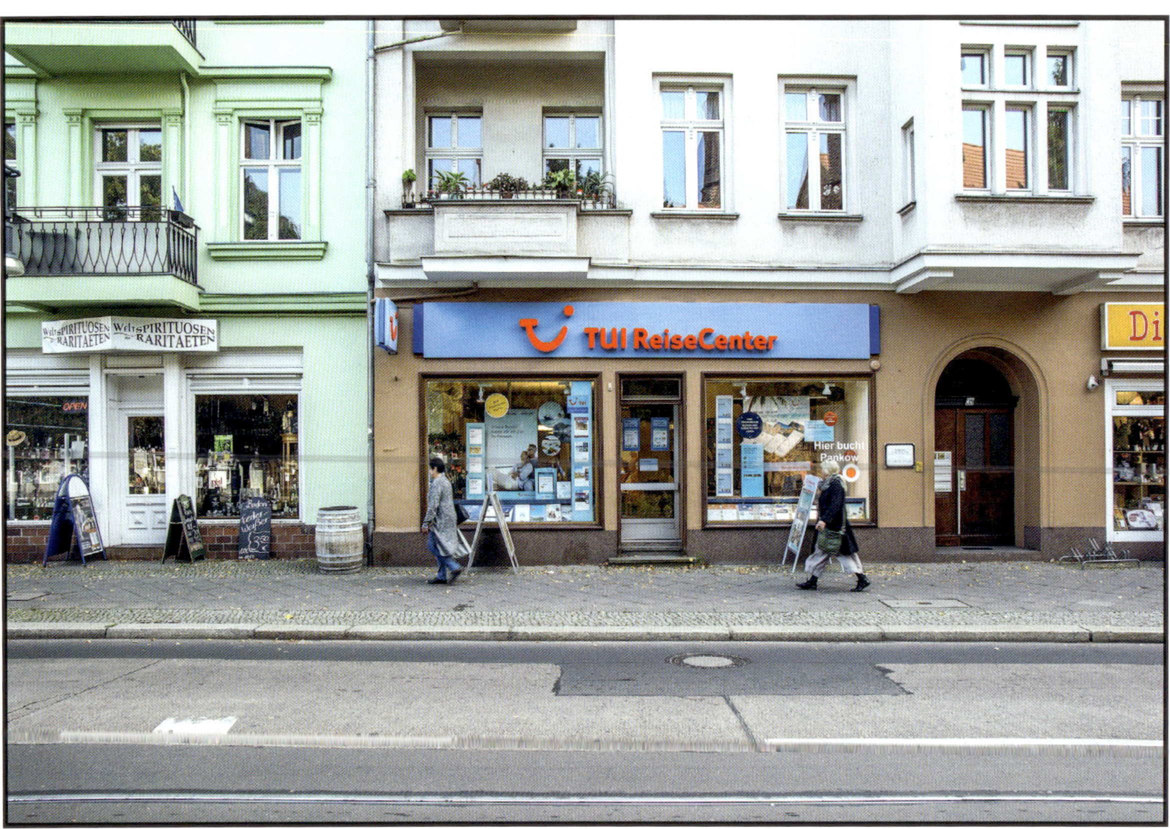

Breite Straße in Pankow

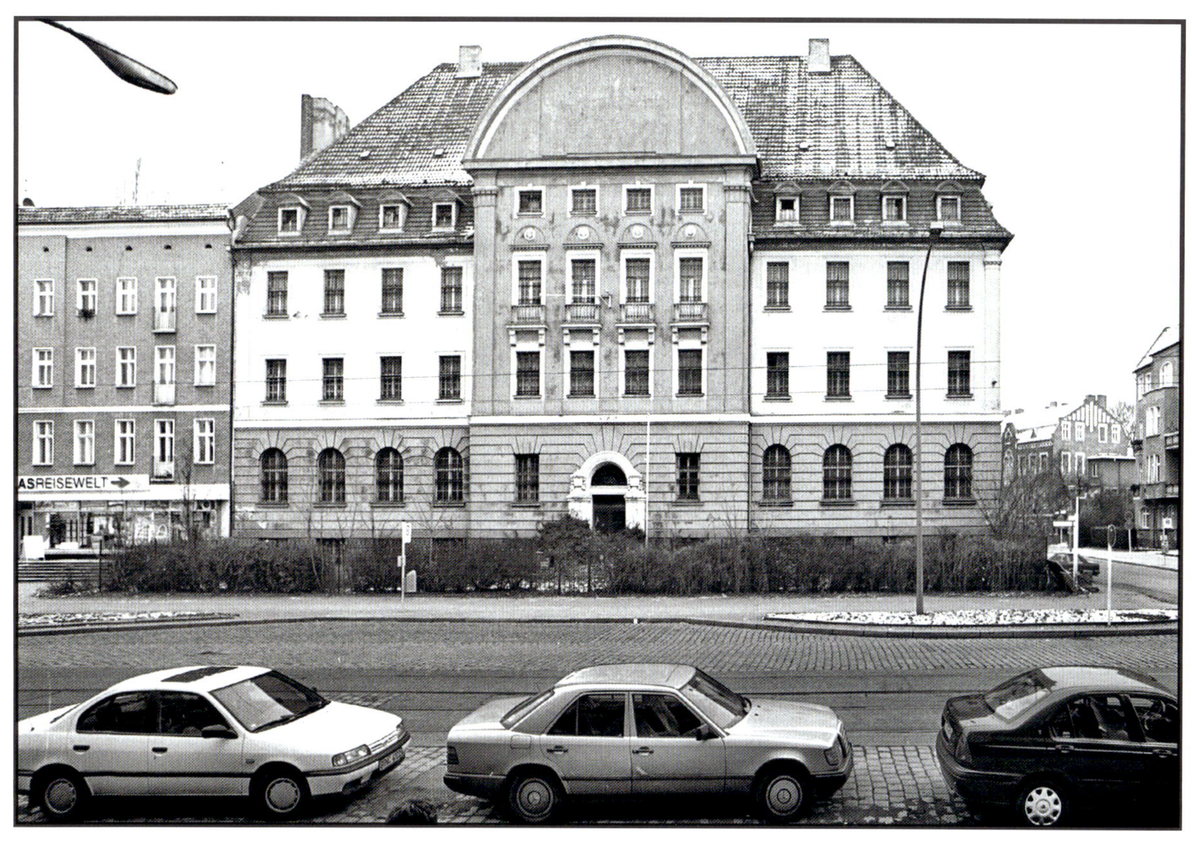

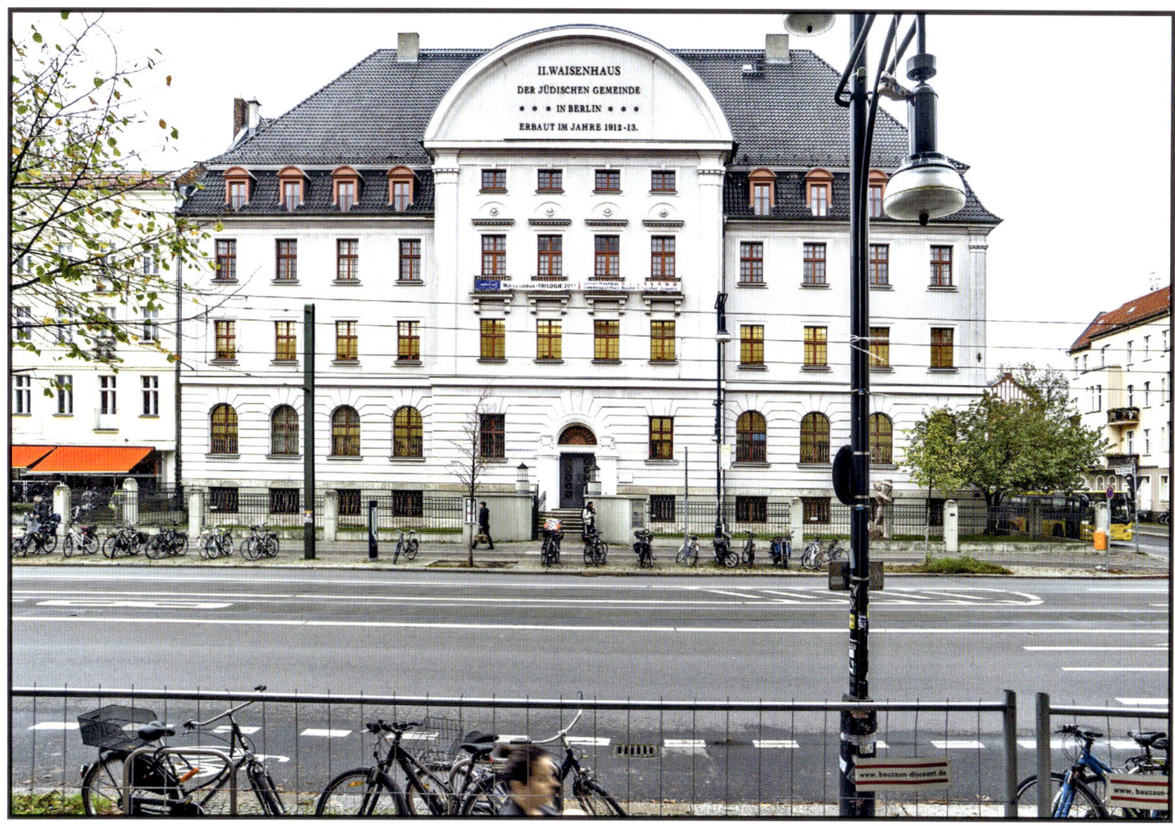

Berliner Straße (Pankow), ehemaliges Jüdisches Waisenhaus

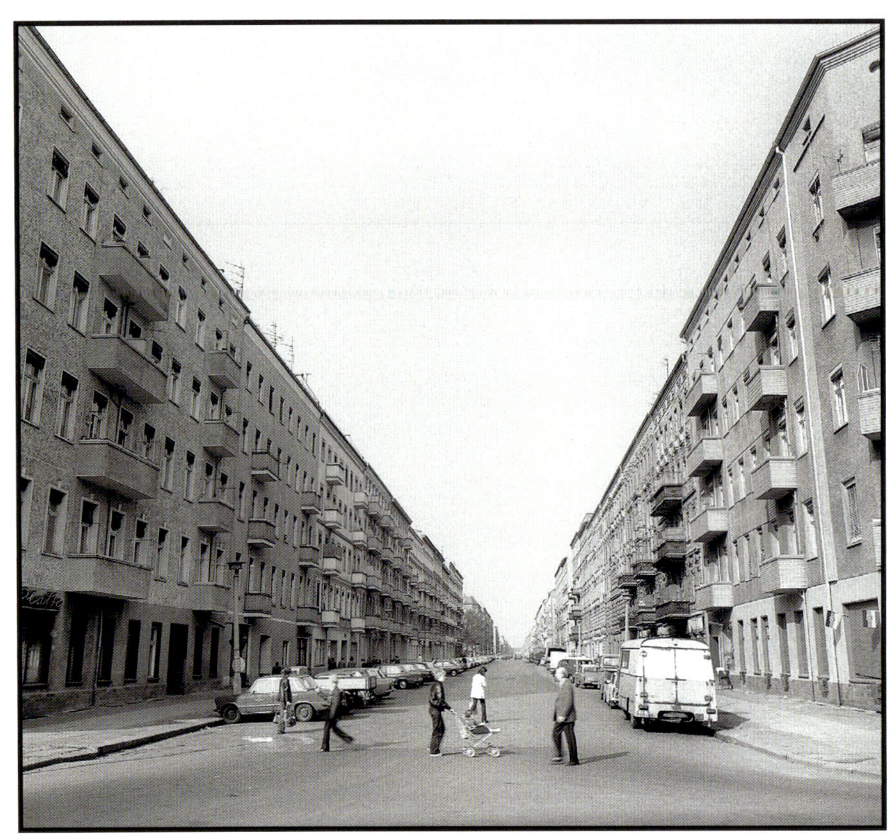

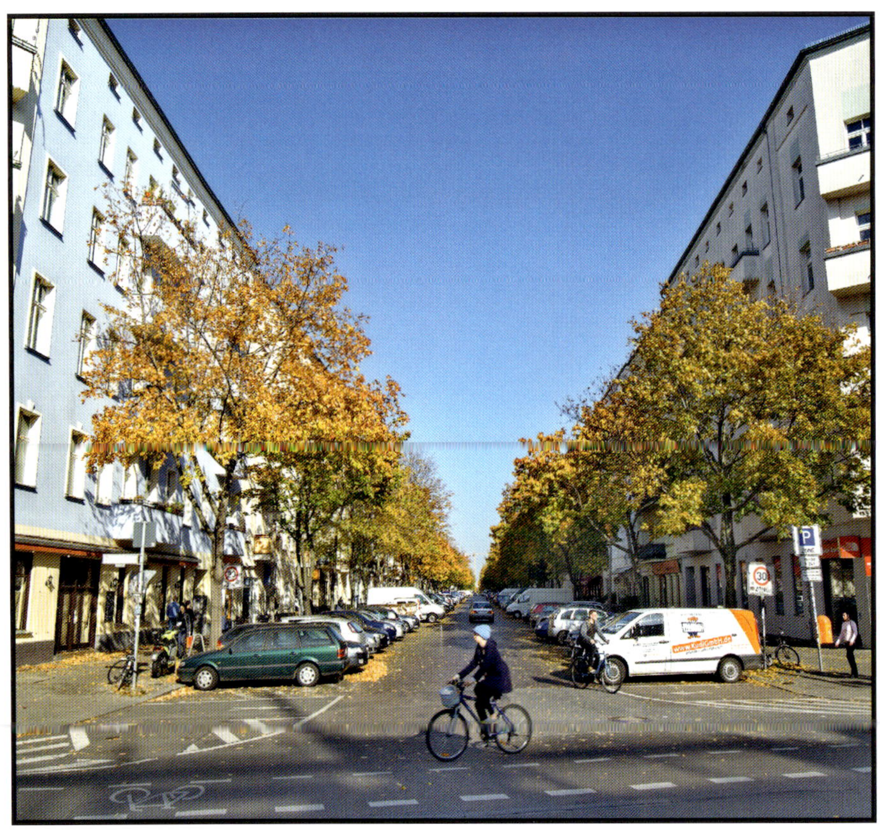

Dimitroffstraße / Danziger Straße, Ecke Dunckerstraße

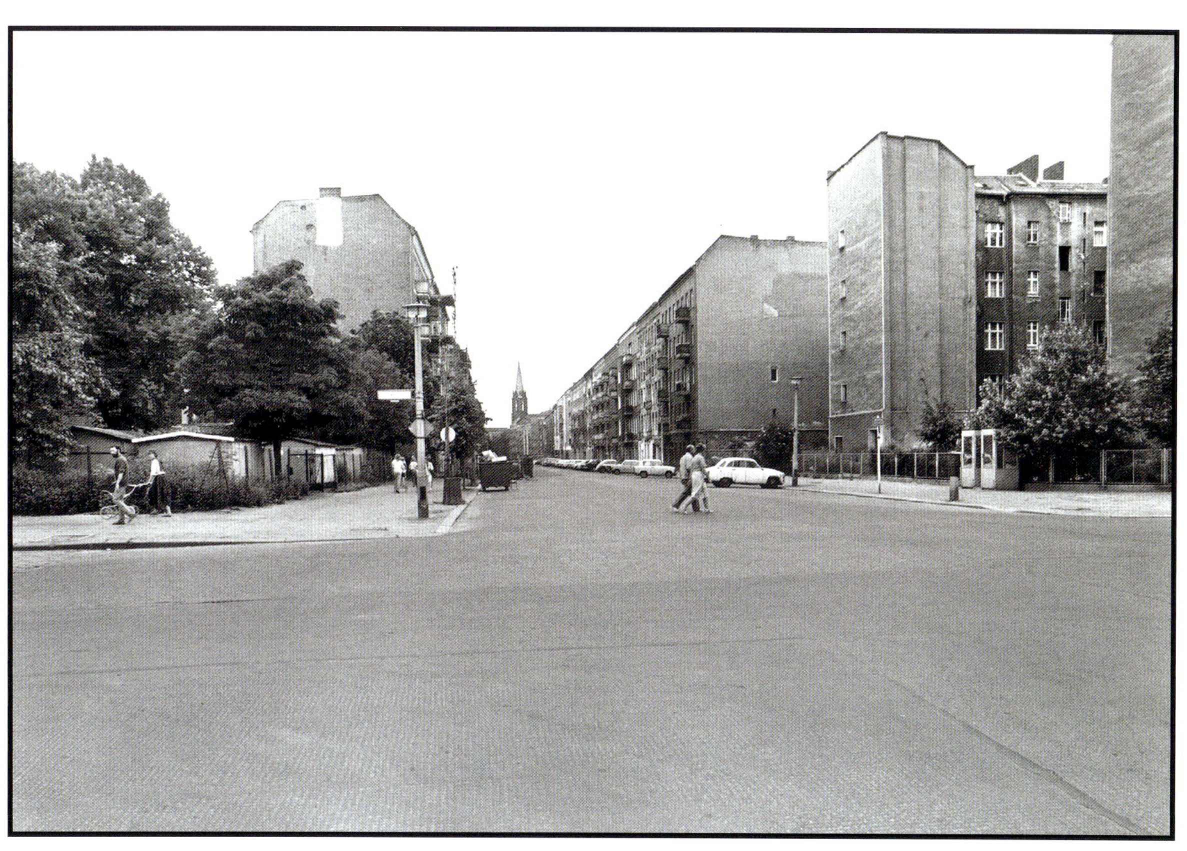

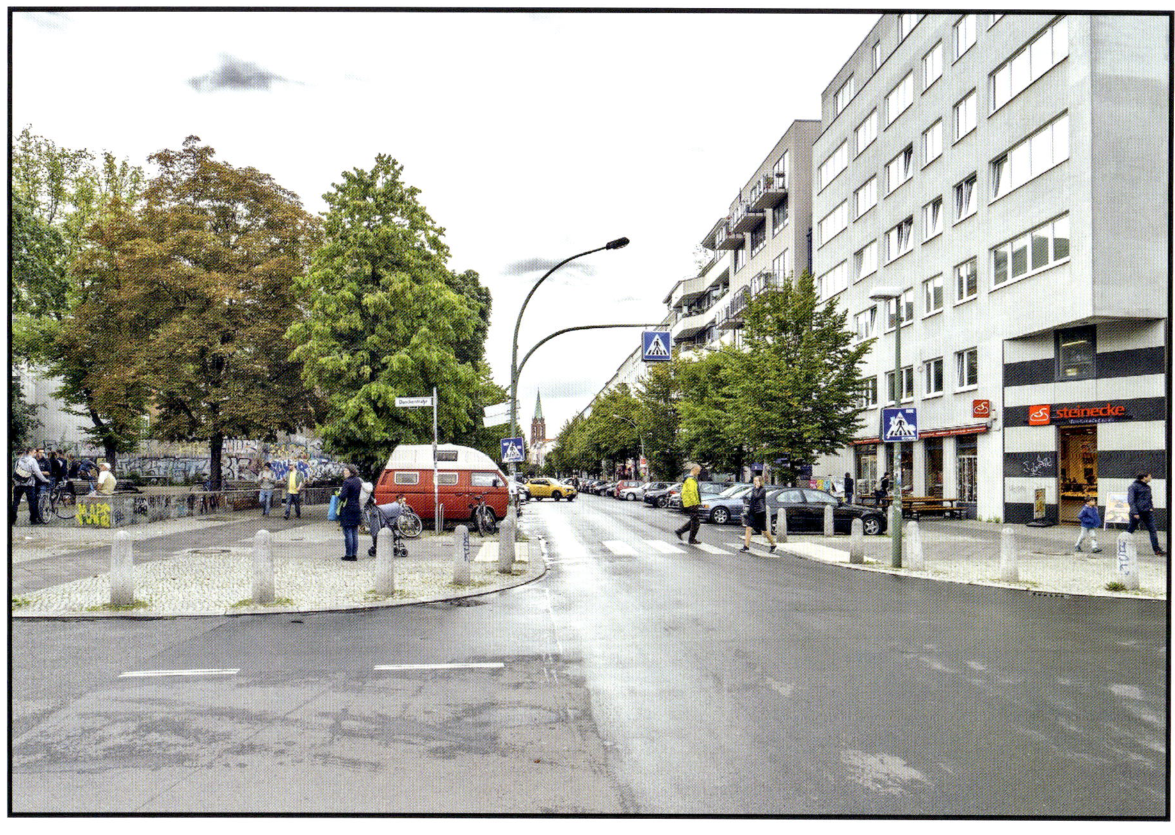

Stargarder Straße, Ecke Dunckerstraße

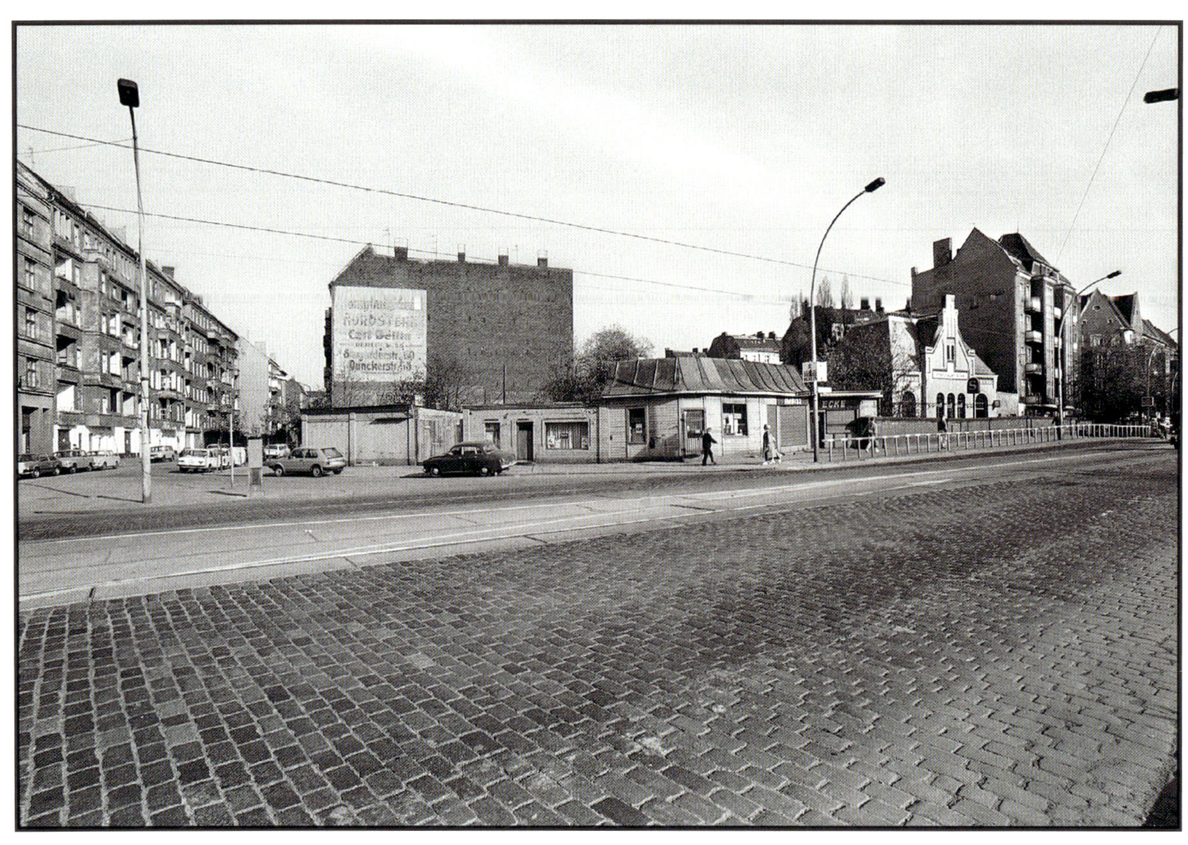

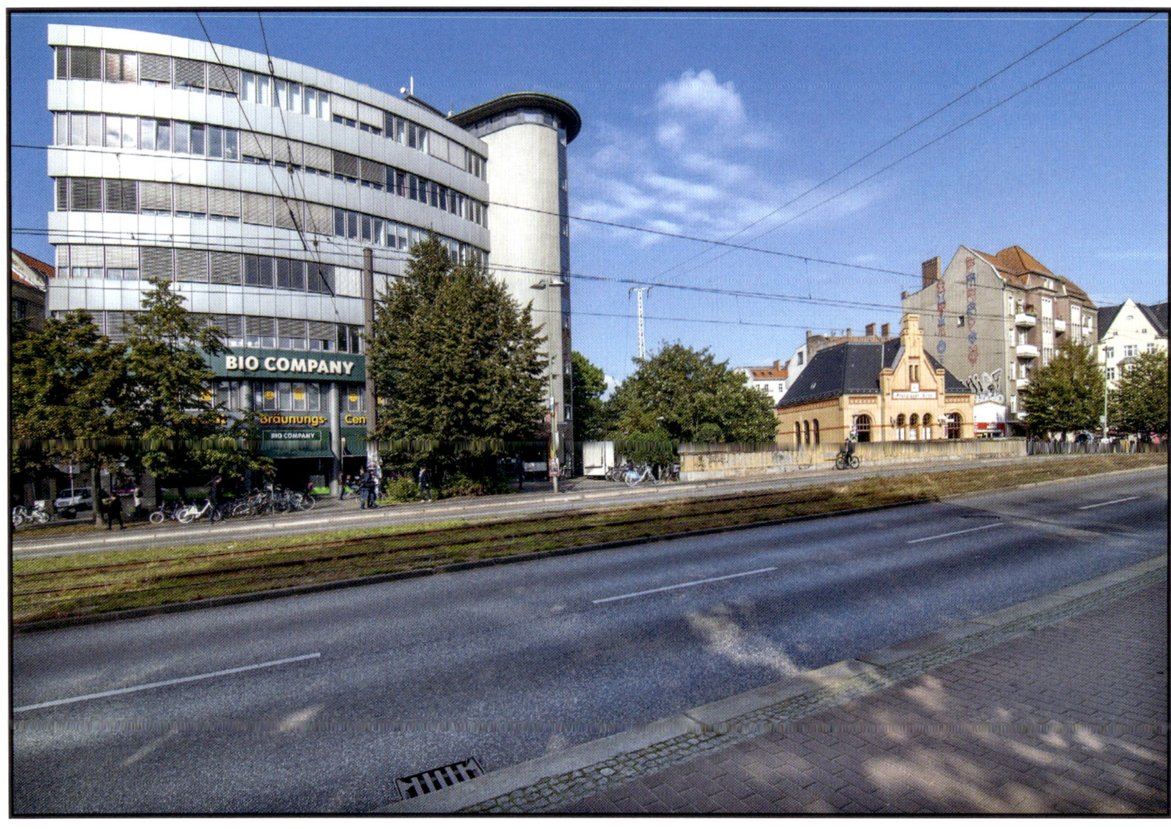

Prenzlauer Allee, Ecke Ahlbecker Straße

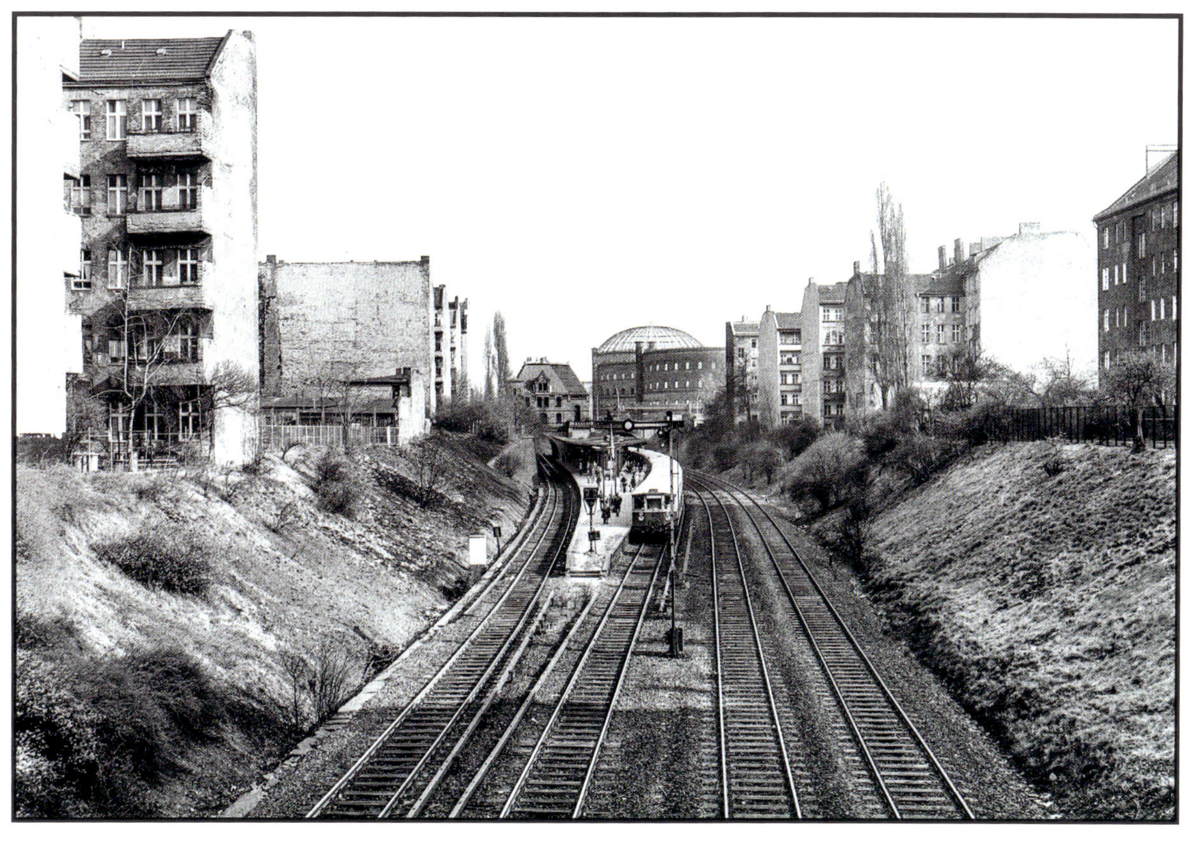

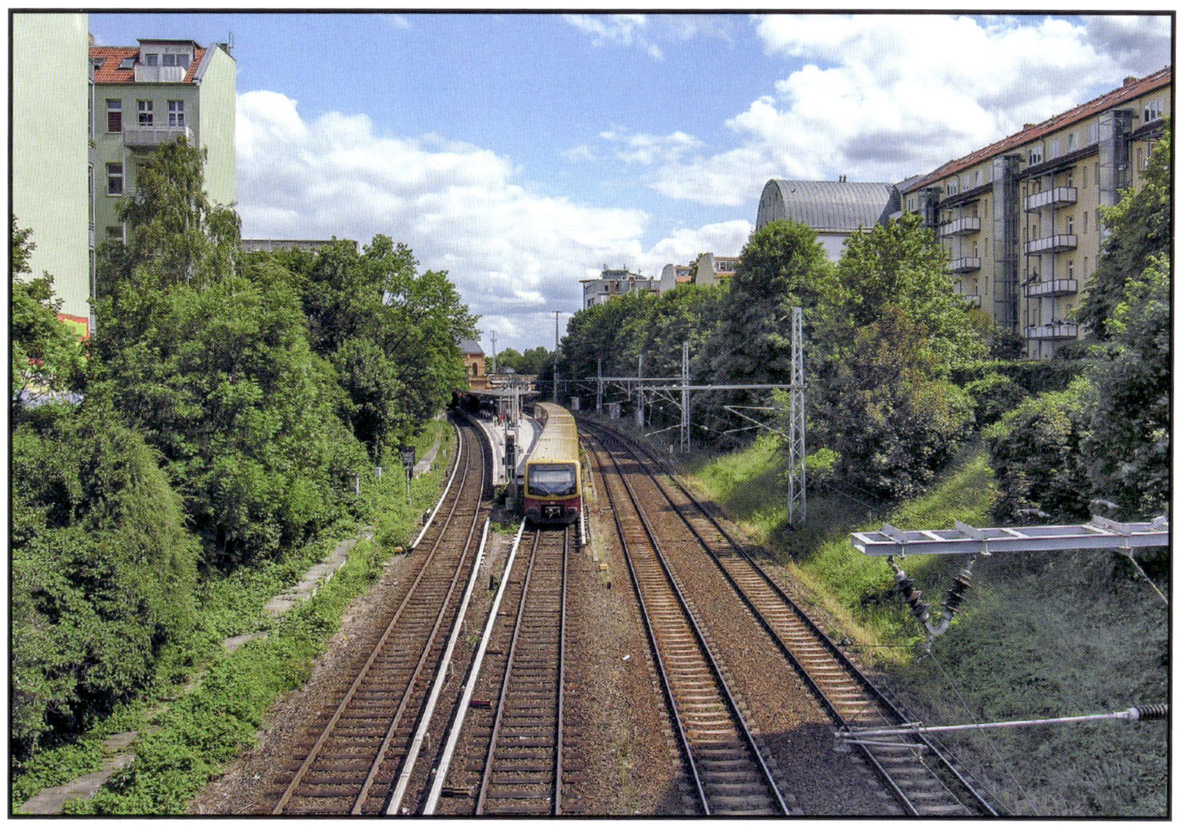

S-Bahnhof Prenzlauer Allee

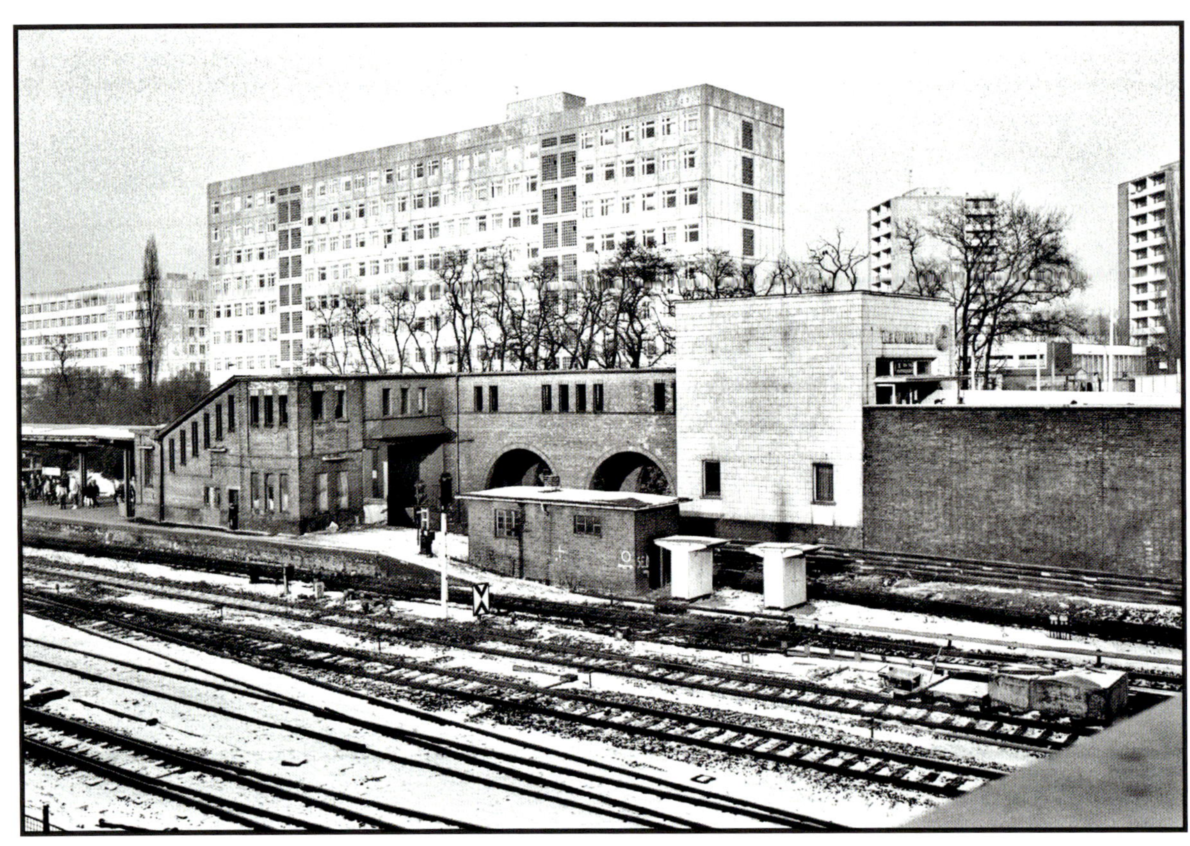

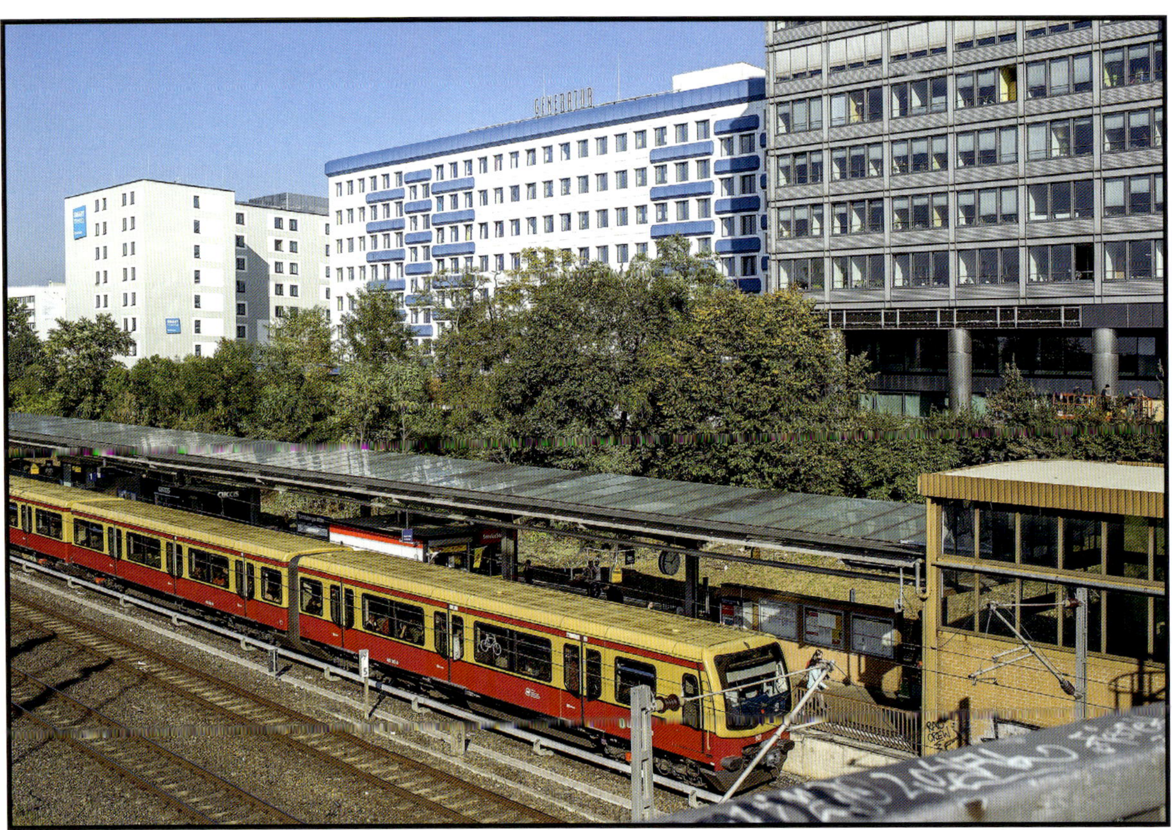

S-Bahnhof Leninallee / Landsberger Allee

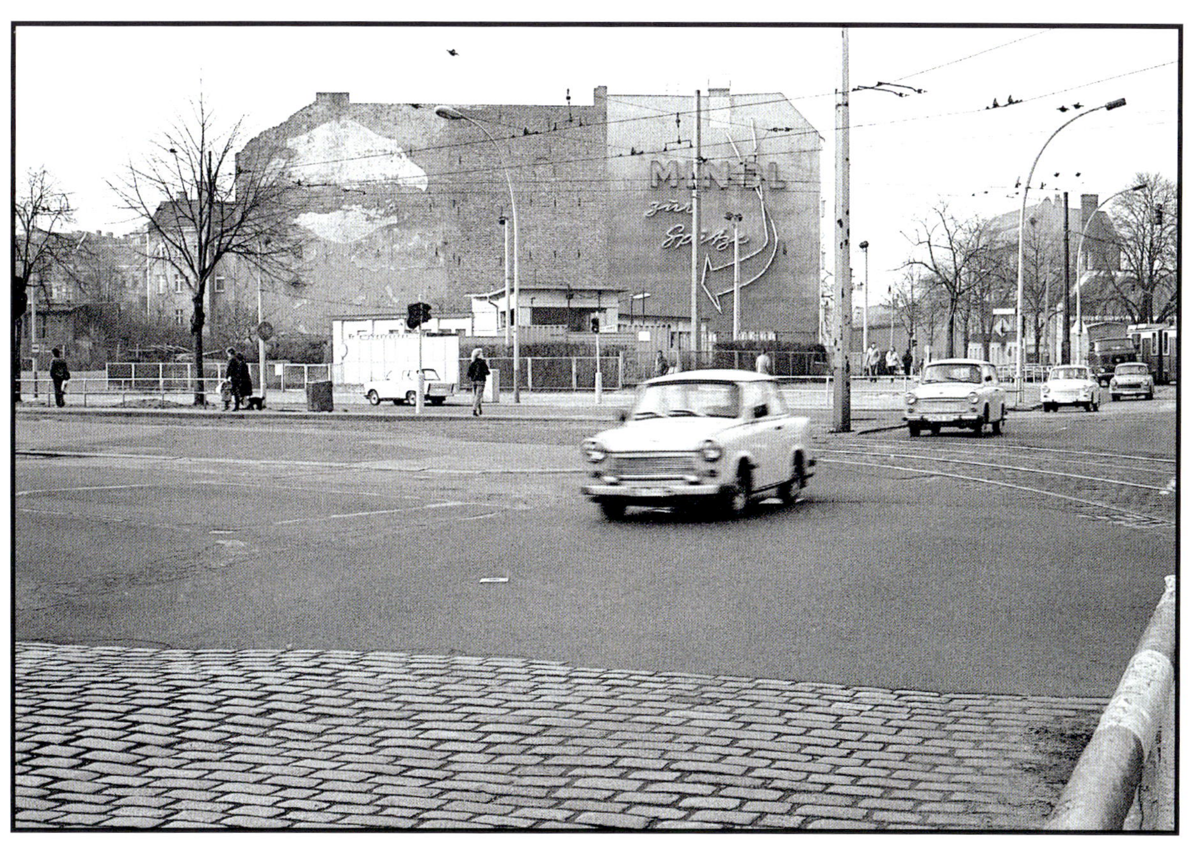

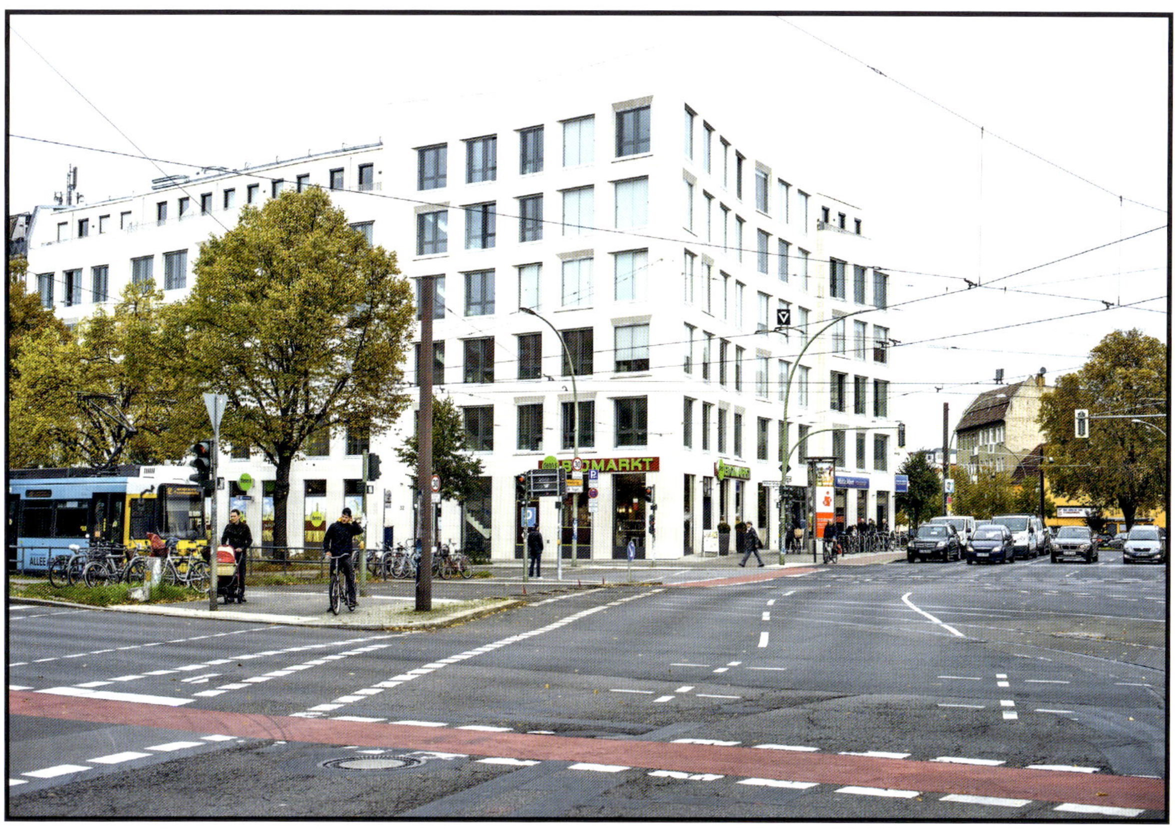

Prenzlauer Promenade, Ecke Wisbyer Straße

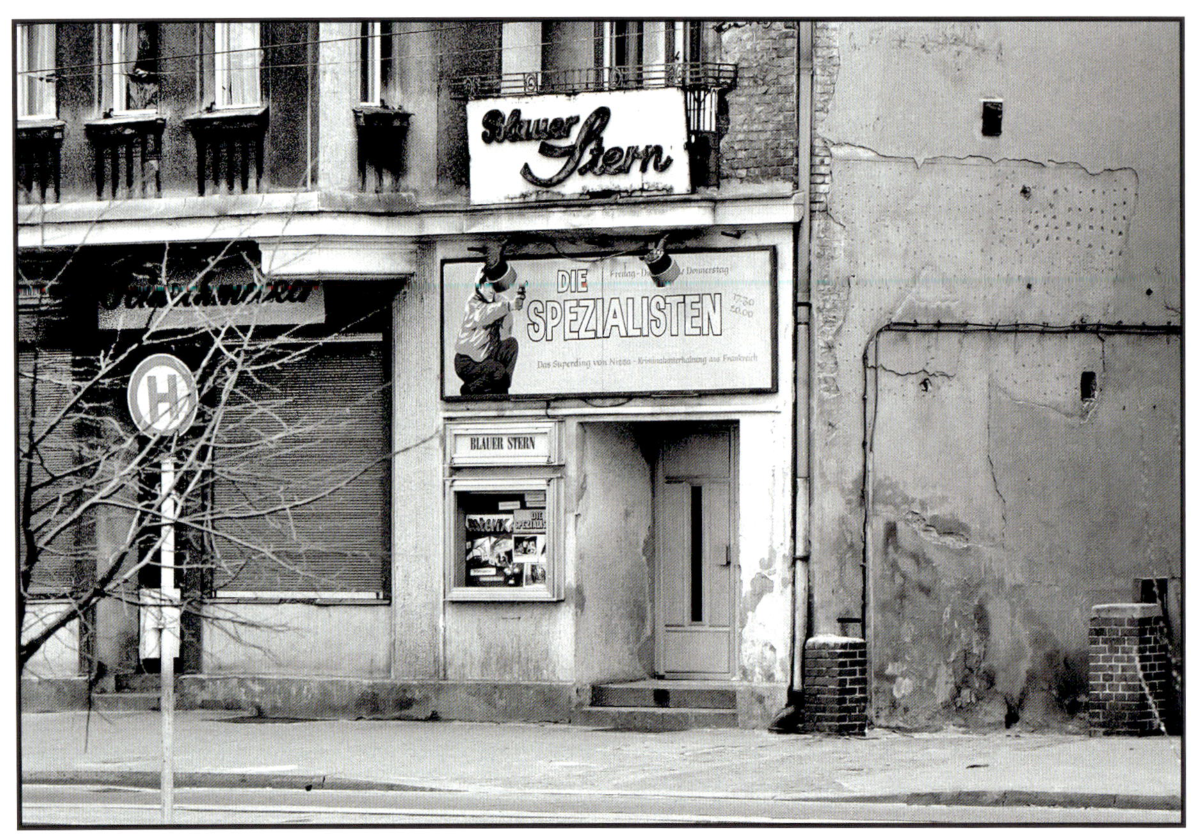

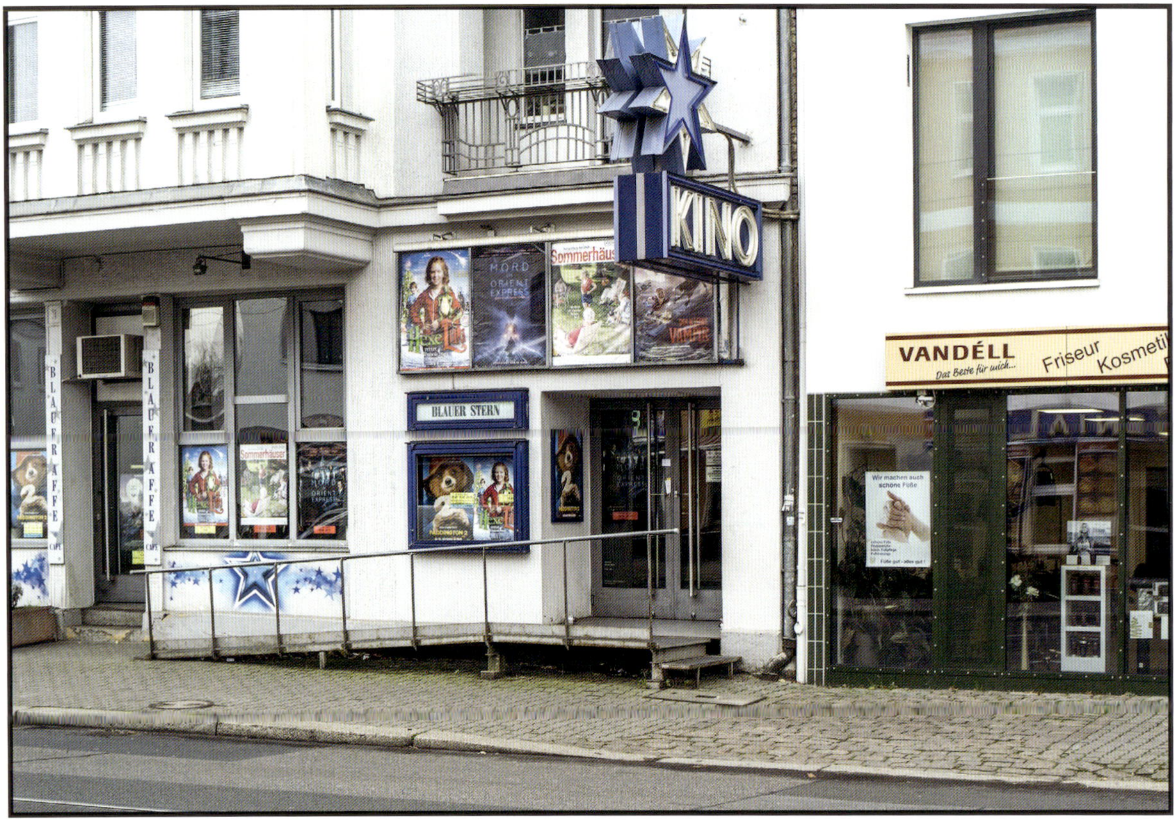

Kurt-Fischer-Straße/Hermann-Hesse-Straße, Kino »Blauer Stern«

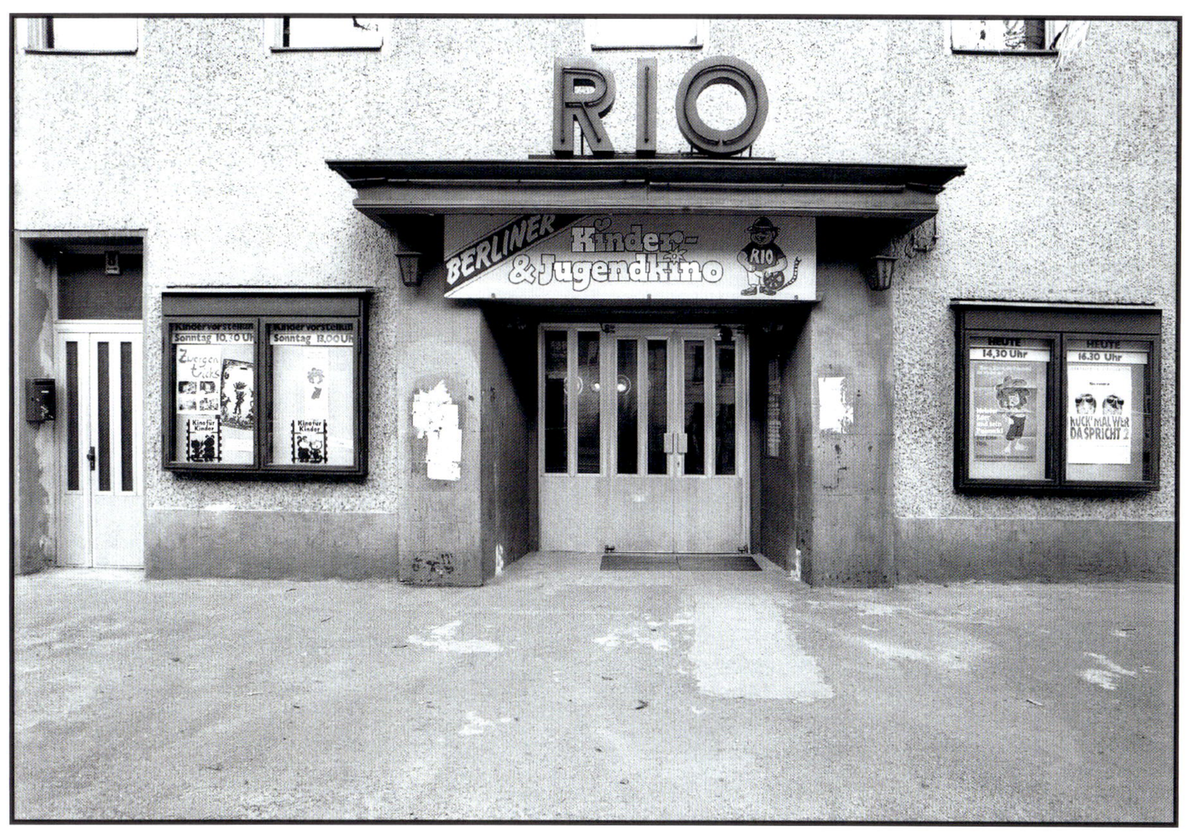

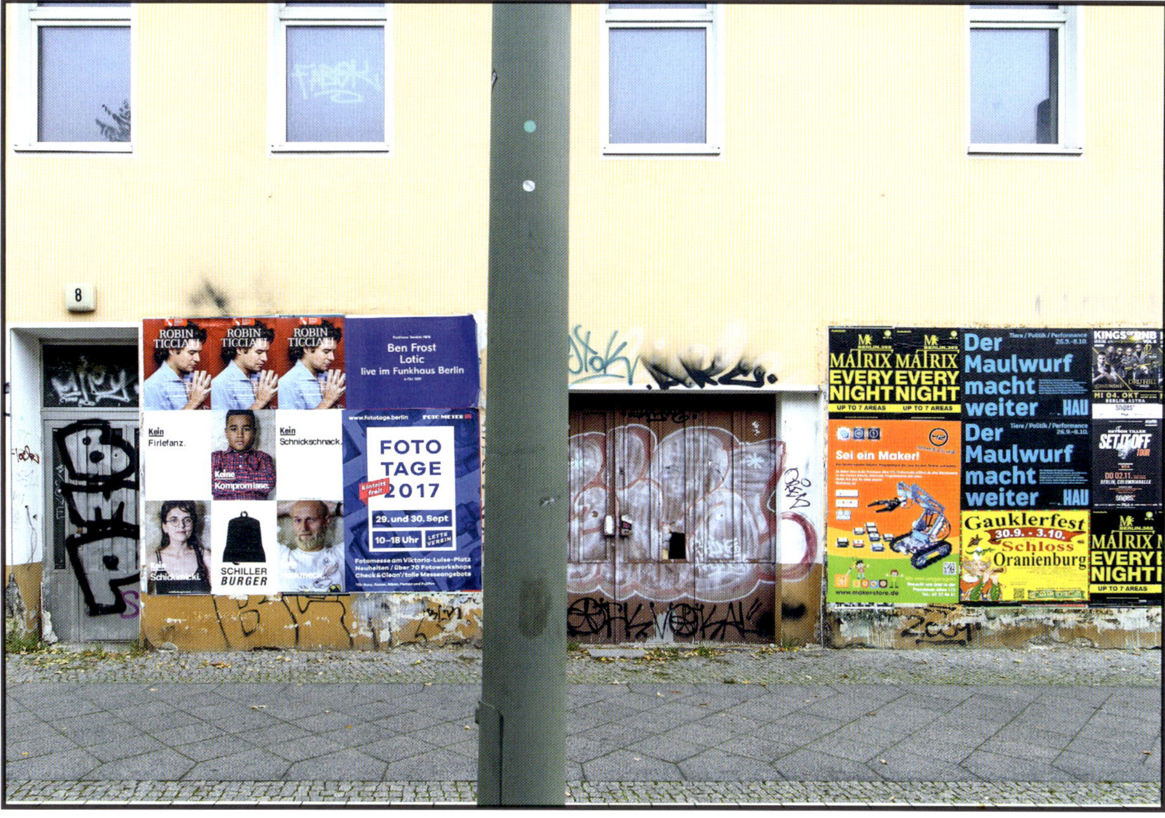

Prenzlauer Promenade, Kino »Rio«

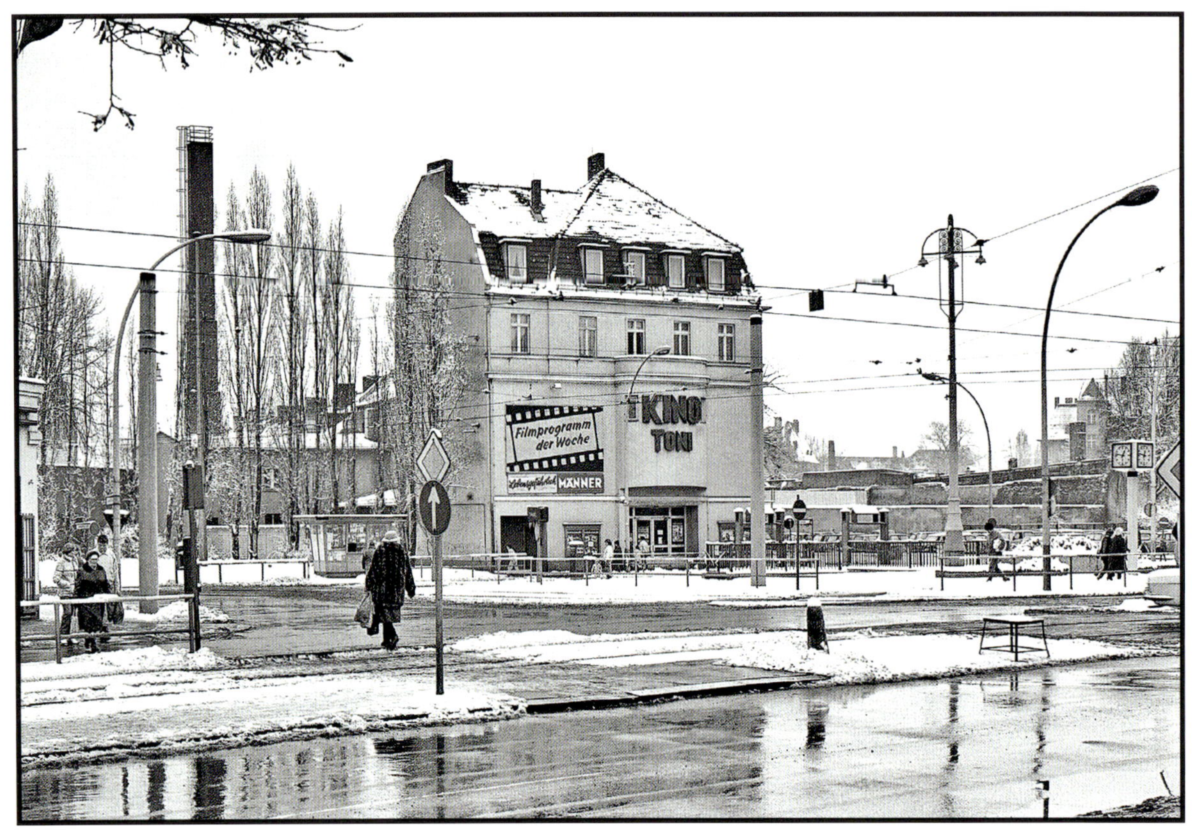

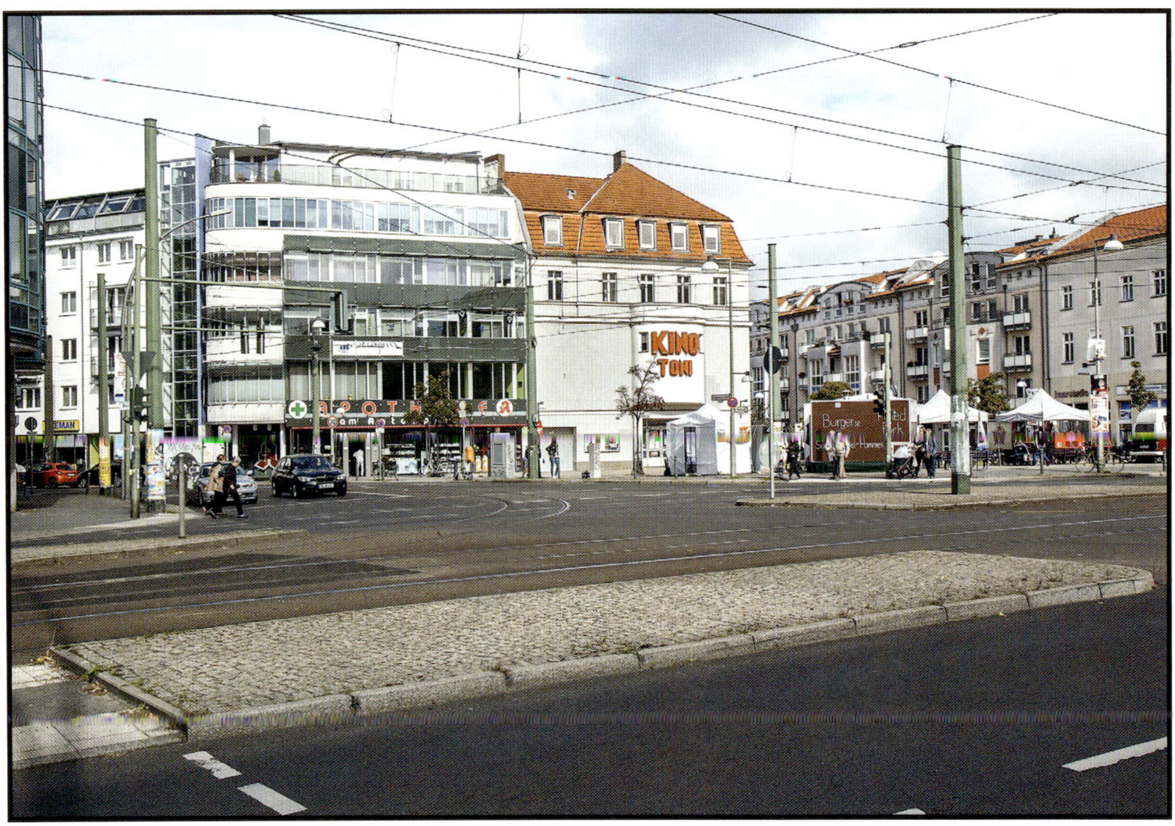

Antonplatz, Kino »Toni«

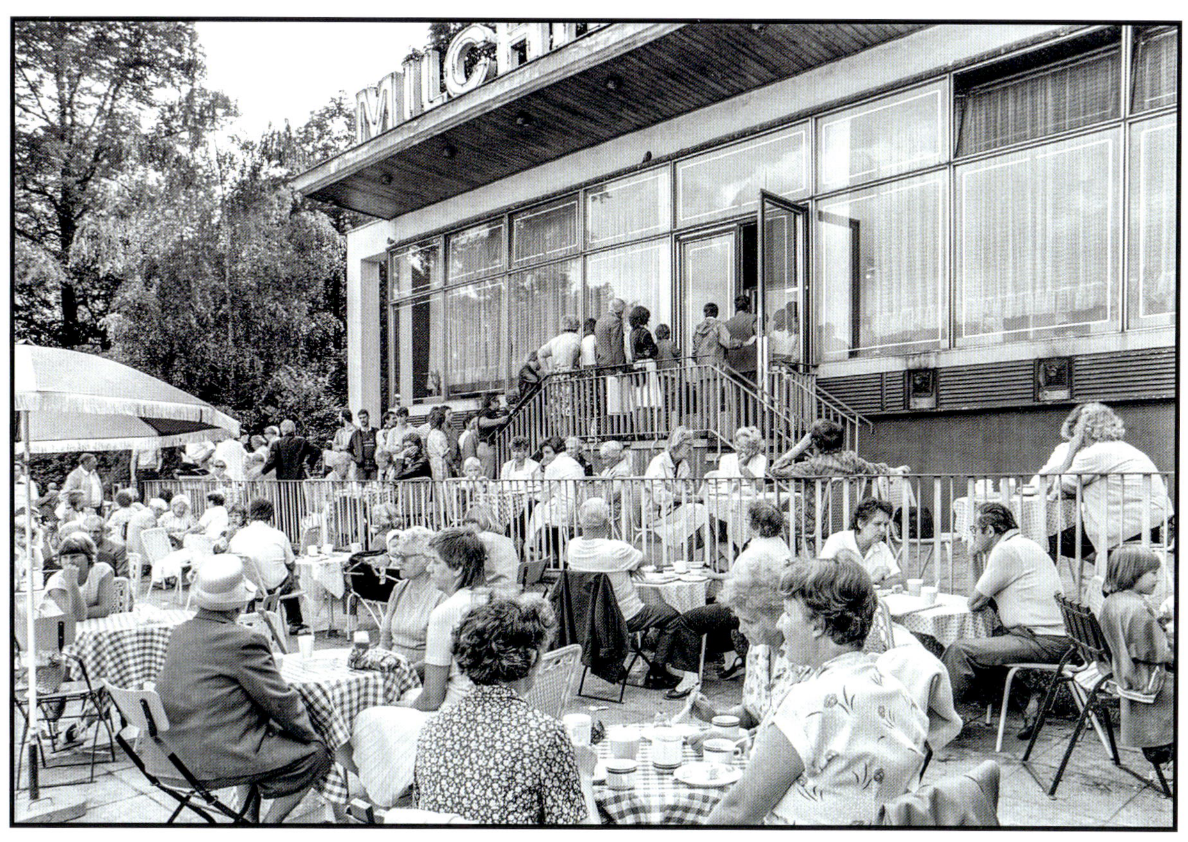

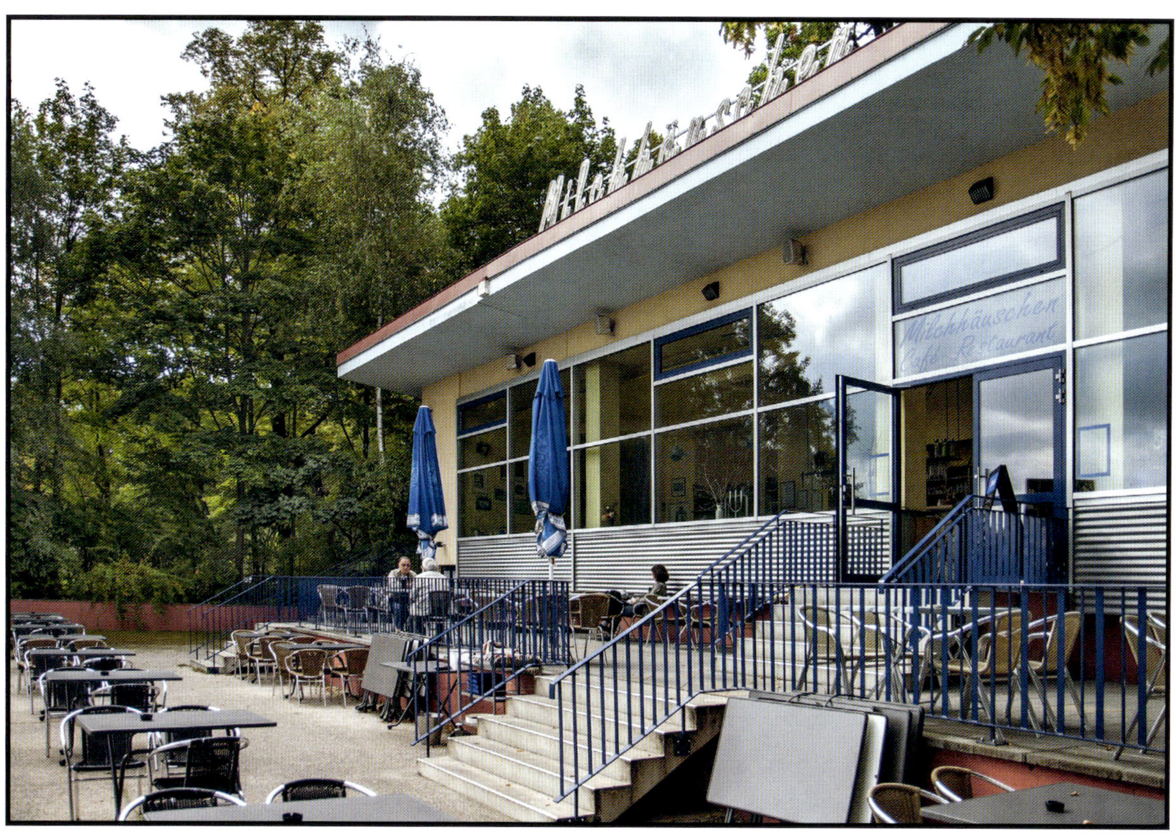

»Milchhäuschen« am Weißen See

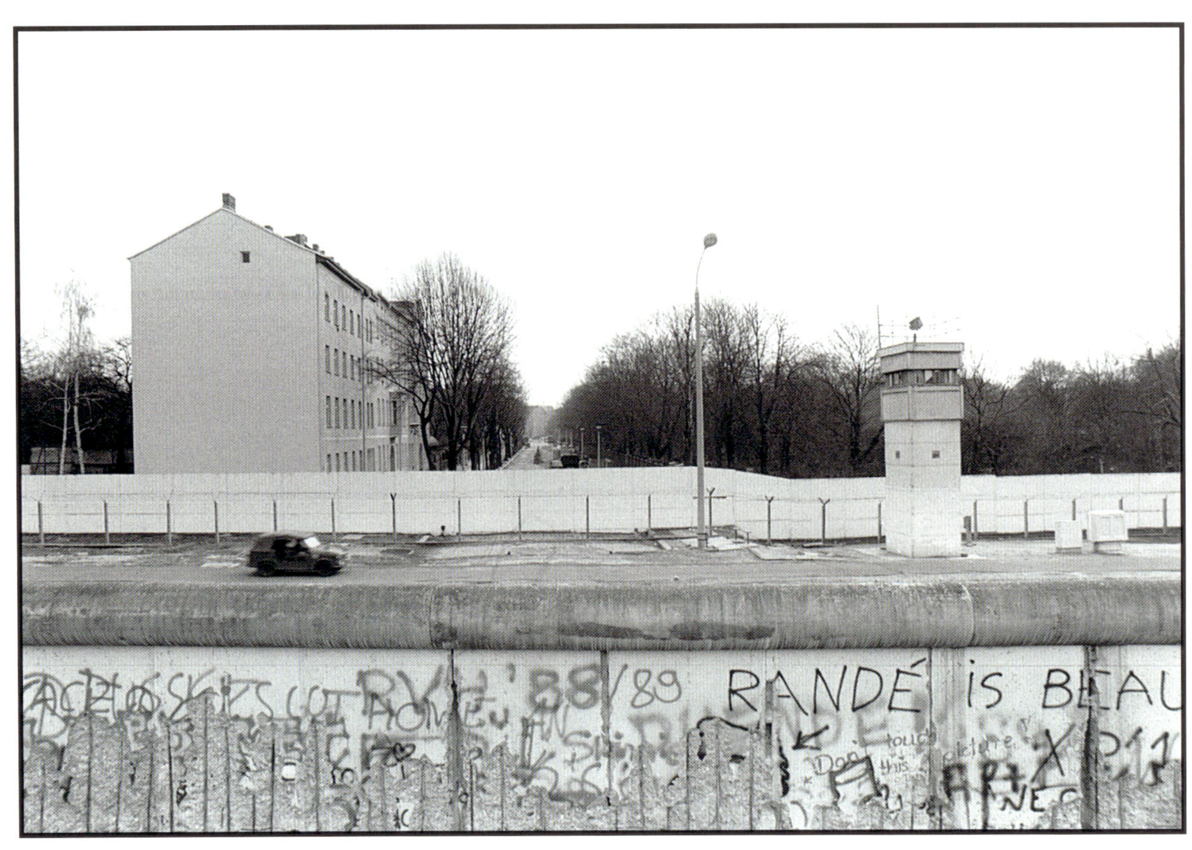

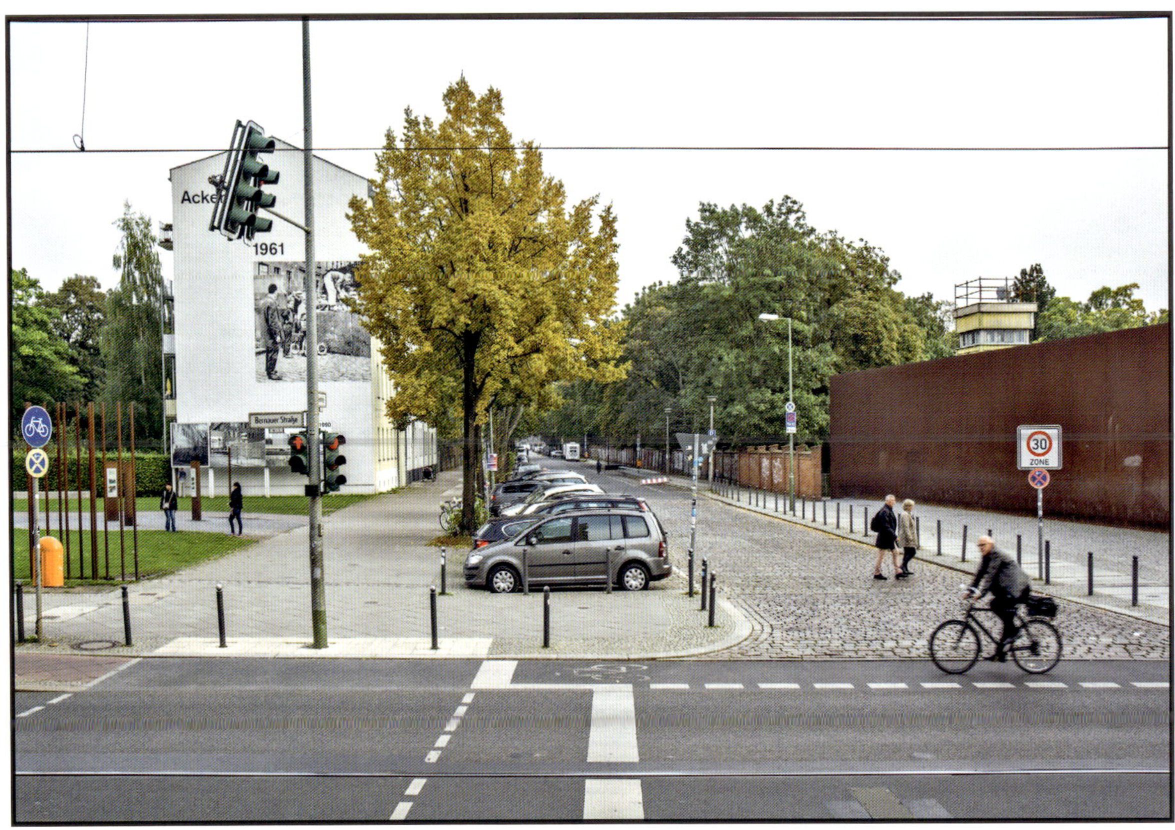

Bernauer Straße, Blick in die Ackerstraße / Gedenkstätte Berliner Mauer

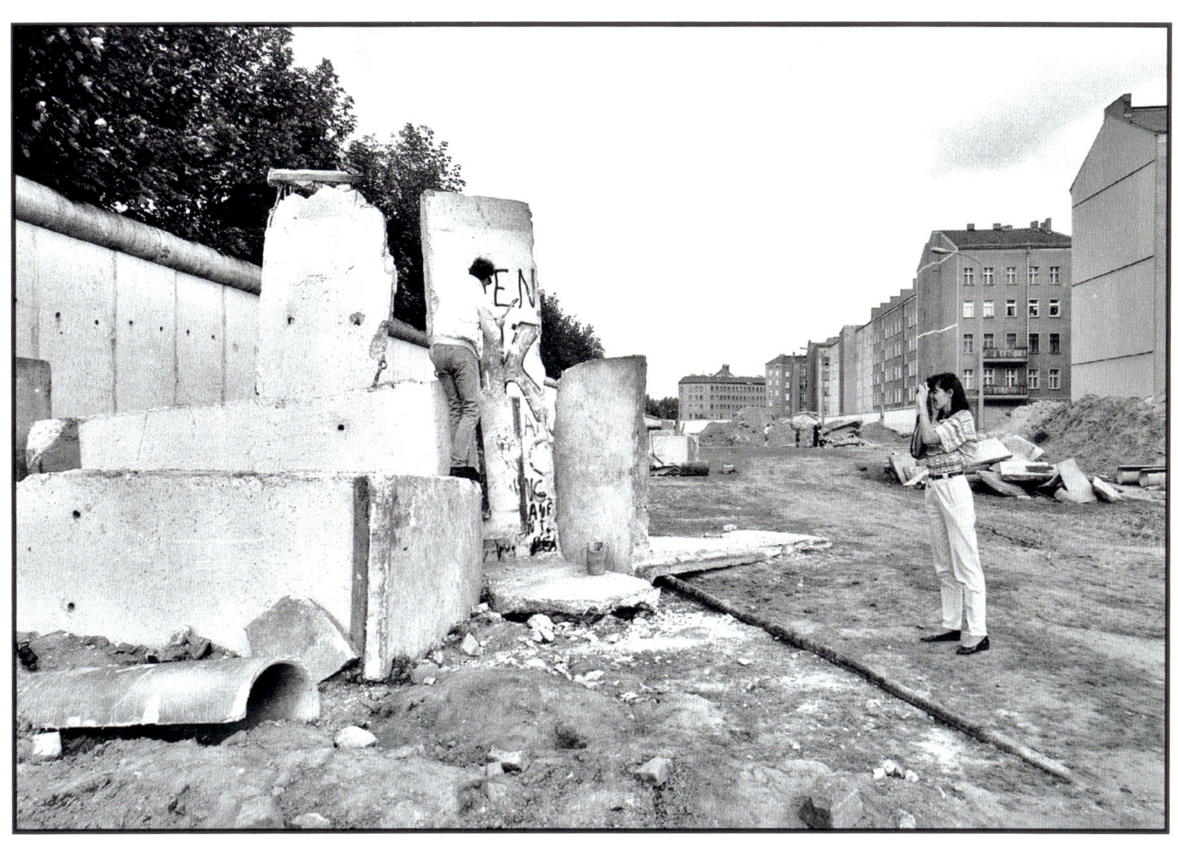

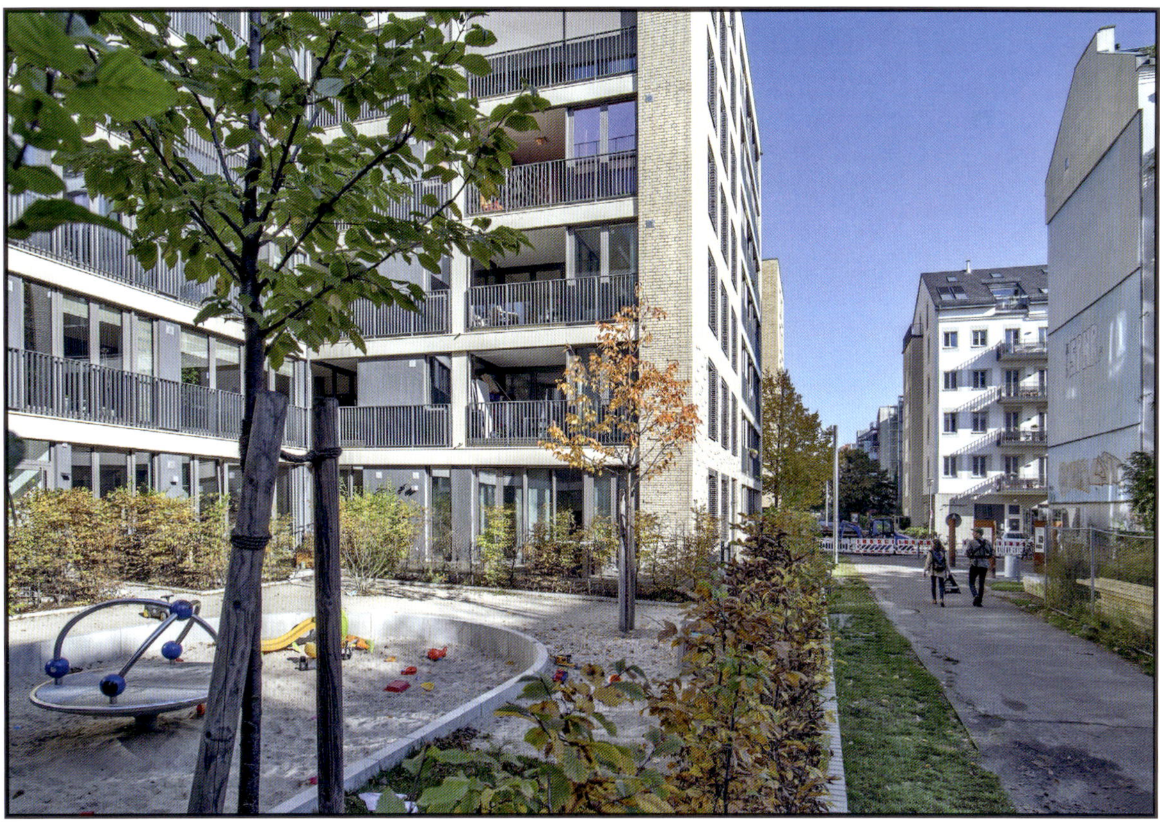

Bernauer Straße zwischen Wolliner und Oderberger Straße

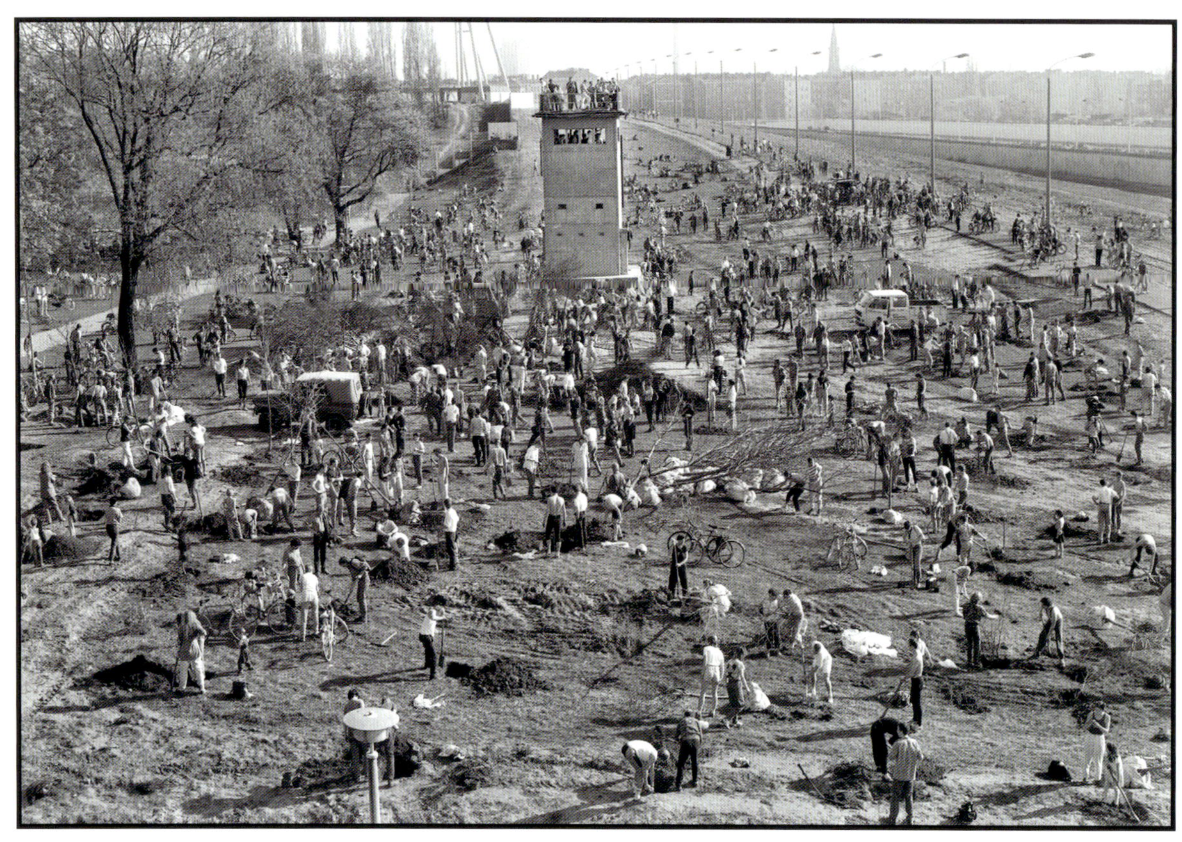

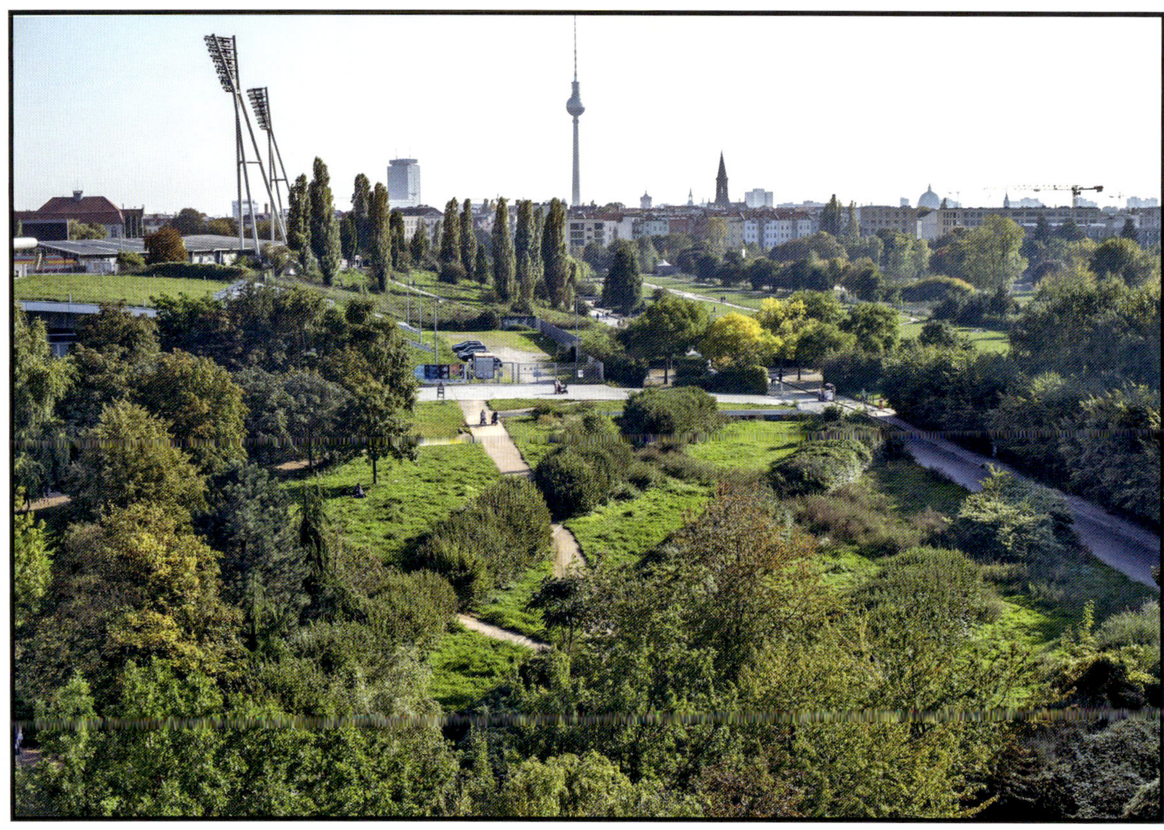

Mauerpark an der Gleimstraße, Blick zum Friedrich-Ludwig-Jahn-Sportpark

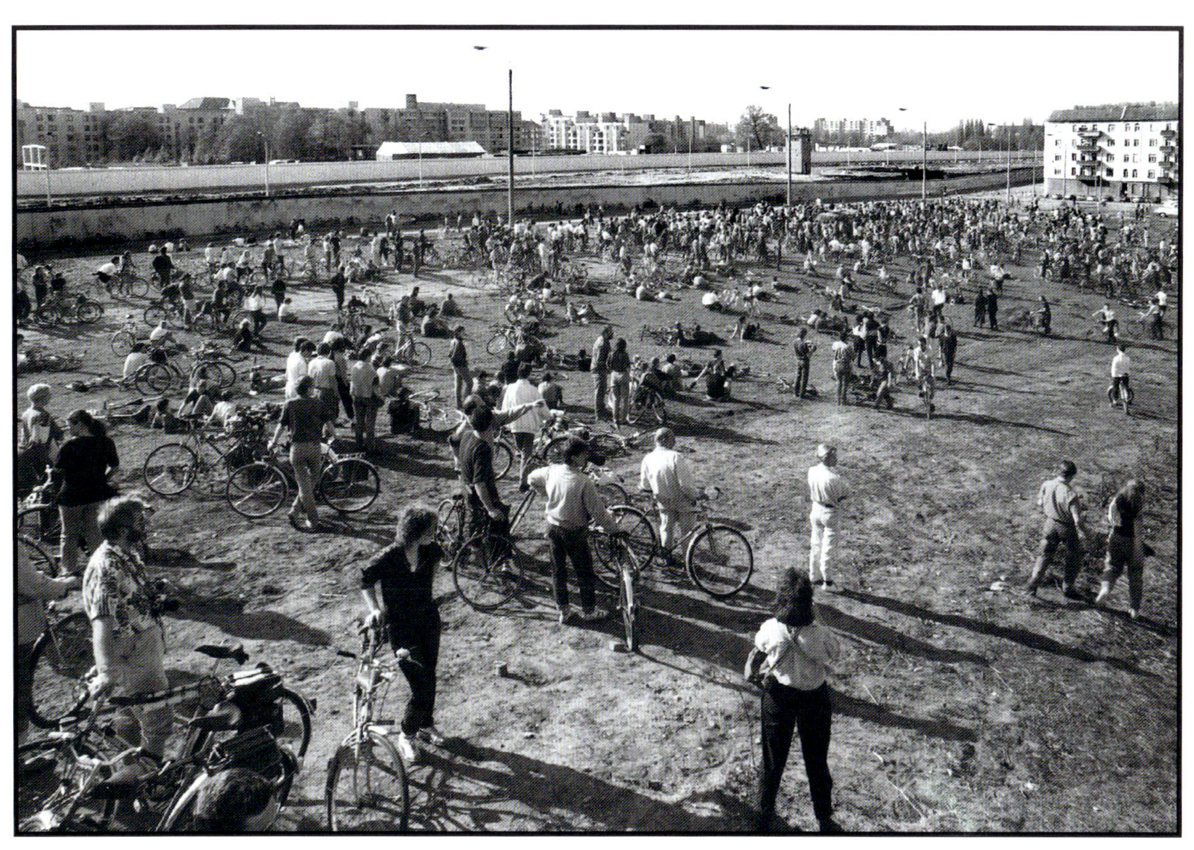

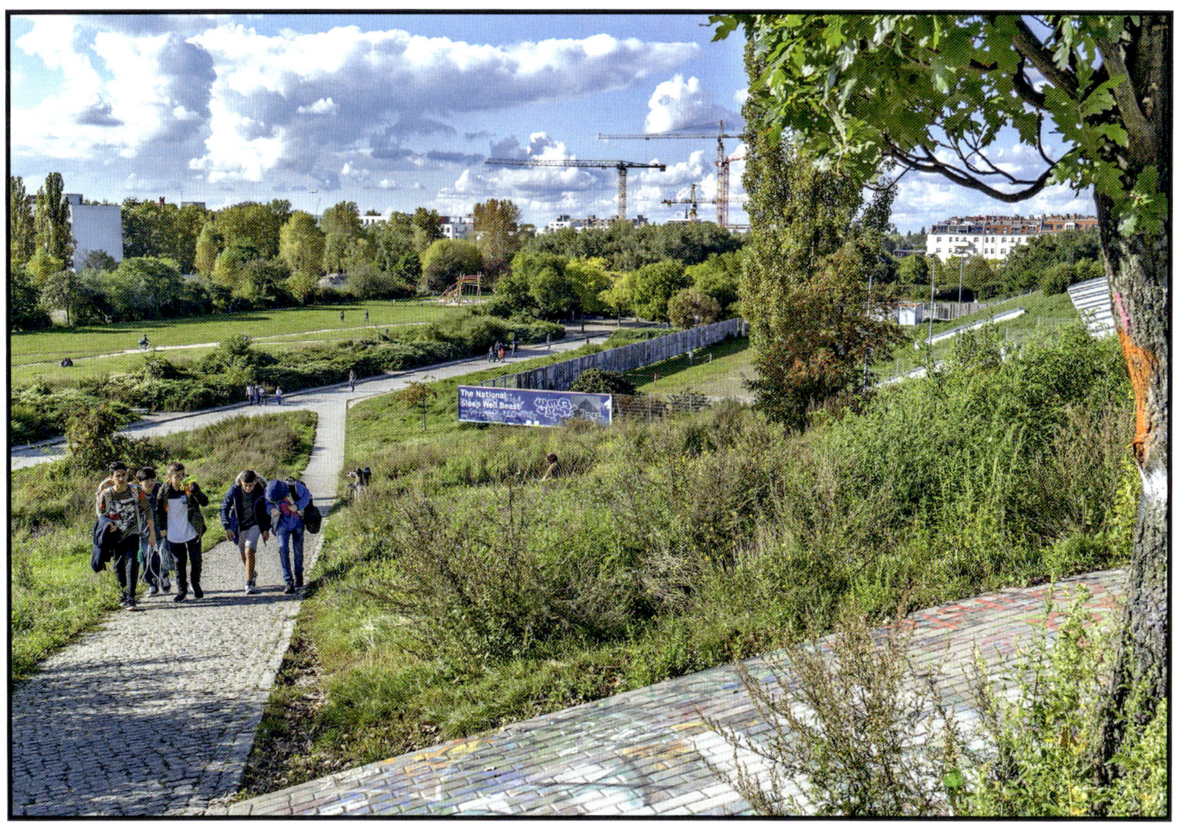

Mauerpark an der Schwedter Straße

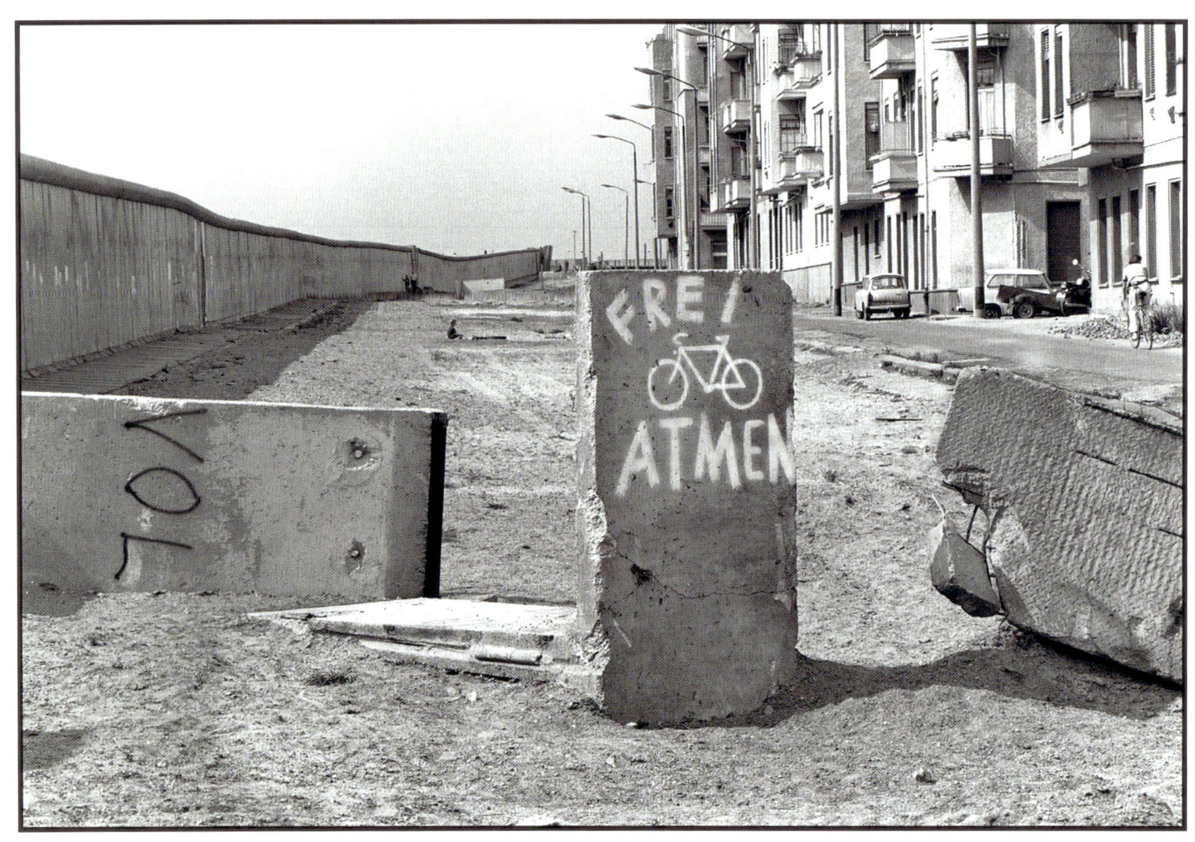

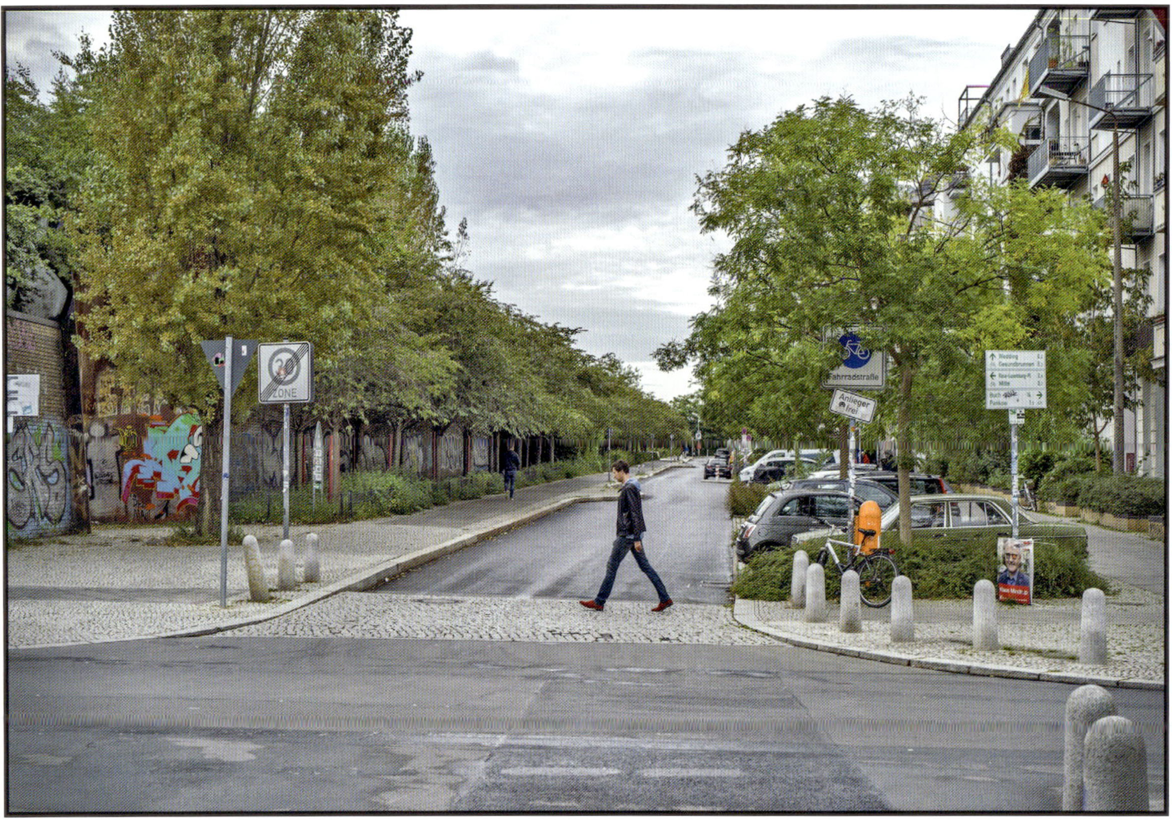

Gleimstraße, Blick in die Schwedter Straße

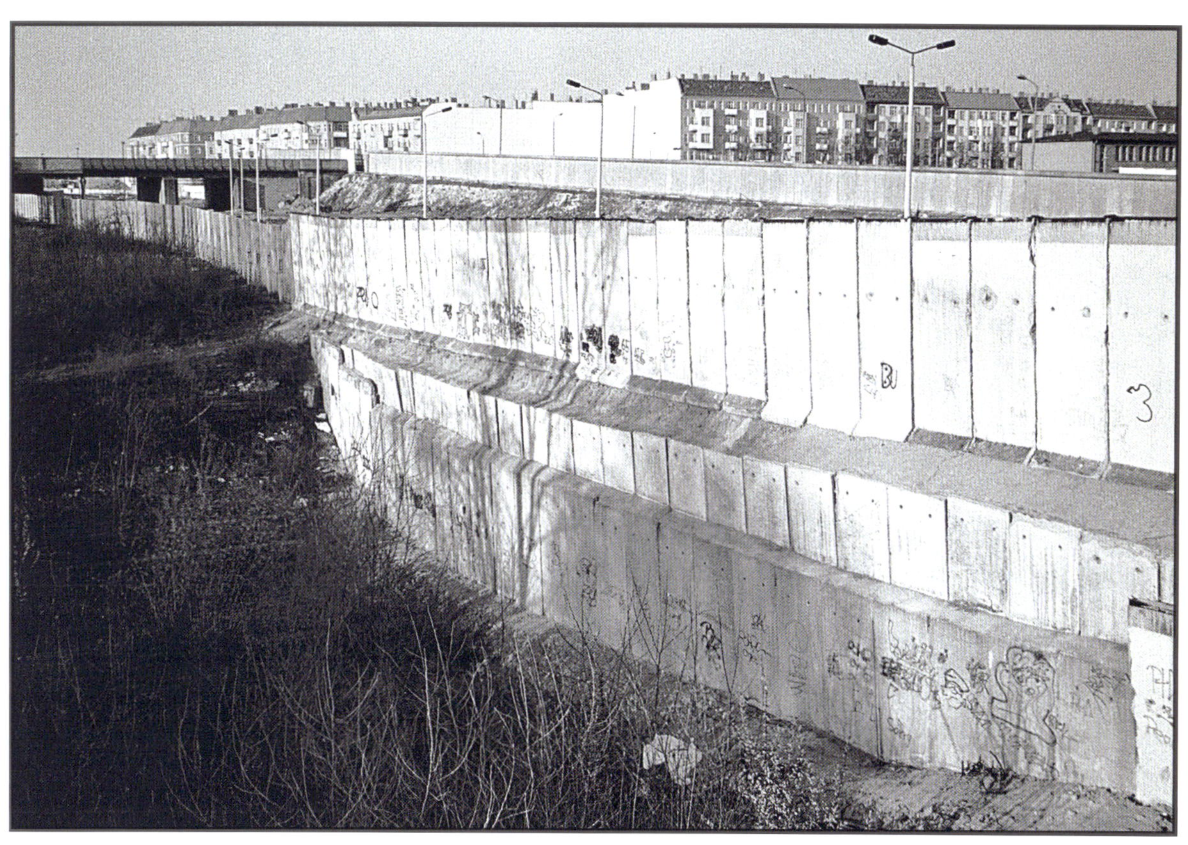

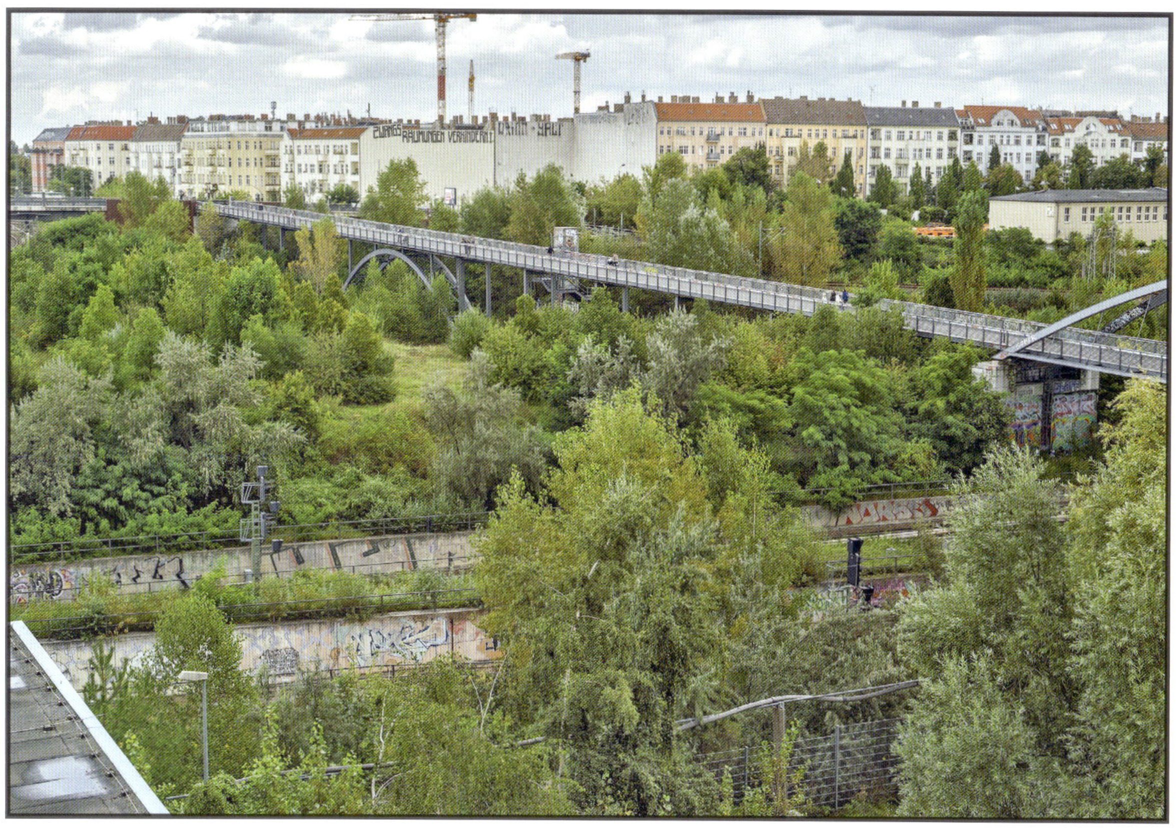

Blick vom Bärbel-Bohley-Ring über den Schwedter Steg zur Behmstraße

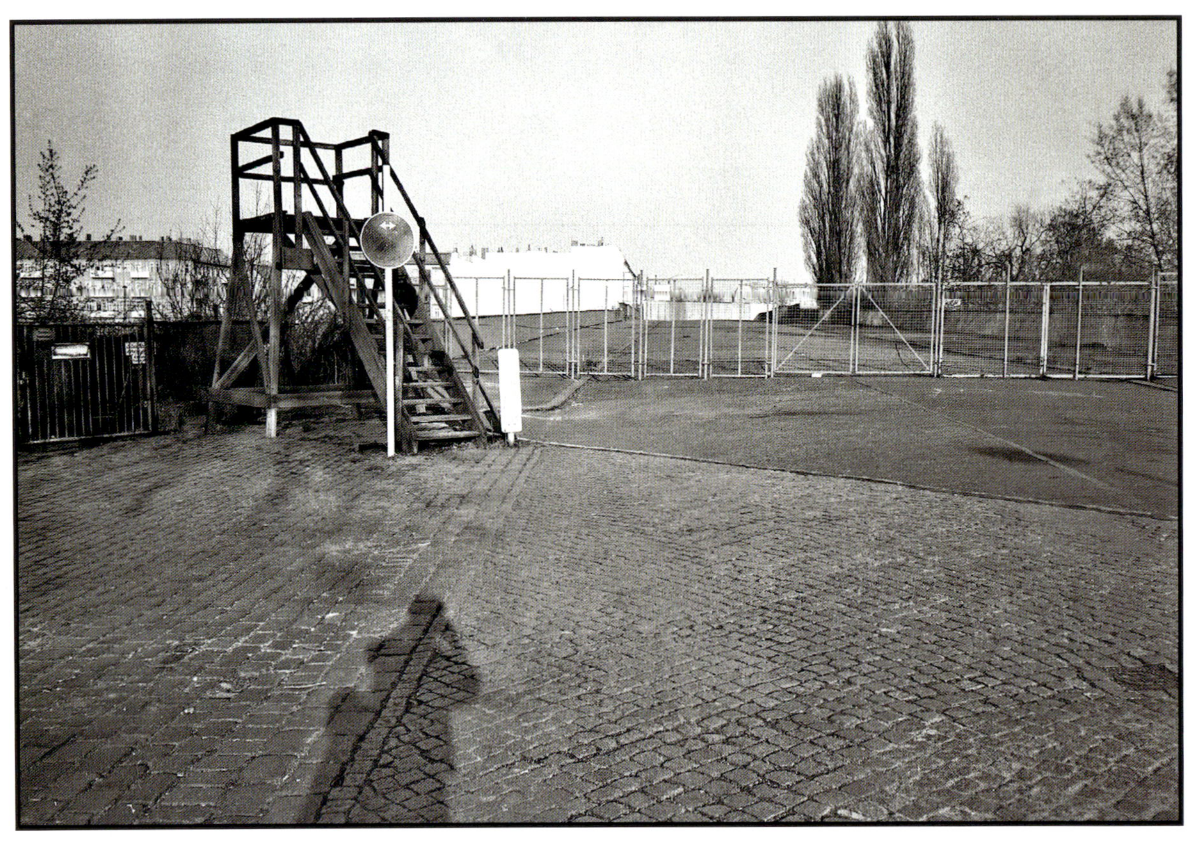

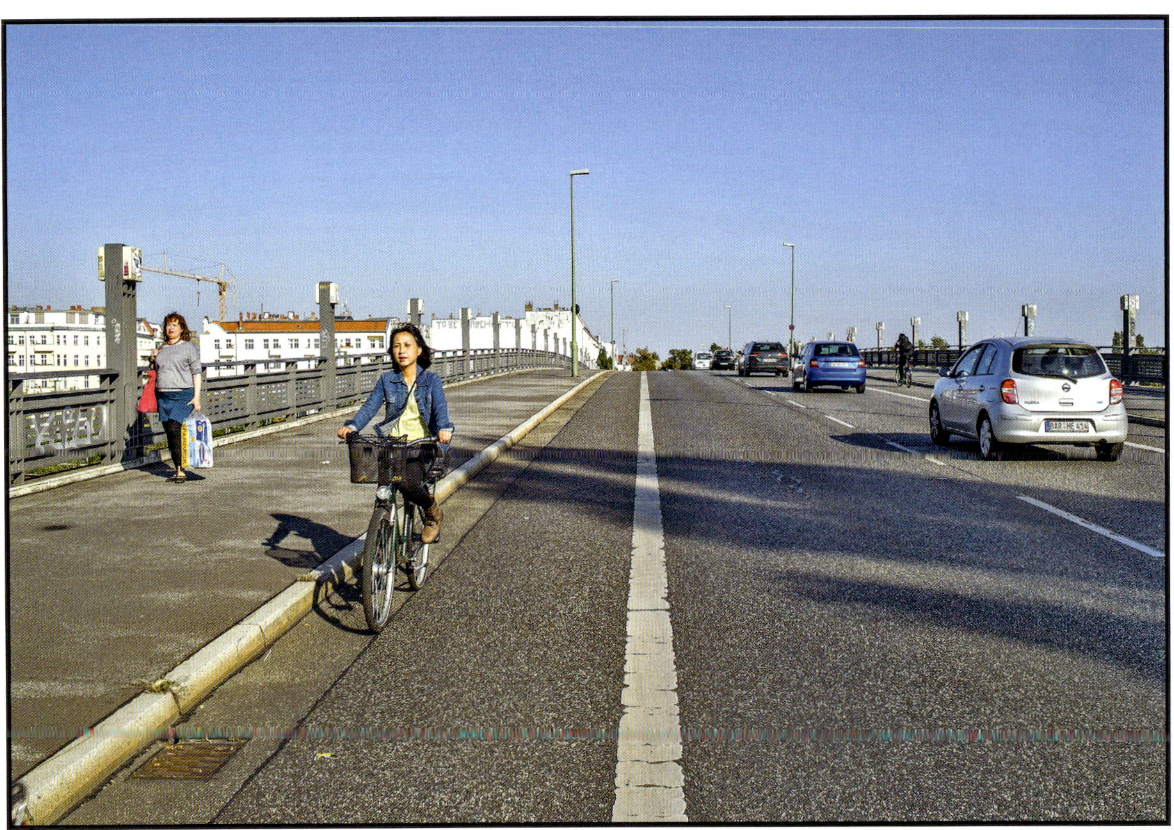

Behmstraße (Brücke)

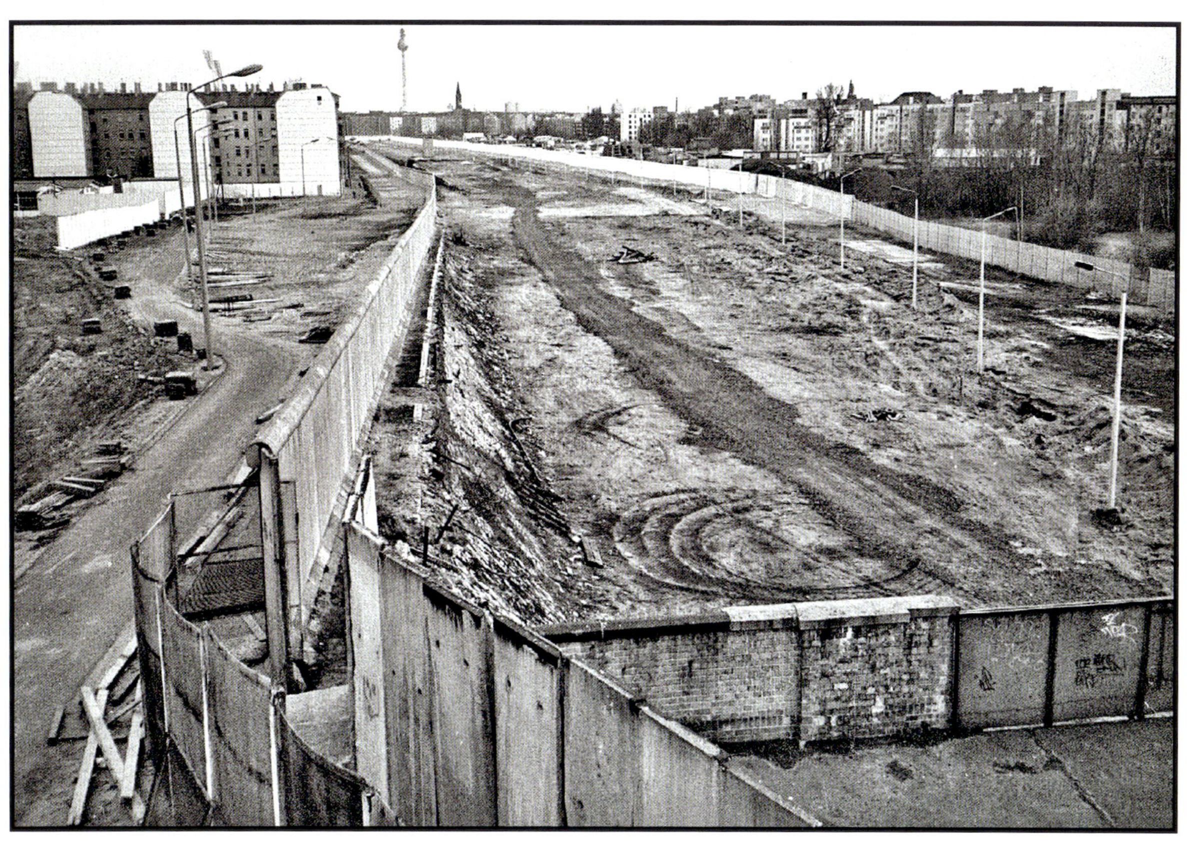

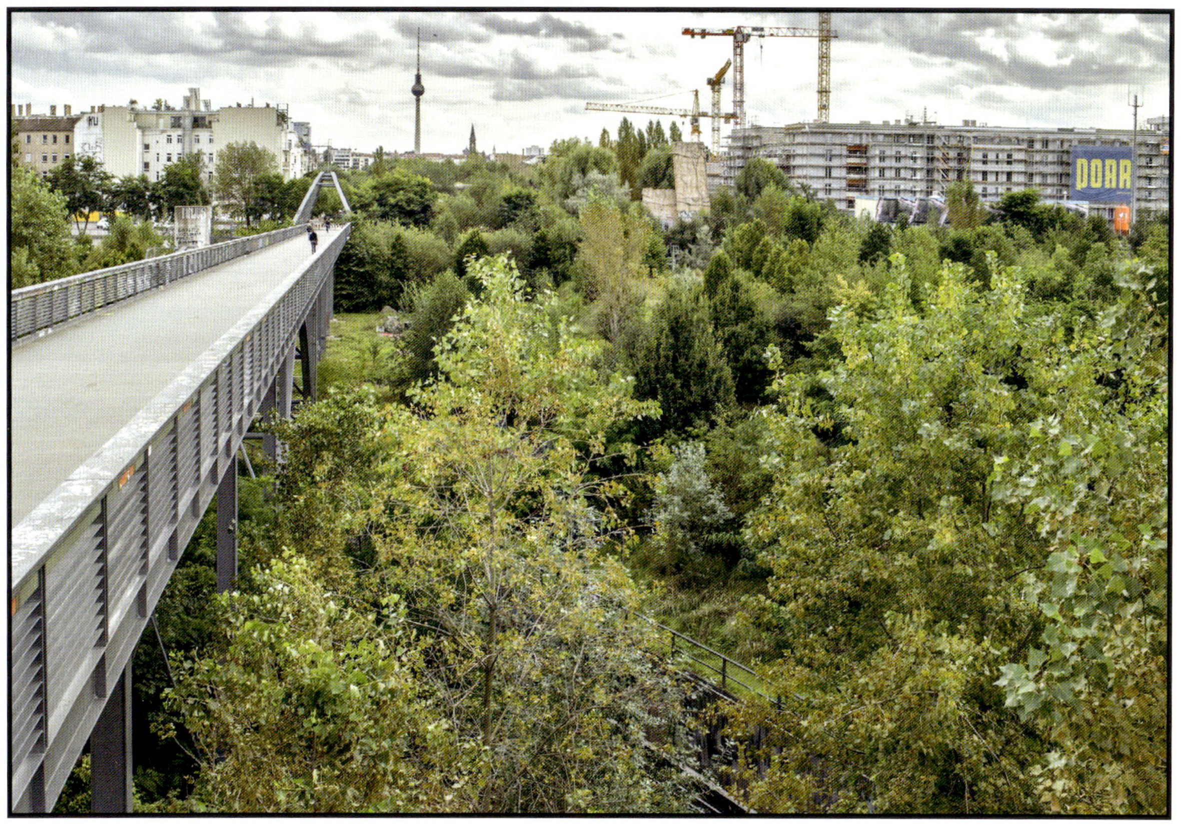

Blick von der Behmstraße (Brücke) über den Schwedter Steg zur Schwedter Straße

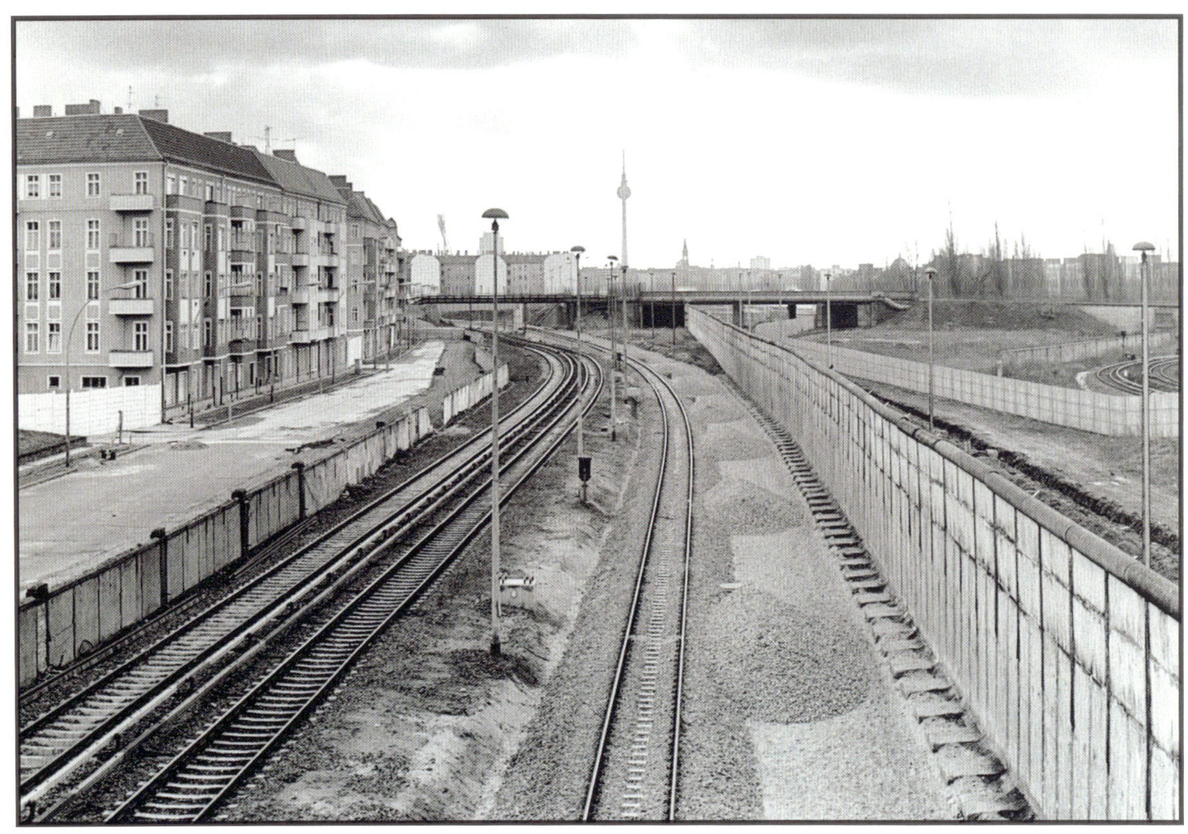

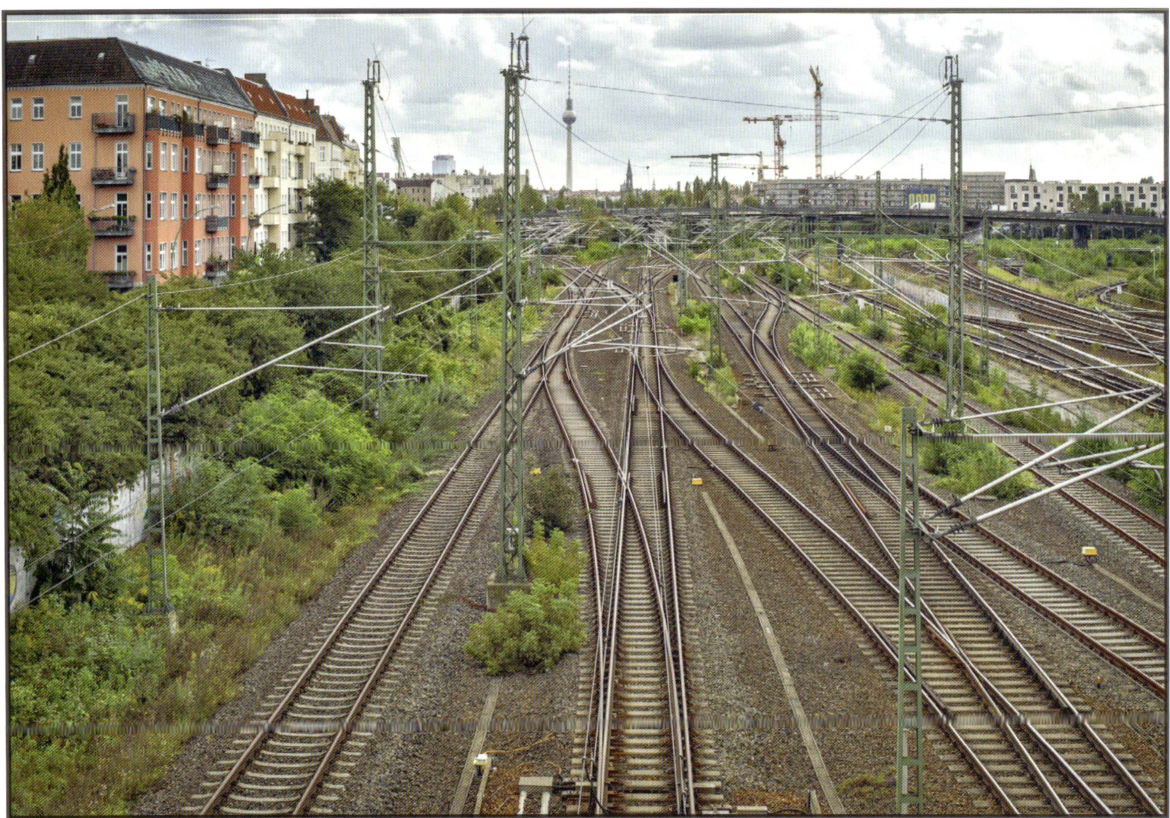

Blicke von der Bösebrücke zur Norwegerstraße (links)

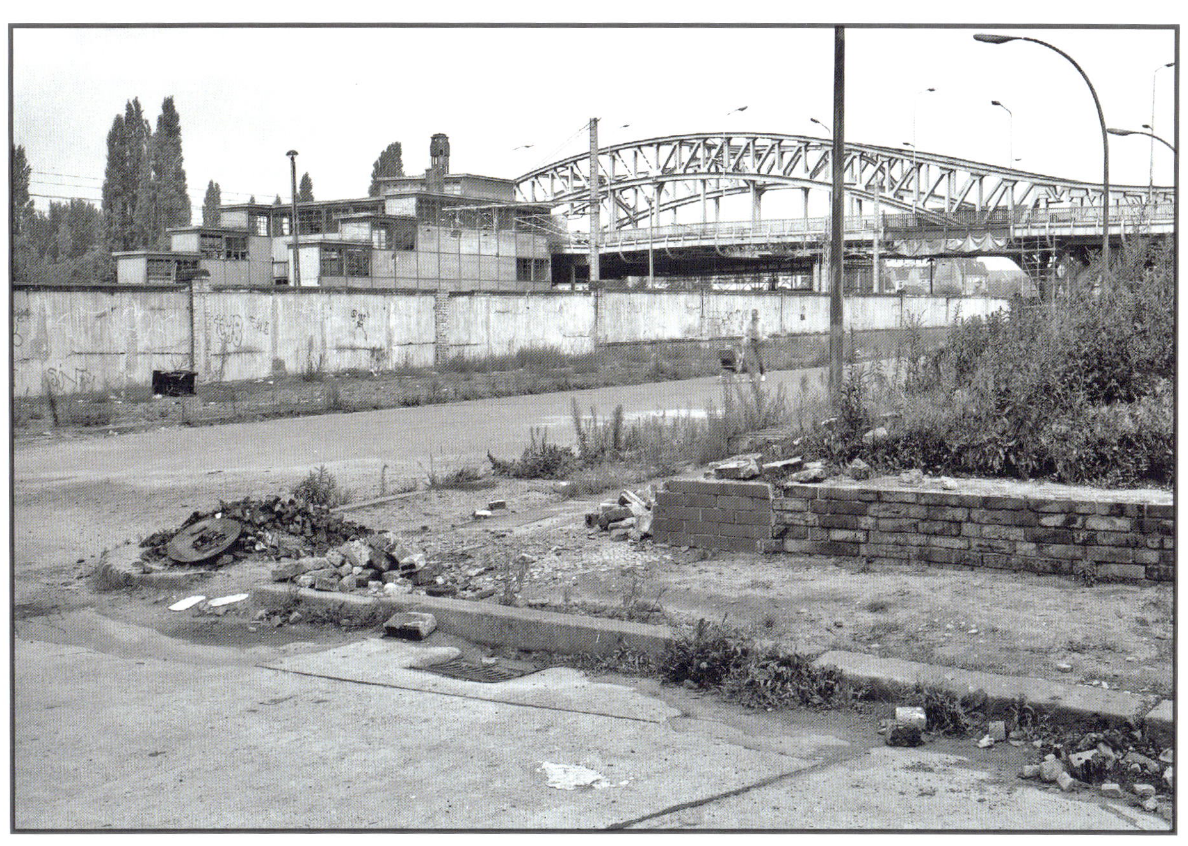

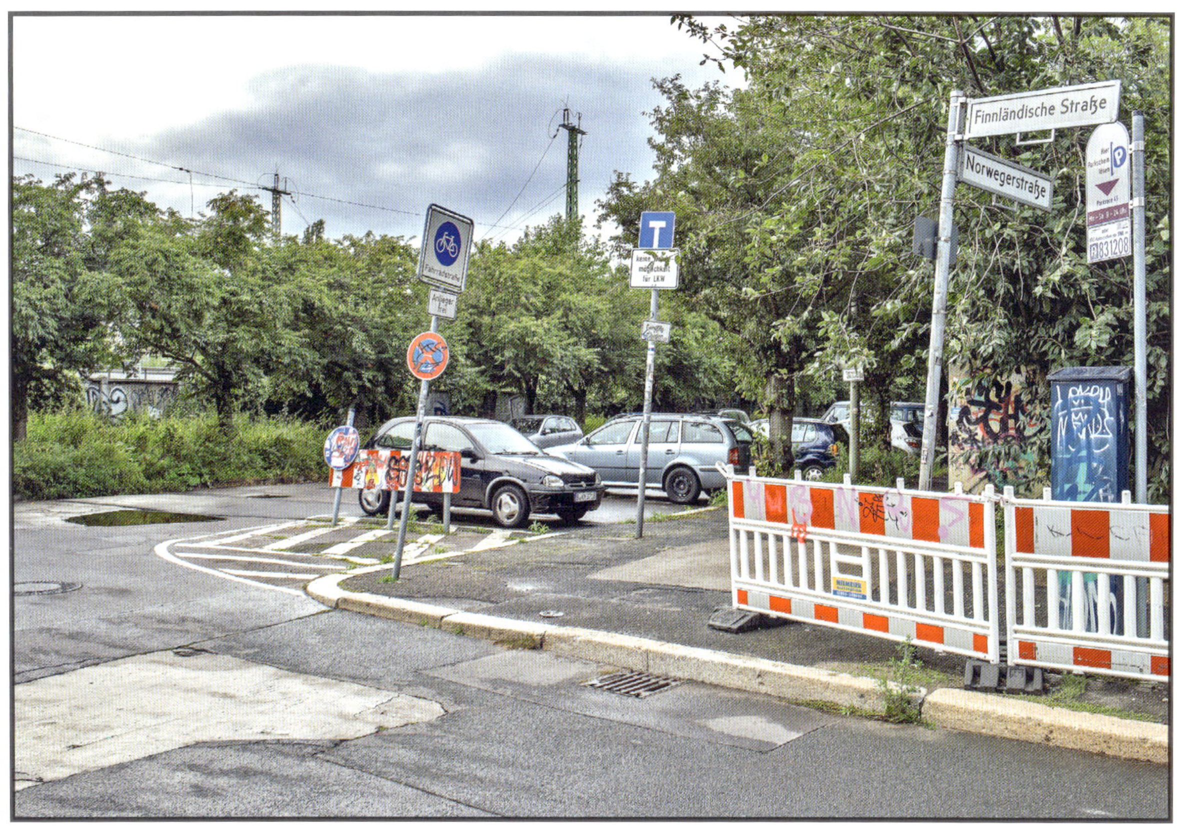

Finnländische Straße, Ecke Norwegerstraße, Blick zum S-Bahnhof Bornholmer Straße

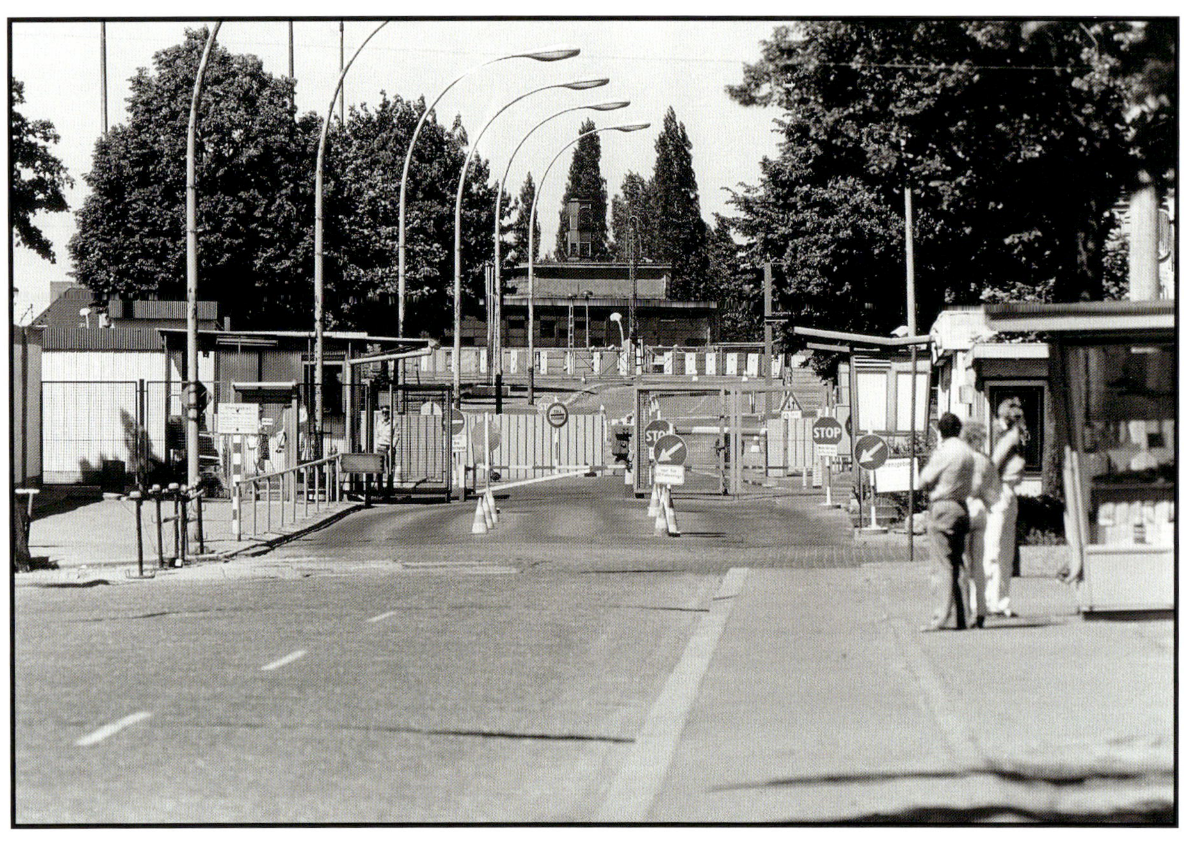

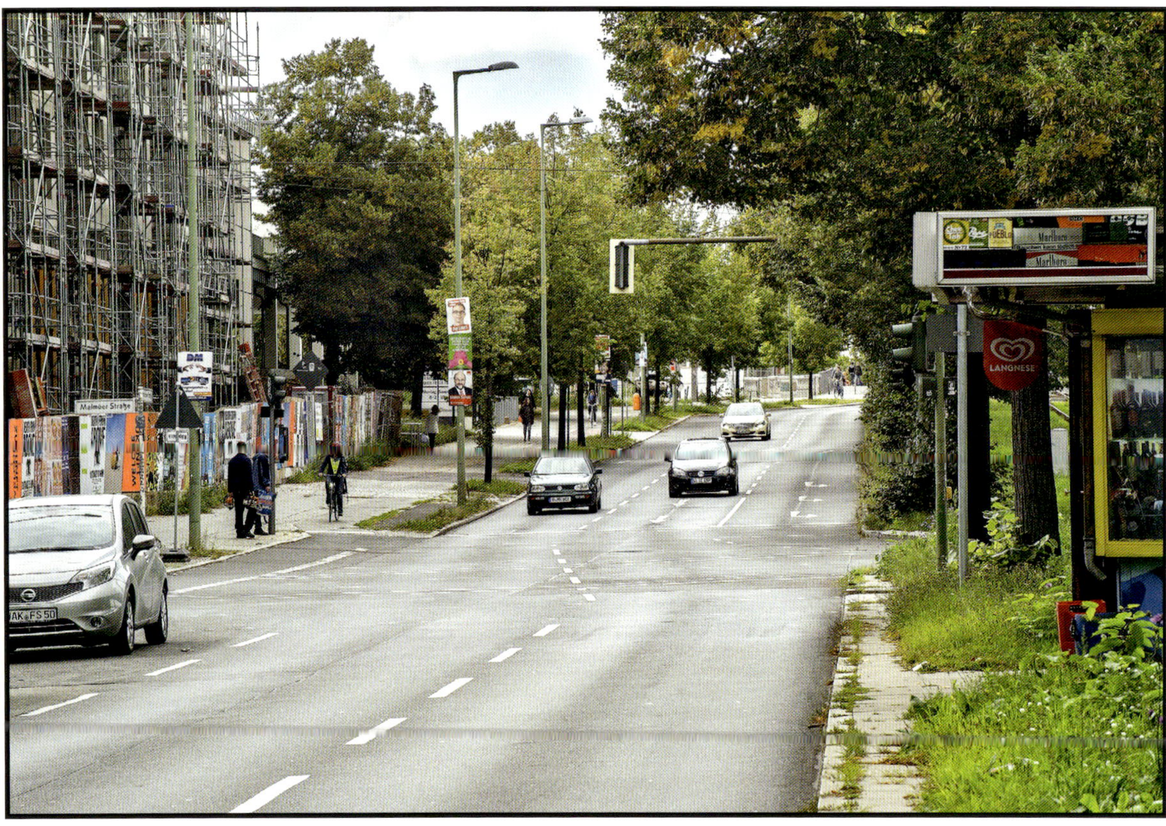

Bornholmer Straße am S-Bahnhof

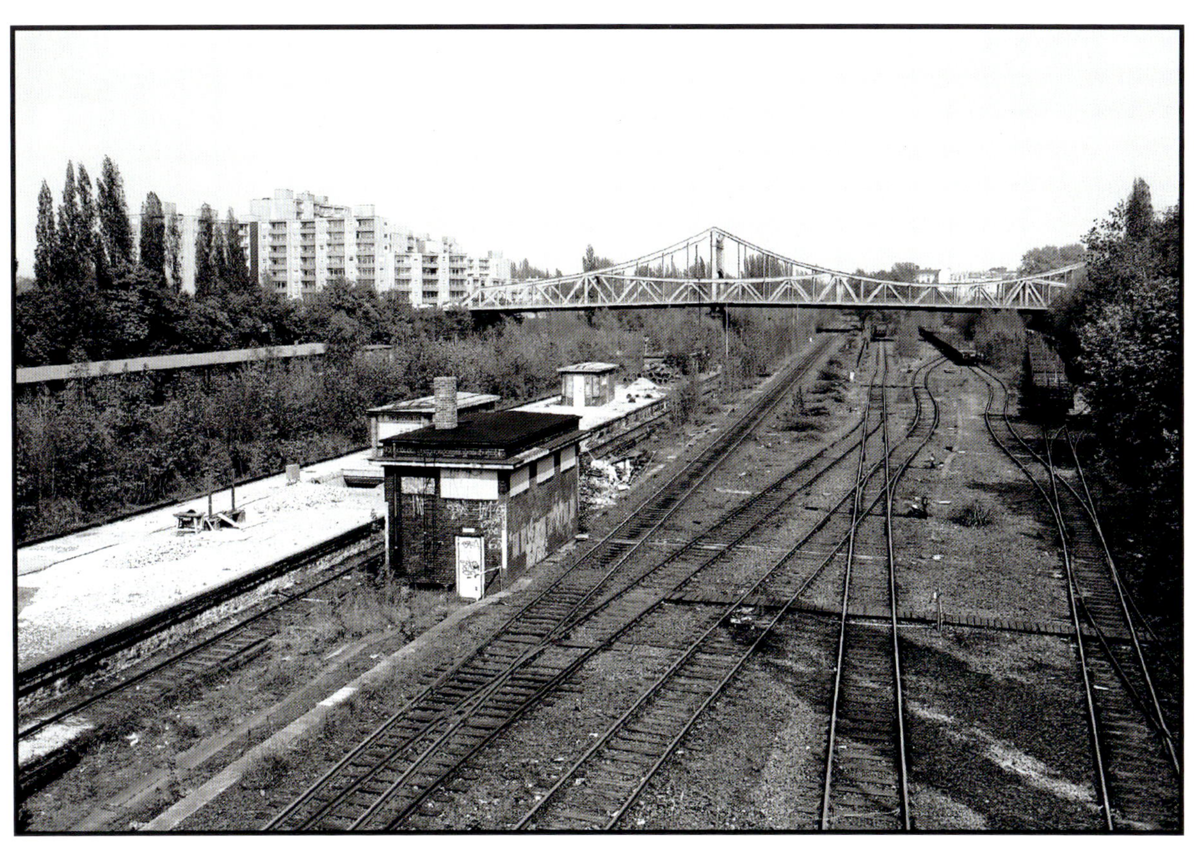

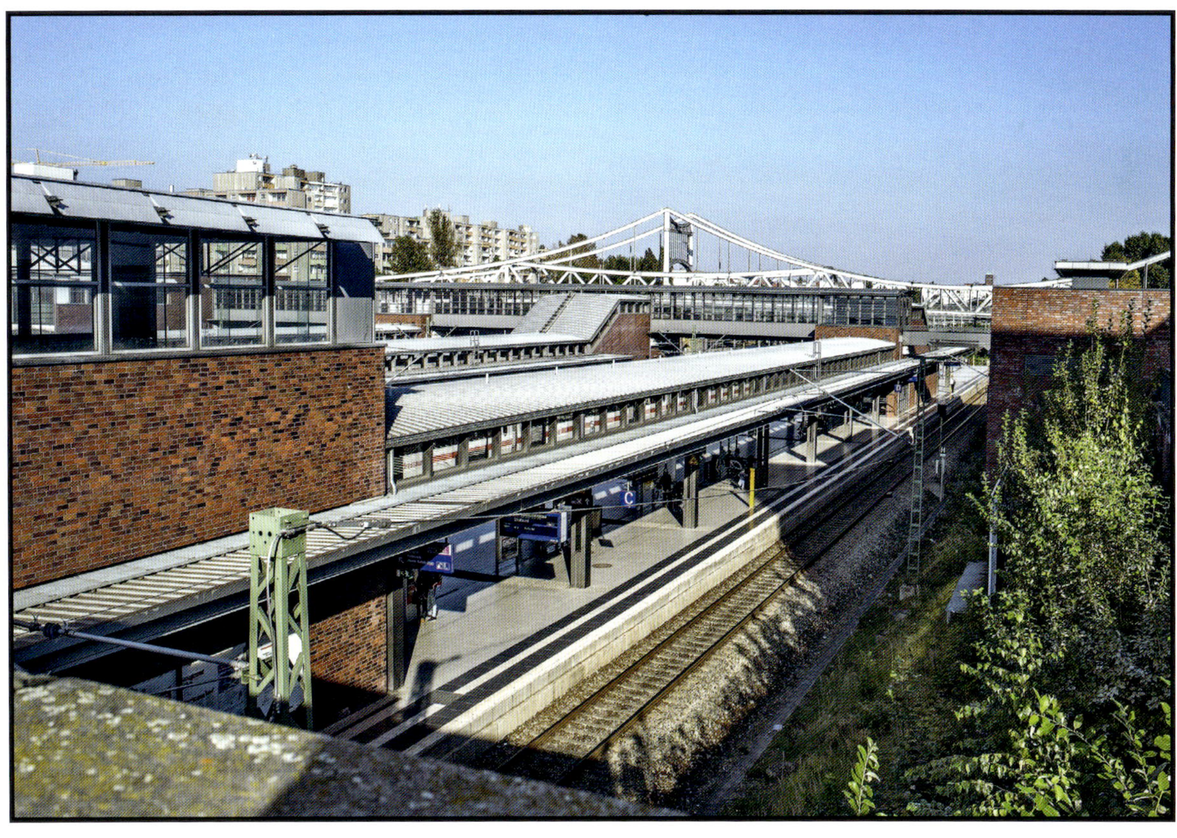

Bahnhof Berlin-Gesundbrunnen

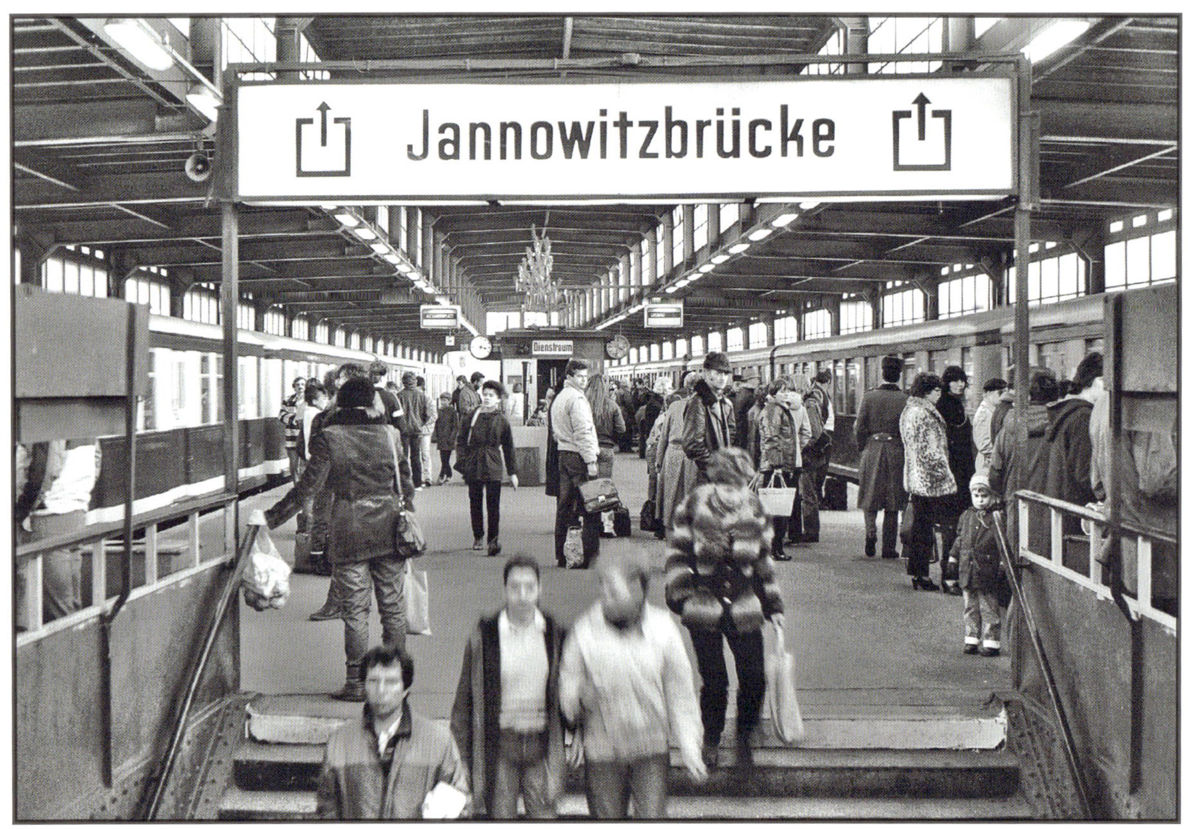

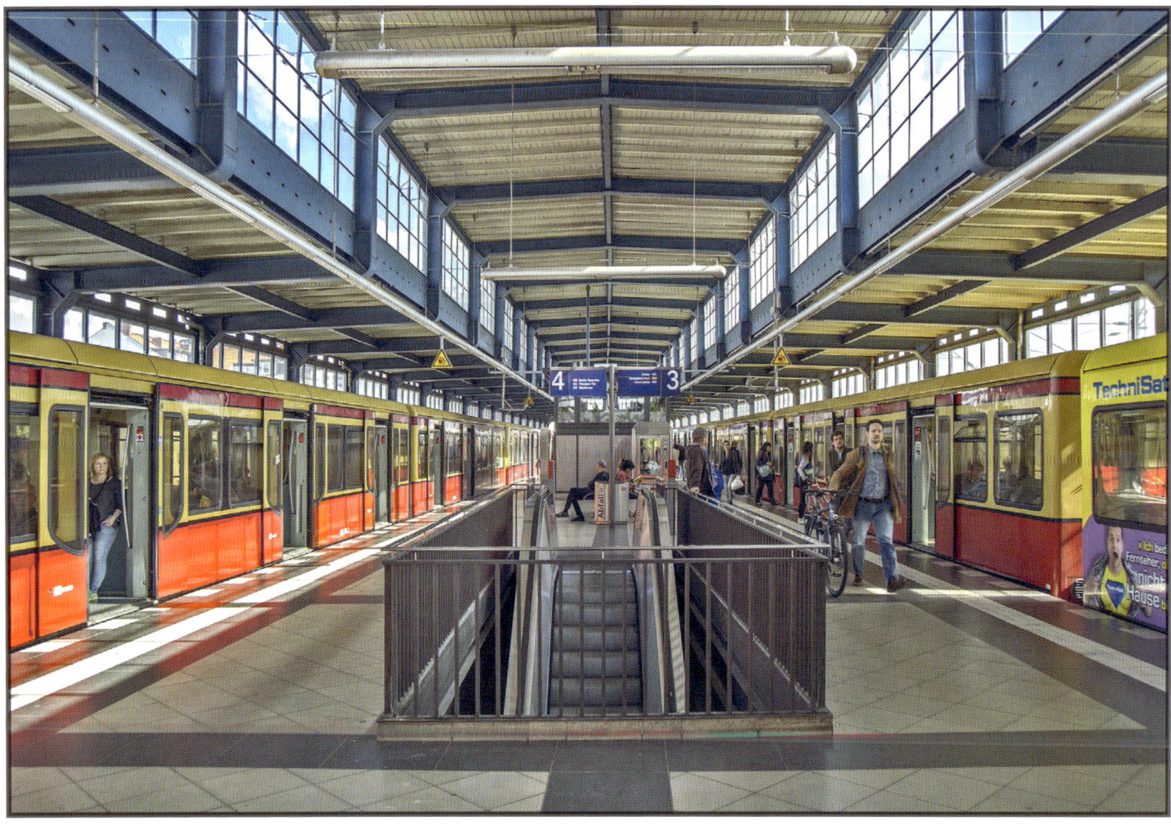

S-Bahnhof Jannowitzbrücke

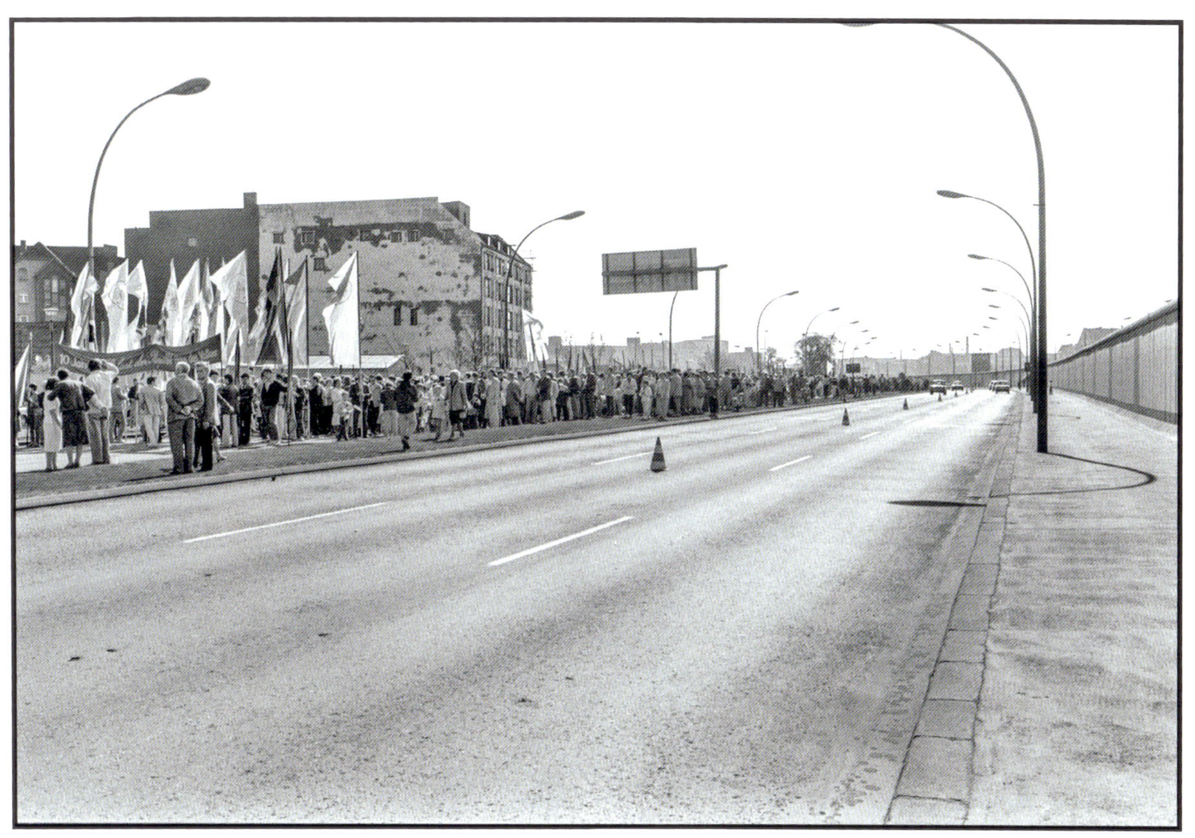

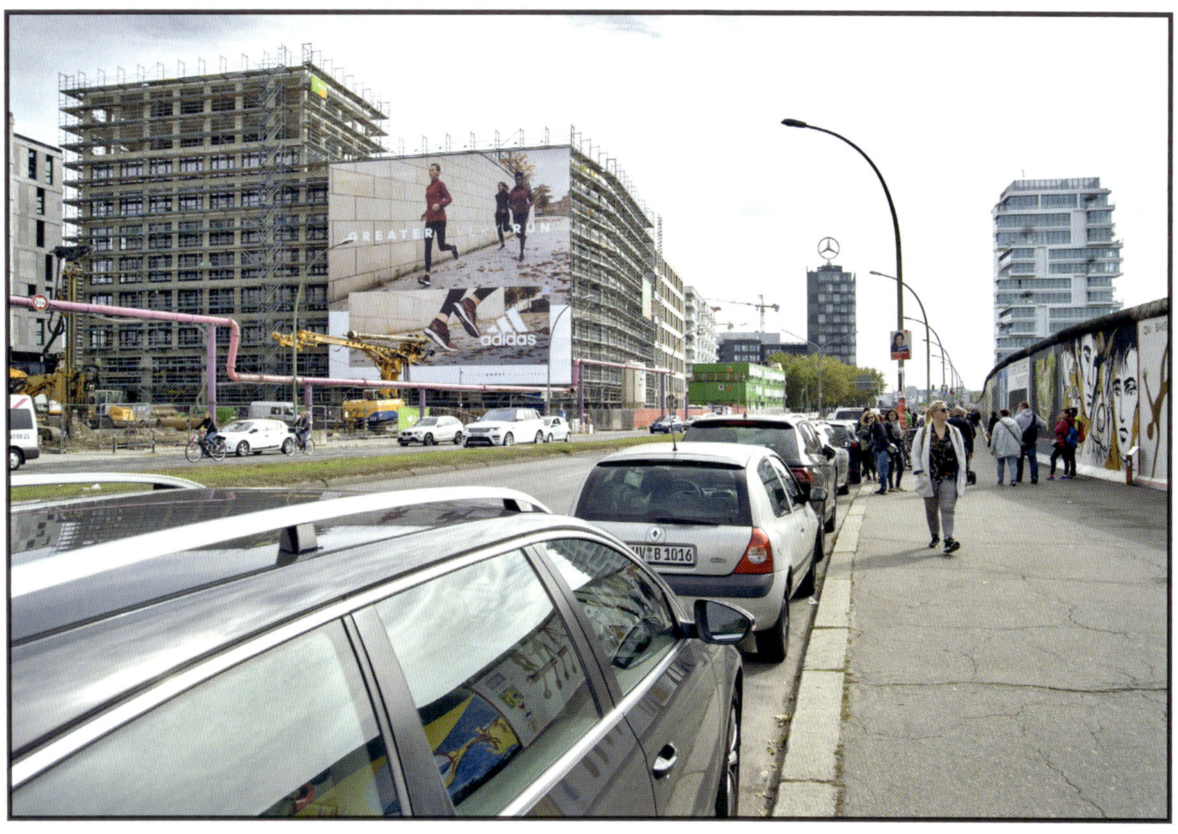

Mühlenstraße mit East-Side-Gallery, von der Ecke Straße der Pariser Kommune

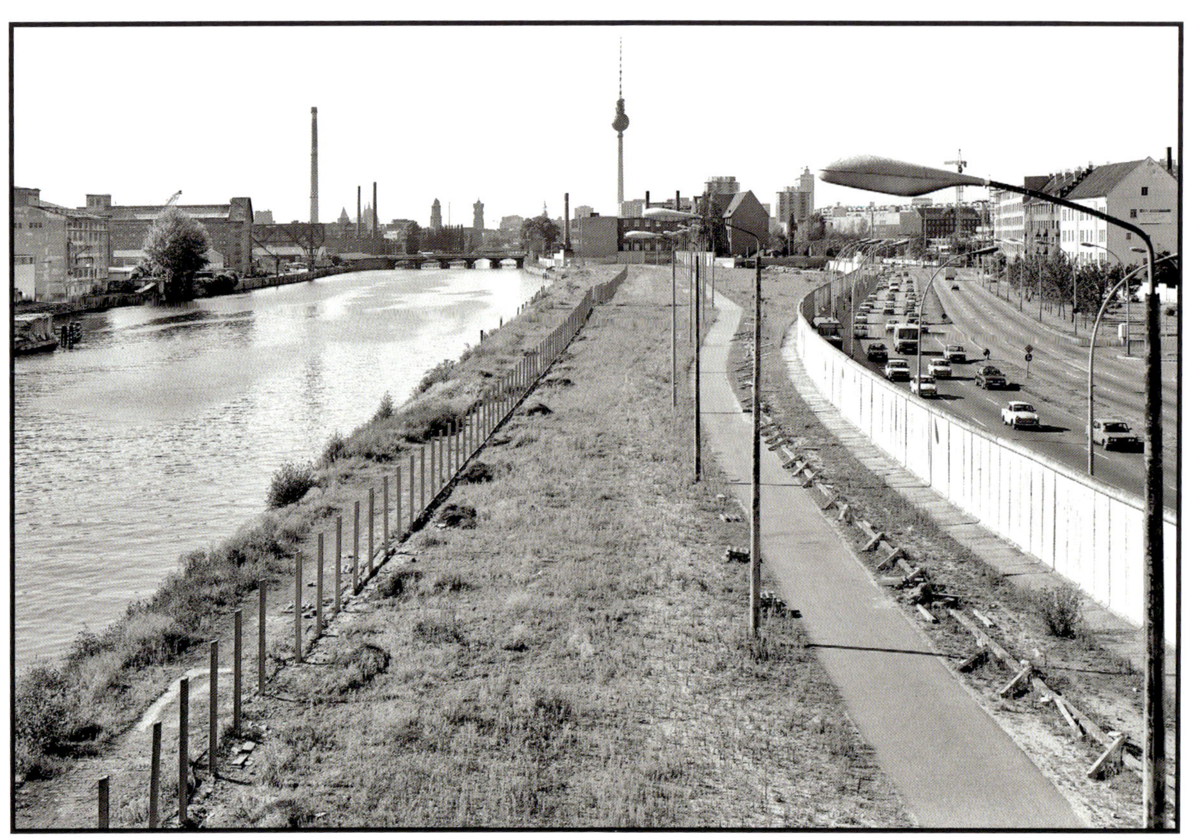

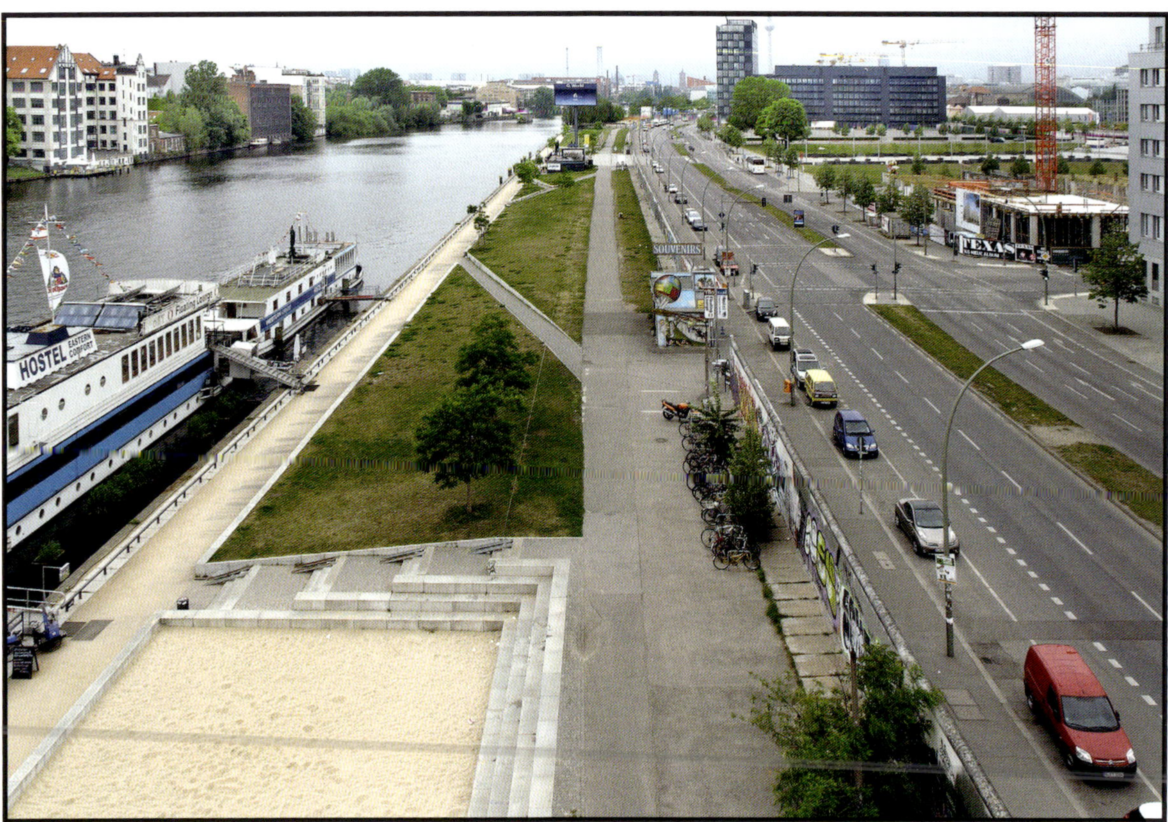

Mühlenstraße und Spree, Blick Richtung Alexanderplatz

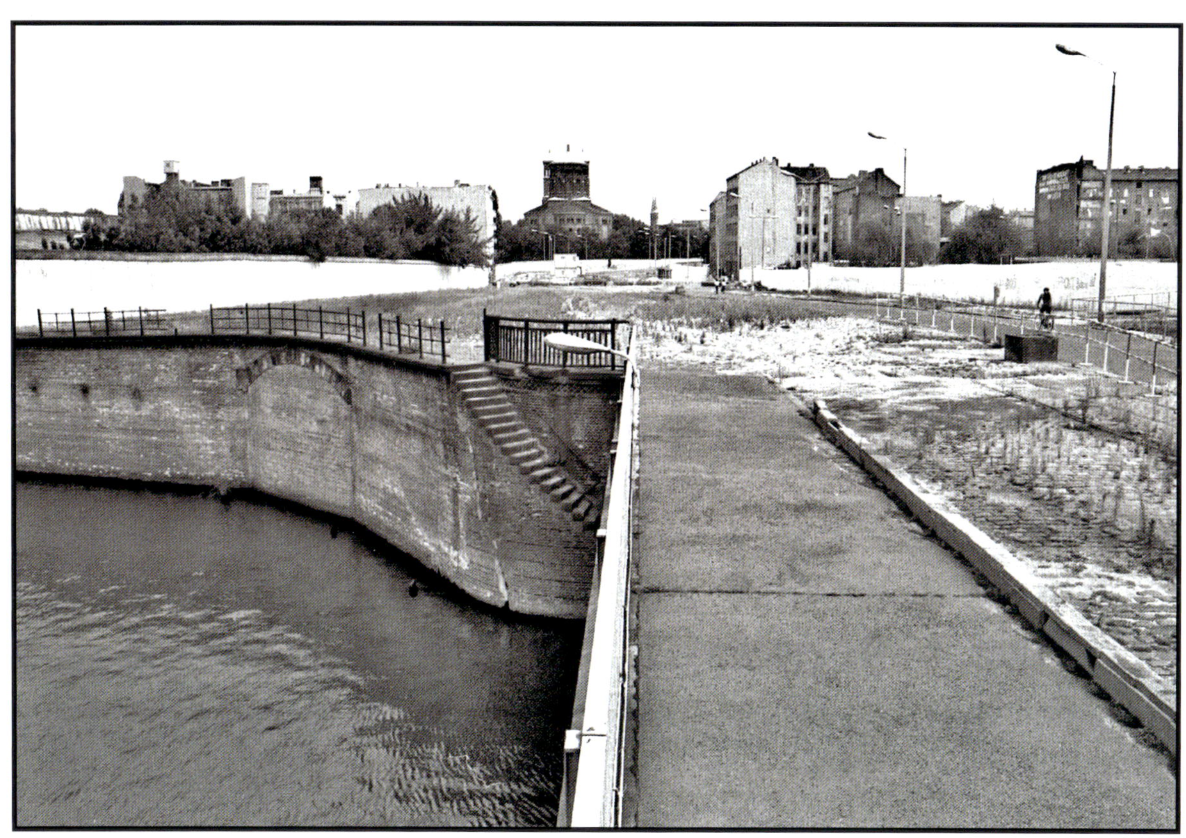

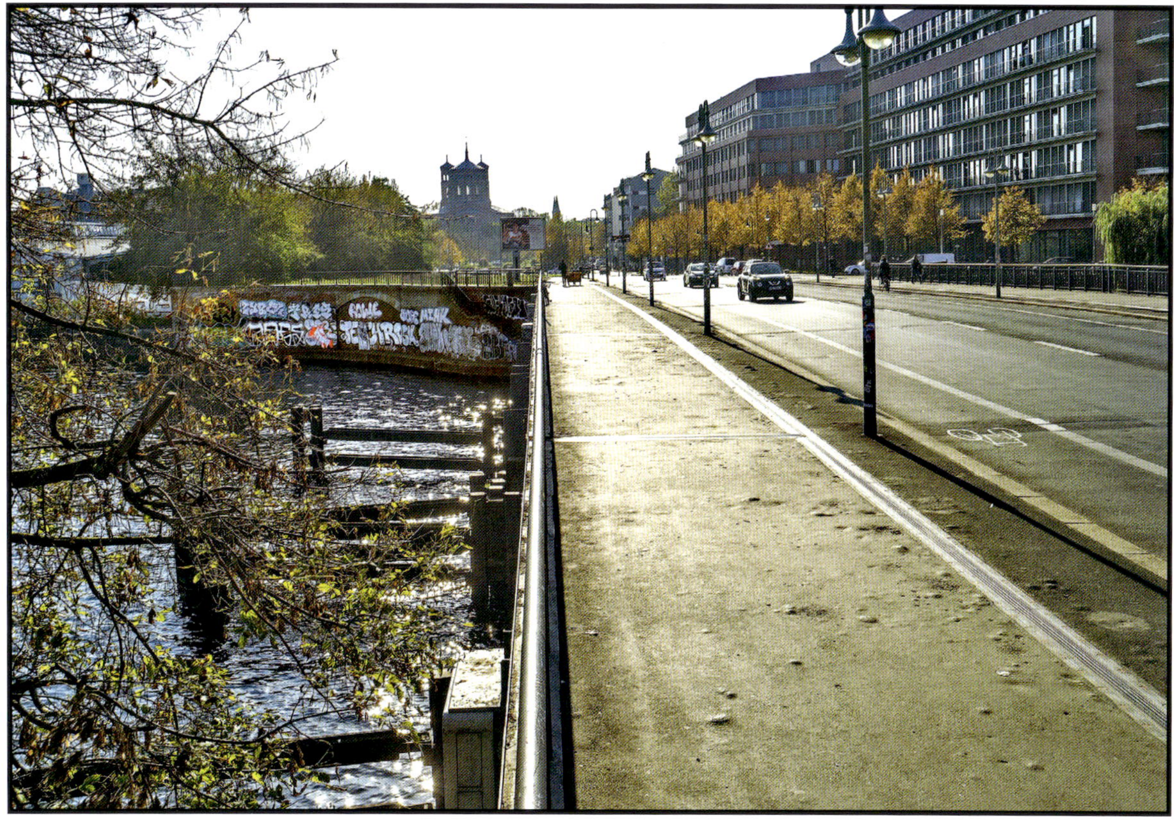

Blick über die Schillingbrücke zur Kirche St. Thomas in Kreuzberg

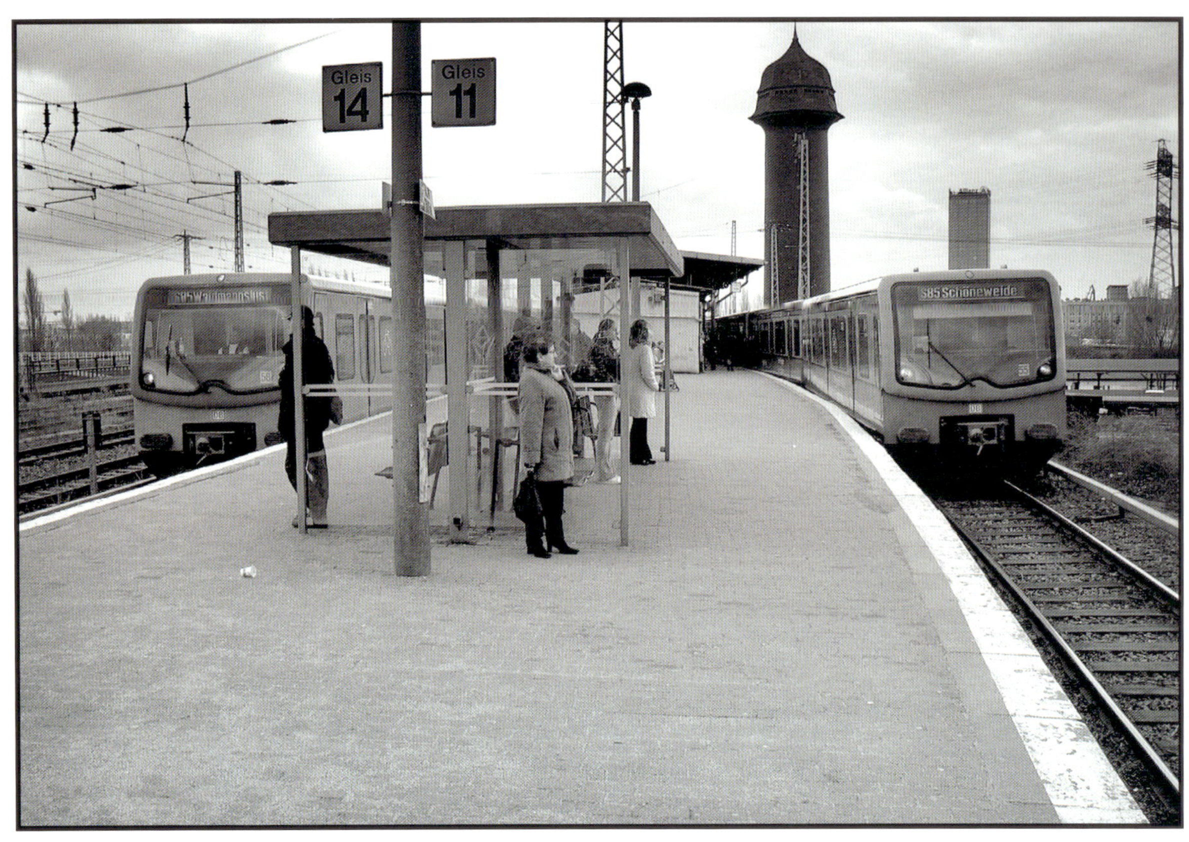

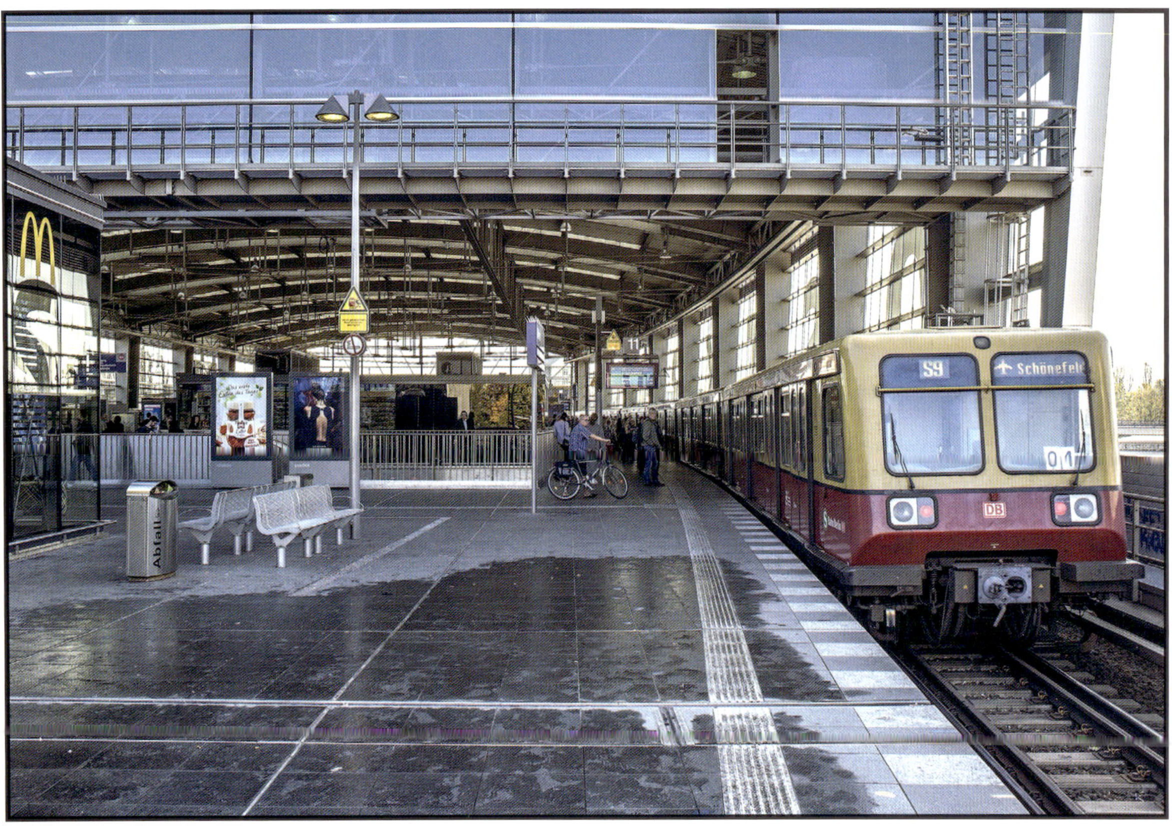

S-Bahnhof Ostkreuz

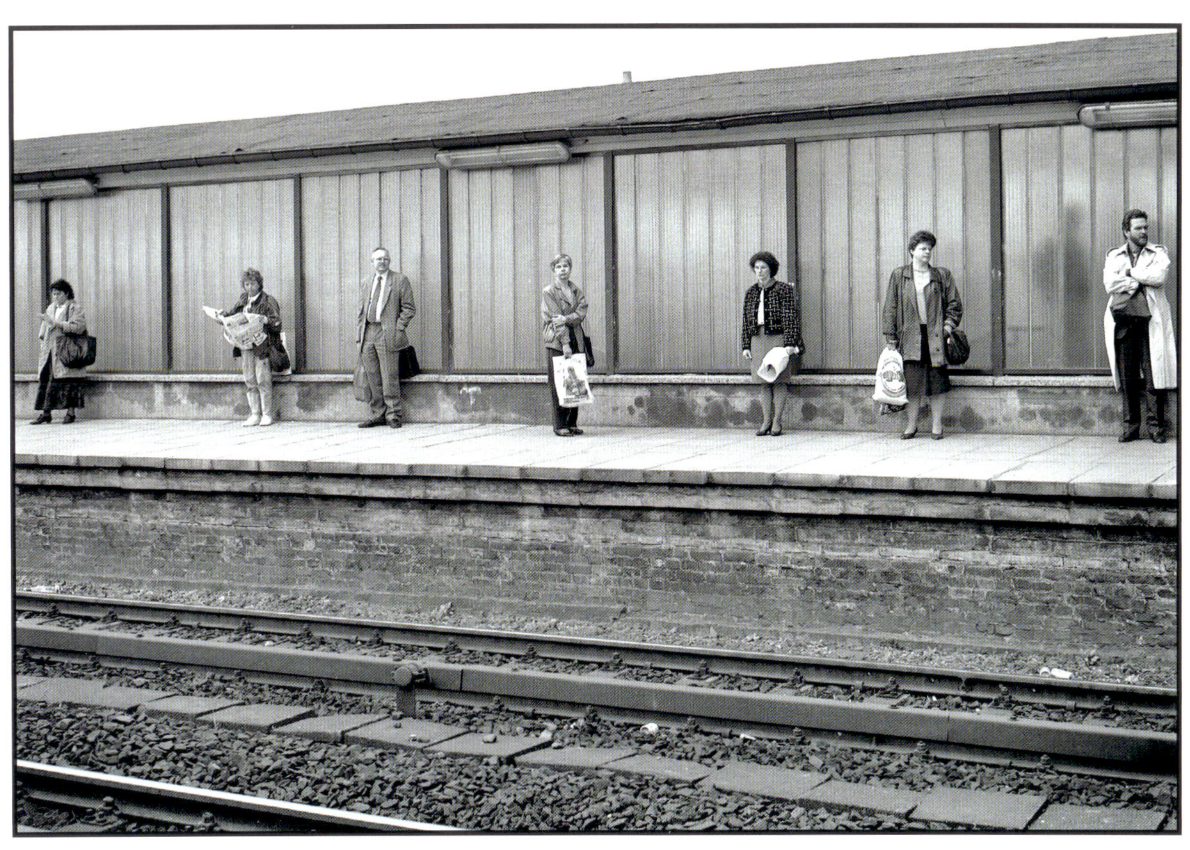

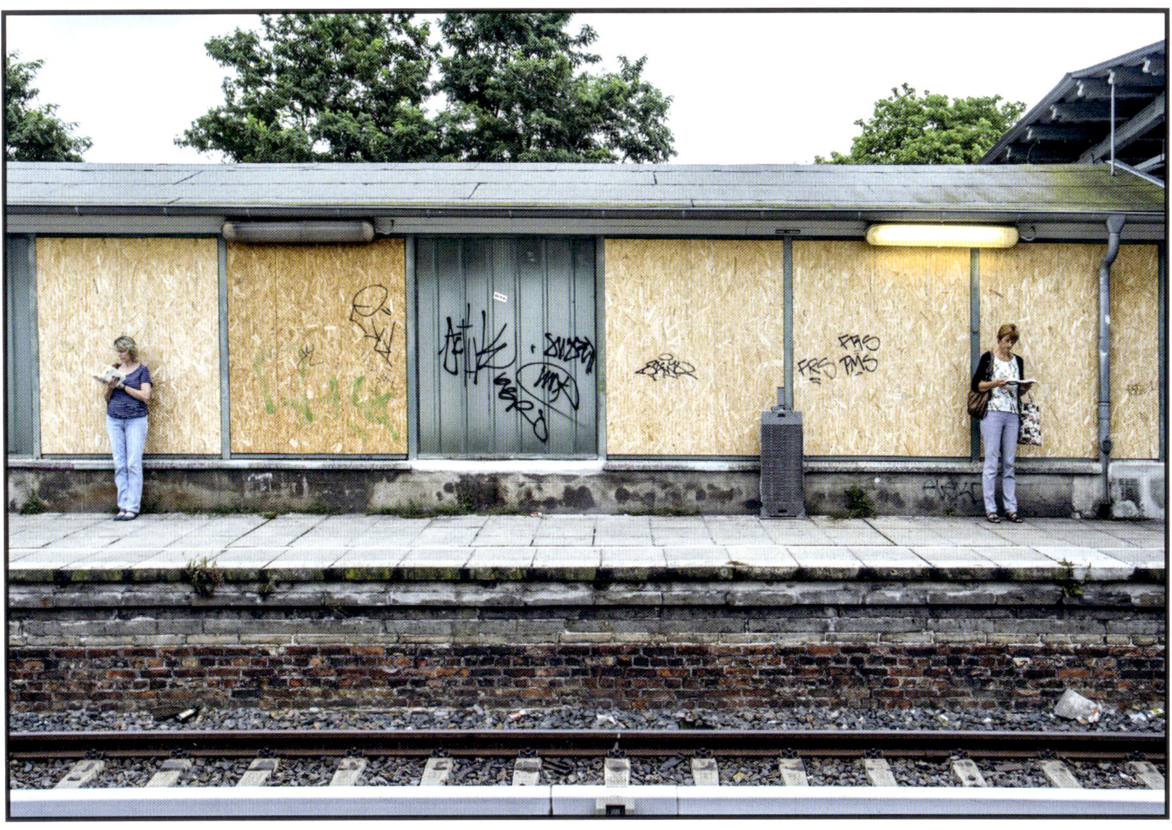

S-Bahnhof Schöneweide

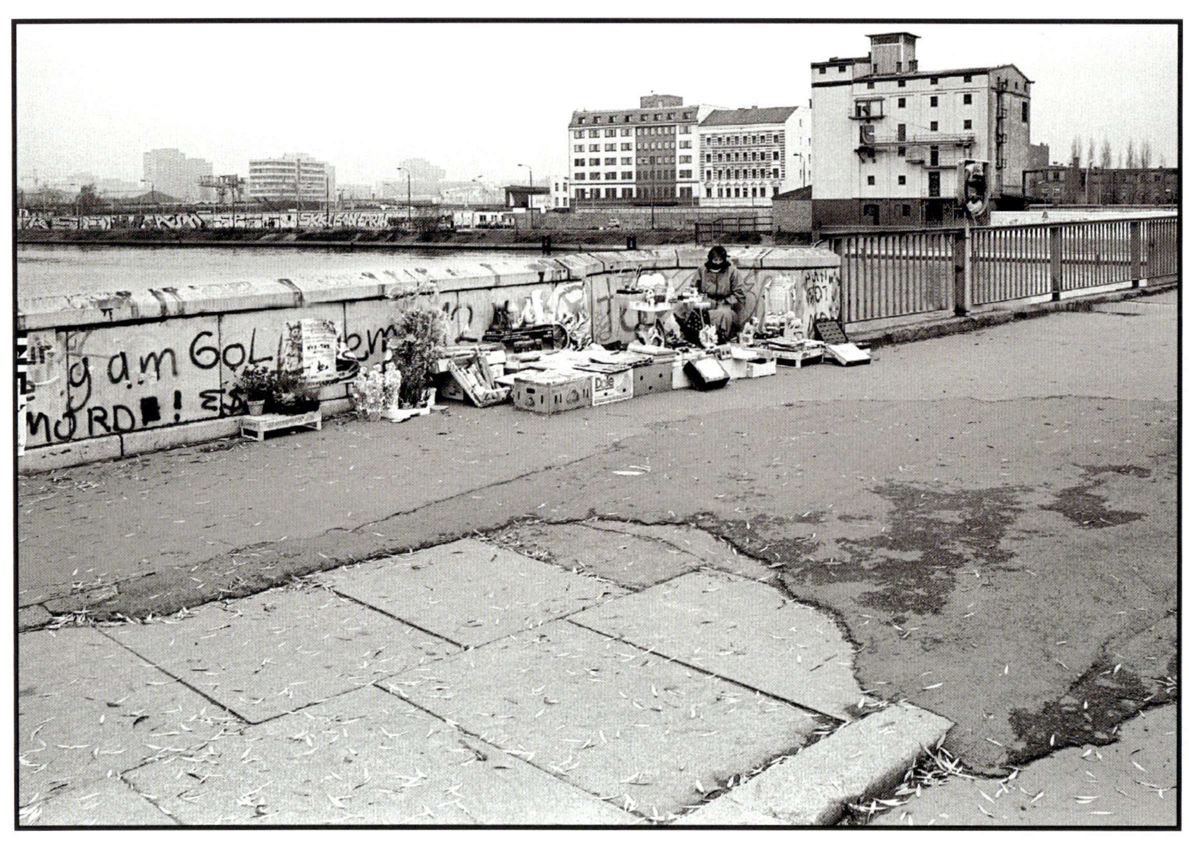

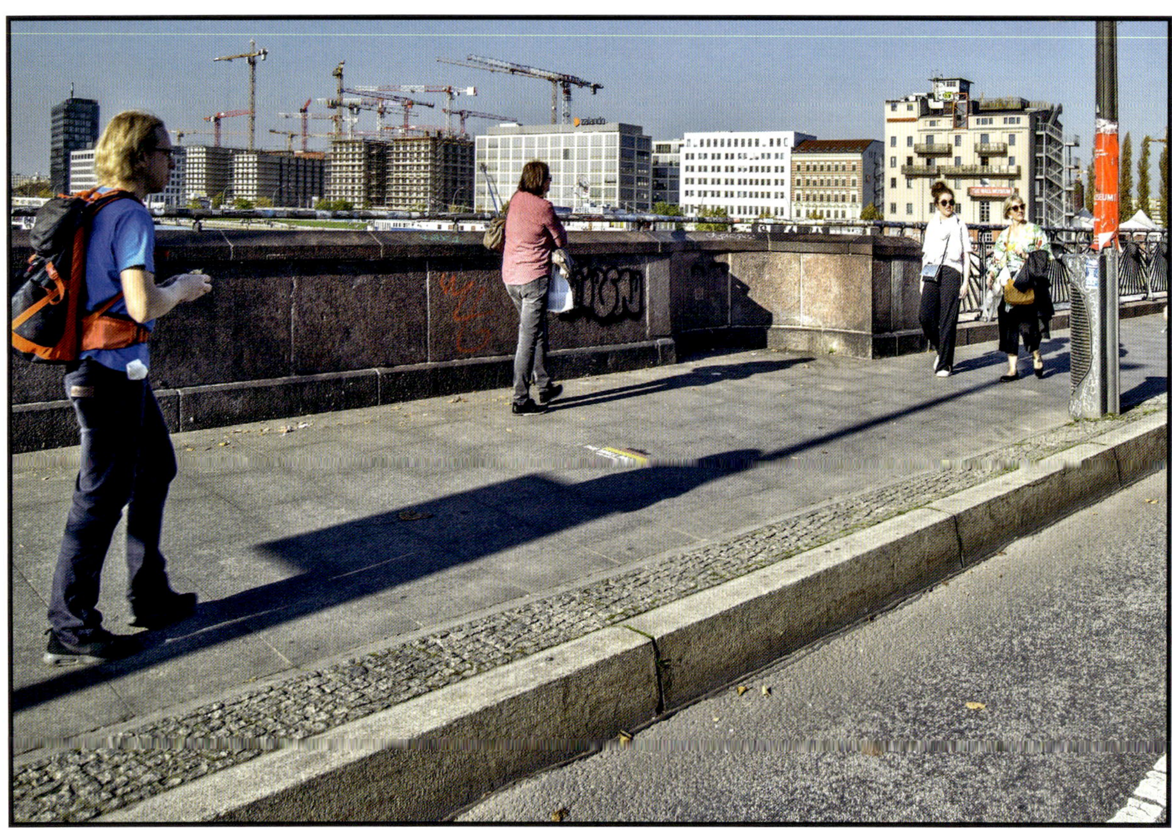

Auf der Oberbaumbrücke

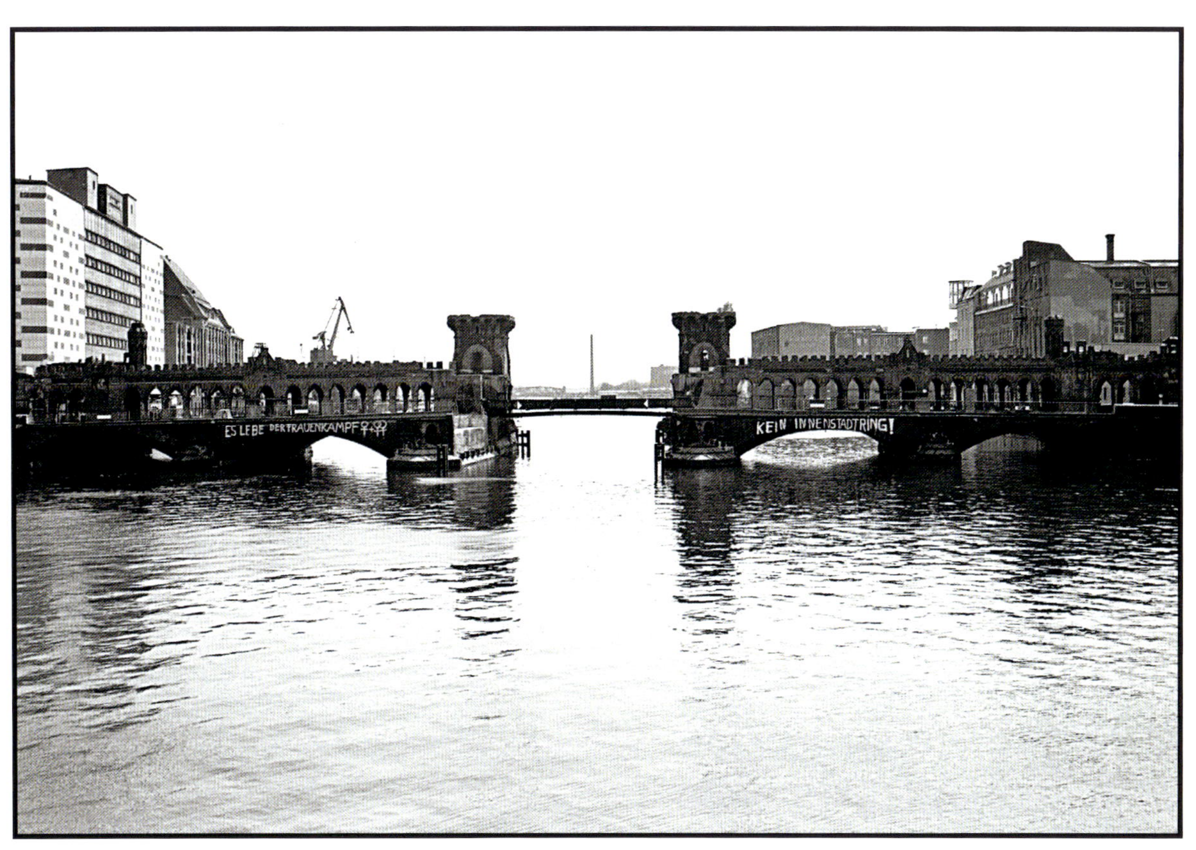

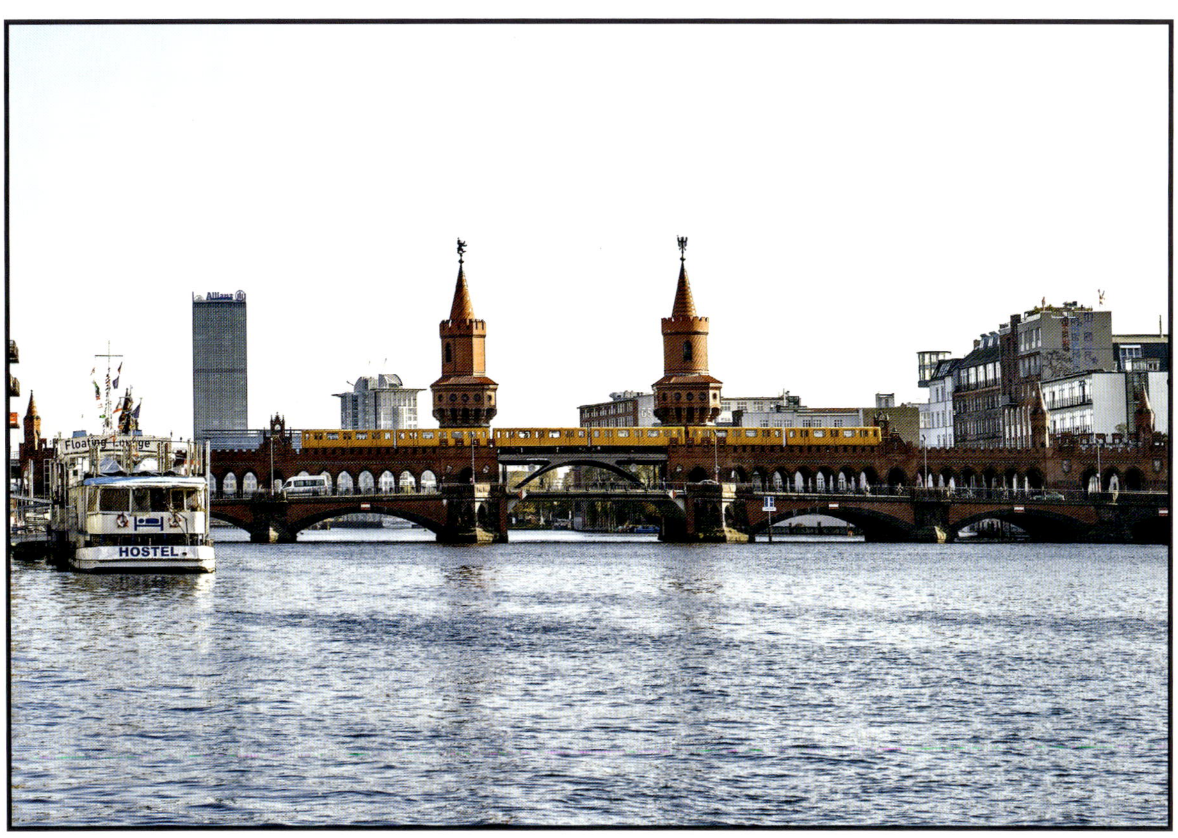

Oberbaumbrücke